Die entscheidenden einhundert Bibeltexte

Die Entdeckungsreise durch die Bibel

Whitney T. Kuniholm

bibellesebund
mit der Bibel leben

Der Autor

Whitney T. Kuniholm lebt in Exton, Pennsylvania, USA.
Seit 1997 ist er der nationale Leiter des Bibellesebundes (Scripture Union) USA. Im Rahmen der Bibellesebund-Arbeit setzt er sich dafür ein, Kinder und Jugendliche mit Gottes Guter Nachricht bekannt zu machen. Zugleich ist es ihm ein Anliegen, Menschen jeder Altersgruppe dazu zu ermutigen, Gott durch Bibellesen und Gebet täglich zu begegnen. Bevor er zum Bibellesebund kam, arbeitete er als stellvertretenden Leiter einer Straffälligenhilfe in der Nähe von Washington DC – eine Arbeit, in die er sich mehr als dreizehn Jahre lang in den unterschiedlichsten Arbeitsbereichen eingebracht hat.

Whitney hat insgesamt sieben Bücher geschrieben, die sich alle mit dem persönlichen Bibelstudium oder Bibellesen in Gruppen befassen. Bevor er E100 geschrieben hat, veröffentlichte er den Titel „Johannes – das Buch des Lebens“, erschienen bei Shaw Books/Watterbrook Press. Darüber hinaus hat er verschiedene Artikel in Newslettern oder auch christlichen Zeitschriften publiziert.

Impressum

ISBN 978-87982-394-9

Originally published in English under the title:
The Essential Bible Guide by Whitney T. Kuniholm

Published by WaterBrook Press
an imprint of The Crown Publishing Group
a division of Random House, Inc.
12265 Oracle Boulevard, Suite 200
Colorado Springs, Colorado 80921 USA

International rights contracted through:
Gospel Literature International
P.O. Box 4060, Ontario, California 91761-1003 USA

This translation published by arrangement with WaterBrook Press, an imprint of The Crown Publishing Group,
A division of Random House, Inc.

Herausgeber der deutschen Ausgabe:
Bibellesebund e. V.,
Industriestraße 2,
51709 Marienheide
Übersetzung: Dr. Christian Brenner
Redaktion: Nicole Sturm

Bibeltext (soweit nicht anders angegeben):
Gute Nachricht Bibel, revidierte Fassung, durchgesehene Ausgabe in neuer Rechtschreibung © 2000 Deutsche Bibelgesellschaft, Stuttgart

Umschlagfoto: Shutterstock
Umschlaggestaltung: Georg Design, Münster

Vorwort

Die Bibel ist das bedeutendste Buch der Welt. Sie enthält unterschiedlichste Berichte von verschiedenen Autoren – doch sie alle erzählen die eine große Geschichte:
Wie Gott die Welt geschaffen hat, wie die Menschen sich gegen Gott auflehnten und wie Gott daraufhin seinen Plan in Kraft gesetzt hat, um die Welt zu retten. Dieser Plan findet seine Erfüllung in Jesus Christus. Das ist in Kurzform die übergreifende Geschichte Gottes mit den Menschen, das ist Gottes roter Faden durch die Bibel.

E100 will dir dabei helfen, dich auf den Weg durch die Bibel zu wagen und deine ganz persönlichen Entdeckungen zu machen. Diese Reise zu den entscheidenden einhundert Bibeltexten kann zu einer ganz besonderen werden.
Sie führt in zwanzig übersichtlichen Etappen zu einhundert bedeutsamen Begegnungen mit Gott, seinem Wort und dem, was es bei Menschen bewirkt hat. Persönliche Gedanken haben ihren Platz. Die Reisegeschwindigkeit kannst du selbst festlegen und auf diese Weise entdecken, ob das wichtigste Buch der Welt auch für dich eine Bedeutung hat.

Für deine Reise wünsche ich dir von Herzen Gottes Segen!

Dr. Christian Brenner
Generalsektetär des Bibellesebundes

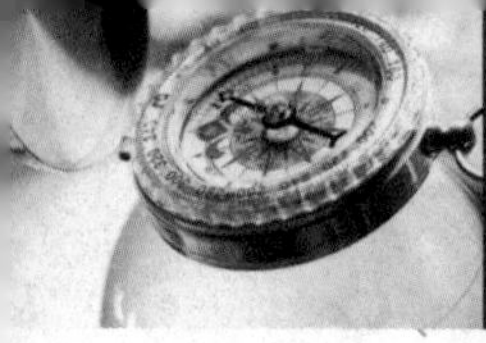

Die Idee von E100

„Ich habe versucht, die Bibel am Stück zu lesen, es aber nie geschafft, bis zum Ende durchzuhalten."

„Ich habe Teile der Bibel gelesen, aber nie verstanden, wie sie eigentlich zusammenpassen."

„Ich habe die Bibel noch nie gelesen, aber es würde mich schon interessieren, was drinsteht."

„Ich liebe die Bibel. Ich brauche nur etwas Unterstützung dabei, um zu verstehen, wie sie in meinen Alltag hineinsprechen kann."

Die Bibel ist das wichtigste Buch der Welt.
Sie ist das meistverkaufte Buch der Geschichte – kein anderes Buch erreichte eine solche Auflagenzahl. Sowohl die jüdische als auch die christliche Religion gründen sich auf ihre Geschichten. Darüber hinaus hat die Bibel Kultur, Gesetzgebung, Kunst und Wertvorstellungen fast jeder Gesellschaft dieser Welt beeinflusst.

Aber die Bibel ist mehr als nur ein einflussreiches Buch. Sie ist ein historischer Abriss der wichtigsten Geschichte aller Zeiten: Gottes Handeln an den Menschen.

Die Bibel enthält Berichte verschiedener Autoren, von denen jeder auf seine ganz eigene Art geschrieben hat, doch sie alle erzählen die eine große Geschichte: Wie Gott die Welt geschaffen hat, wie die Menschen sich gegen Gott auflehnten und wie Gott daraufhin seinen Plan in Kraft gesetzt hat, um die Welt zu retten. Dieser Plan findet seine Erfüllung in Jesus Christus. Das ist in Kurzform die übergreifende Geschichte der Bibel, die dem Leben einen Sinn gibt.

E100 will dabei helfen, genau diese übergreifende Geschichte zu entdecken. Es geht bei dieser Reise um eine Begegnung mit den entscheidenden 100 Bibeltexten – zusammengestellt in 20 leicht zu lesenden Etappen. So wird sichtbar, wie die verschiedenen Teile der Bibel zusammengehören. Auf diesem Weg durch die Bibel haben persönliche Gedanken und Einsichten ihren Platz, um die Brücke zwischen dem Alltag und der Welt der Bibel zu schlagen – und dabei zu entdecken, wie die eigene Geschichte mit der übergreifenden Geschichte Gottes verwoben ist.

Bevor eine solche Reise begonnen wird, lohnt es sich, genauer auf die vor einem liegende Wegstrecke zu schauen. Dafür kann die Übersicht über die 20 Etappen auf den Seiten 8-11 hilfreich sein.

Mit E100 durch die Bibel

E100 nimmt dich mit auf eine Reise durch die Bibel. Dabei wird an 100 Texten Station gemacht. Jede von ihnen umfasst etwa ein bis zwei Kapitel. (Nur 18 Stellen sind länger als zwei Kapitel!)
Du kannst dir für diese Reise so viel Zeit nehmen, wie du möchtest – sie ist nicht mit einem bestimmten Zeitplan verbunden. Es empfiehlt sich jedoch, einen Text pro Tag oder fünf Texte die Woche zu lesen. Auf diese Weise ist es leichter, den roten Faden durch die Bibel im Blick zu behalten.

E100 ist so aufgebaut, dass es zusammen mit einer Bibel gelesen wird. Auf welche Bibelausgabe du dabei zurückgreifst, bleibt dir überlassen. Zugleich kann es helfen, eine Bibel mit einer einfachen und klaren Sprache zu verwenden. Die Lutherbibel beispielsweise ist eine wunderbare Bibel mit einer kräftigen und markanten Sprache. Zugleich ist sie aber weit entfernt von der heutigen Sprachwelt. Deshalb kann es gerade Einsteigern helfen, auf eine der vielen und ausgezeichneten Übersetzungen wie etwa die Gute Nachricht Bibel zurückzugreifen, die mit einem moderneren Wortschatz arbeiten. Wenn in diesem Buch eine Bibelstelle zitiert wird, ist sie der Gute Nachricht Bibel entnommen.

Solltest du unsicher sein, welche Bibel für dich geeignet sein könnte, kannst du deinen Pfarrer, deinen Pastor oder jemanden aus der Gemeinde um einen Tipp bitten. Darüber hinaus kannst du natürlich jederzeit auch beim Bibellesebund nachfragen (www.bibellesebund.de).

Dir wird auffallen, dass jede Station nach einem bestimmten Grundmuster aufgebaut ist, das fünf Schritte umfasst:

Beten – Lesen – Entdecken – Anwenden – Antworten

Dieses Muster lässt sich eigentlich auf jeden Abschnitt anwenden, den du in der Bibel liest – ob mit E100 oder ohne. Durch die Bibel spricht Gott zu dir – im Gebet kannst du Gott antworten. Wenn du beides miteinander verbindest, kannst du ganz persönlich mit Gott im Gespräch sein.

Das verbirgt sich hinter den fünf Schritten:

Beten

Bevor du den Bibeltext liest, nimm dir Zeit für ein Gebet. Bitte Gott darum, dir beim Verstehen des Abschnitts zu helfen. Das ausformulierte Gebet zu Anfang jeder Einheit kann dir eine Hilfe sein – gerne kannst du ergänzen, was immer du möchtest. Vergiss nicht: Dies ist der Einstieg in dein Gespräch mit Gott.

Lesen

Lies den Bibelabschnitt sorgfältig durch. Manchmal ist es gut, sich die Zeit zu nehmen, den Text zwei Mal oder sogar laut zu lesen. Hier und da kann es hilfreich sein, die Verse vorher oder nachher mitzulesen. Mit einem Bleistift lassen sich zentrale Stellen gut markieren oder Bemerkungen an den Rand schreiben.

Entdecken

Bevor du dir die Erklärungen ansiehst, fasse den Text mit eigenen Worten kurz zusammen. Entdecke selbst, was in dem Bibelabschnitt drinsteckt – beispielsweise anhand folgender Fragen:

- Was ist die zentrale Aussage dieses Abschnitts? Was erfahre ich über Gott, Jesus oder den Heiligen Geist?
- Wie hilft mir der Abschnitt, mich selbst zu verstehen, meine Situation, meine Beziehungen?

Anwenden

Versuche in deinem Leben anzuwenden, was Gott dir in seinem Wort gesagt hat. Es lohnt sich, in Ruhe über folgende Frage nachzudenken:
Gibt es eine Aufforderung, eine Zusage, eine Warnung oder etwas, woran ich mir ein Beispiel nehmen soll?
Gerne kannst du den entsprechenden Platz im Buch nutzen, um deine Gedanken kurz zu notieren.

Antworten

Was hat Gott dir für dein Leben heute gezeigt? Deine Antwort darauf kann Anbetung sein, Umkehr oder Veränderung. Dein Gebet kann für dich selbst, aber auch für andere Menschen sein. Bitte Gott, dass sein Wort in deinem und in ihrem Leben Wirkung zeigt. Und vielleicht gibt es das eine oder andere, für das du Gott danken willst.

Am Ende jeder Einheit gibt es eine besondere Seite. Hier kannst du die Dinge notieren, die dir in den vergangenen Tagen aufgefallen sind. Was waren die eindrücklichsten Erkenntnisse oder Beobachtungen, die du gemacht hast? Diese kleinen Zäsuren können dabei helfen, Gottes gute Gedanken für dein Leben nicht aus dem Blick zu verlieren. So behältst du vor Augen, was Gott dir auf deiner Reise durch die Bibel zeigen möchte.

Auf den letzten Seiten des Buchs findest du ein Gebetstagebuch. Schreib dort hinein, worum du Gott bitten möchtest – und staune über das, was Gott antworten wird. Je öfter du es verwendest, desto mehr kannst du Gottes Spuren in deinem und im Leben anderer Menschen entdecken.

Zusätzliche Tipps

Manchen Menschen fällt das Bibellesen leichter, wenn sie sich dazu mit anderen treffen. Vielleicht gehörst du bereits zu einer solchen Bibelgesprächsgruppe? Vielleicht hast du einen Gebetspartner oder gehörst zu einer Bibelstudiengruppe in deiner Kirche oder Gemeinde: Es lohnt sich, sich gemeinsam mit E100 auf die Reise durch die Bibel zu begeben, sich auszutauschen über Erfahrungen mit Gottes Wort oder auch Mut zu machen, wenn Durststrecken kommen sollten.

Einige Jugendgruppen hatten eine besondere Idee: Sie haben Sponsoren für diese „Reise“ durch die Bibel mit E100 gesucht: Für jede Station, die sie geschafft haben, haben die Sponsoren einen kleinen Betrag für ein missionarisches Projekt gespendet. So kann das Bibellesen nicht nur persönlich weiterbringen, sondern zugleich auch andere für die Bibel begeistern und Wirkung nach außen zeigen. Eine solche Aktion lässt sich beispielsweise mit einer Teenagerbibelwoche oder einem Bibelwochenende verbinden.

Das große Ziel: Gott begegnen in der Bibel
Die Bücher des Alten und Neuen Testaments wurden von einer Vielzahl an Autoren über einen Zeitraum von mehreren tausend Jahren geschrieben – und doch wurde jeder dieser Autoren auf ganz besondere Weise von Gott dazu inspiriert. Genauso beschreibt es der Apostel Paulus (2 Timotheus 3,16): „Denn jede Schrift, die von Gottes Geist eingegeben wurde, ist nützlich für die Unterweisung im Glauben [...].“ Der Apostel Petrus drückt es so aus: „Ihr müsst aber vor allem Folgendes bedenken:
Keine Voraussage in den Heiligen Schriften darf eigenwillig gedeutet werden; sie ist ja auch nicht durch menschlichen Willen entstanden. Die Propheten sind vom Geist Gottes ergriffen worden und haben verkündet, was Gott ihnen aufgetragen hatte“ (2 Petrus 1,21-22). Und Jesus unterstreicht dies, als er aus dem Alten Testament aus dem 5 Buch Mose zitiert: „In den Heiligen Schriften steht: ‚Der Mensch lebt nicht nur von Brot; er lebt von jedem Wort, das Gott spricht‘“ (Matthäus 4,4).

Übersicht der 20 Etappen

Altes Testament

1. Am Anfang

Schon im ersten Satz der Bibel wird uns ihre wichtigste Person vorgestellt: Gott. Das Erste, was er vollbringt, ist, eine wunderschöne und zugleich komplexe Welt zu schaffen. In diese hinein stellt er die Menschen, die er nach seinem Bild geschaffen hat. Leider dauert es nicht lange, bis diese ersten Menschen – Adam und Eva – sich etwas zuschulden kommen lassen und sich von Gott abwenden. Und damit ist das Dilemma perfekt: Wie soll der unvollkommene und schuldbeladene Mensch versöhnt werden mit dem heiligen und vollkommenen Gott?

2. Abraham, Isaak und Jakob

Glücklicherweise unternimmt Gott Schritte, um aus diesem Dilemma herauszukommen. Zunächst wendet er sich einer kleinen Gruppe von Menschen zu – und zeigt sich ihnen ganz persönlich. Er wählt drei Männer aus – Abraham, Isaak und Jakob, die sogenannten Erzväter –, um durch sie ein ganz besonderes Volk entstehen zu lassen: das Volk Israel.

3. Die Josefsgeschichte

Der Geschichte von Josef und seiner Familie wird in der Bibel viel Raum gegeben. Zunächst sieht es so aus, als würde Gottes Plan, durch eine Familie ein ganzes Volk entstehen zu lassen, in eine Sackgasse führen. Denn Josef wird als Sklave verkauft und gerät darüber hinaus in Ägypten in Gefangenschaft. Doch dann zeigt sich, dass gerade in Ägypten die von Gott auserwählten Menschen zu einem ganzen Volk heranwachsen.

4. Mose und der Auszug aus Ägypten

Infolgedessen beginnen die Ägypter, die Israeliten zu unterdrücken. Deshalb wählt Gott Mose aus, um sein Volk in die Freiheit zu führen. Währenddessen erweist Gott immer wieder seine unbegreifliche Macht. Zudem verdeutlicht er den Menschen, wie wichtig es ist, ihm zu vertrauen und gehorsam zu sein. Diese Rettung, dieser Exodus, wird zum Symbol für eine weitaus größere Freiheit, die Gott allen Menschen schenken möchte: Freiheit von der Macht der Schuld.

5. Die Gebote und das versprochene Land

Viele Jahre zuvor hatte Gott dem Erzvater Abraham das Versprechen gegeben, dessen Nachkommen eigenes Land zu schenken. Mose führt die Israeliten durch die Wüste und bringt sie an die Grenze dieses Landes: Kanaan. Josua ist es schließlich, der die Israeliten in das Land Kanaan führt, um es in Besitz zu nehmen. Noch während der Wüstenzeit offenbart Gott den Israeliten, nach welchen Grundsätzen sie ihr Leben gestalten sollen, und gibt ihnen durch Mose die „Zehn Gebote“.

6. Richter

Das Volk Israel ist zu einer Nation geworden. Die Israeliten haben das versprochene Land in Besitz genommen, aber sie haben noch keinen König, der sie regiert. Stattdessen beruft Gott immer wieder neu markante Persönlichkeiten, die Richter genannt werden und in Kriegszeiten das Volk anführen. Wenn wir diese beeindruckenden Berichte lesen, wird uns deutlich, welche Folgen es haben kann, Gott nicht gehorsam zu sein – wir sehen aber auch, wie Gott antwortet, wenn Menschen zu ihm umkehren und ihn um Hilfe anflehen.

7. Israels Aufstieg

Schließlich beruft Gott einen König für Israel: Saul. Zunächst kommt er seinen Aufgaben gut nach. Dann jedoch wird er Gott ungehorsam, weshalb Gott ihn fallen lassen muss. David wird sein Nachfolger – er, der als Junge den Riesen Goliath besiegte und dadurch zum Nationalhelden wurde. Durch seine kriegerischen Erfolge und aufgrund seines tiefen Glaubens an Gott führt König David den Staat Israel in eine historische Blütezeit. Und wird dadurch zum Symbol für einen noch viel größeren König, der einst kommen wird: Jesus Christus.

8. Israels Untergang

König Salomo ist bis heute bekannt für seine Weisheit und seine unglaublichen geschichtlichen und kulturellen Errungenschaften. Doch war er am Ende seiner Regentschaft dazu bereit, die Tür für die Anbetung fremder Götter im Volk Israel einen Spalt breit zu öffnen, um seine Ziele zu erreichen. Durch die guten Beziehungen zu den benachbarten Völkern kam es immer wieder vor, dass die Menschen aus dem Volk Israel auch deren Götter verehrten. Das hatte verheerende Folgen für Israel.

9. Psalmen und Sprichwörter

Das Buch der Psalmen ist ein Buch des Gebets und der Anbetung Gottes. Die meisten Psalmen hat David geschrieben. Sie sind wie ein Fenster zu seiner Seele und gewähren Einblick in sein Innerstes – das eines Mannes, der in der Bibel als jemand beschrieben wird, der von Gott erwählt ist und der ihm wie kein anderer dient. Die Sprüche hingegen sind eine Sammlung von Weisheiten, die ein Leben nach dem Willen Gottes beschreiben. Ein Großteil stammt von Salomo.

10. Propheten

In der Geschichte Israels schickt Gott immer wieder Propheten zu den Menschen. Ihr Auftrag ist es, die Anbetung fremder Götter sowie schuldhaftes Verhalten anzuprangern. Aber zugleich kündigen sie auch an, dass eines Tages ein von Gott gesandter Retter, der Messias, kommen wird. Gegen Ende des Alten Testaments ist diese Zusage noch nicht eingetroffen, und wir erwarten gespannt die wunderbare Enthüllung des Rettungsplans Gottes für die Menschen.

Neues Testament

11. Das lebendige Wort

Was Gott zuvor durch die Geschichte Israels, durch die Zeichen und Wunder, durch das Gesetz und die Propheten verkündet hat, sagt er nun in leibhaftiger Gestalt. Genauso hat Johannes es angekündigt (Johannes 1,14): „Er, das Wort, wurde ein Mensch, ein wirklicher Mensch von Fleisch und Blut. Er lebte unter uns." Jesus Christus ist das lebende, atmende Zeugnis von Gottes Liebe zu dieser Welt.

12. Jesus lehrt

Wenn Jesus predigt oder lehrt, trifft seine Botschaft mitten ins Leben, denn er gebraucht Bilder und Vergleiche (Gleichnisse) aus dem ganz normalen Leben. In seiner bekanntesten Rede, der Bergpredigt, knüpft Jesus an die Gebote an, die Gott vor vielen Jahren Mose gegeben hatte. Auf dieser Basis gibt er Einblick in Gottes Vorstellung davon, wie wir leben sollen. In seinen Gleichnissen führt er seinen Zuhörern und uns das zentrale Thema seiner Botschaft vor Augen: Die anbrechende Gottesherrschaft, das Reich Gottes. Und er verkündet seine Botschaft so, dass jeder sie verstehen kann.

13. Jesus vollbringt Wunder

In den vier Evangelien sind viele der Wunder aufgeschrieben, die Jesus in seiner öffentlichen Wirkungszeit vollbracht hat. Er heilt Kranke, durchbricht die Naturgesetze, treibt Dämonen aus und lässt Tote auferstehen. Seine Wunder sind nicht nur sichtbare Zeichen seiner Macht und Hingabe zu den Menschen – sie zeigen auch, wer Jesus wirklich ist: der Sohn Gottes.

14. Jesus und das Kreuz

Jesus Christus kam auf diese Welt, um vornehmlich ein Ziel zu erreichen: Die Schuld zu begleichen, die uns vom heiligen und vollkommenen Gott trennt, um so allen Rettung und Heil zu bringen, die an ihn glauben. Er erreicht dieses Ziel durch seinen Tod und seine Auferstehung. Der Tod von Jesus am Kreuz steht im Zentrum von Gottes Rettungsplan für diese Welt. Auf diese Weise holt er uns aus dem großen Dilemma heraus – das der Trennung des Menschen von Gott –, das aus dem Ungehorsam erwachsen ist.
Er ermöglicht es dadurch jedem Menschen, eine Beziehung zu Gott zu haben. Das ist die gute Nachricht des christlichen Glaubens.

15. Die christliche Gemeinde

Nachdem Jesus vom Tod auferstanden ist, kehrt er in das Himmelsreich seines Vaters zurück. Aber nicht ohne ein großes Geschenk zurückzulassen: den Heiligen Geist. Dies bezeichnet die Geburtsstunde der christlichen Gemeinde. Zugleich wird dadurch der Horizont von Gottes Rettungsplan dramatisch erweitert: Mit dem Stammvater Abraham hatte sich Gott einer bestimmten Gruppe, einem bestimmten Volk zugewandt, nämlich dem Volk Israel. Nun aber gilt der Rettungsplan für jeden Menschen.

16. Die Missionsreisen von Paulus

Der Apostel Paulus ist der wirkkräftigste Botschafter der jungen christlichen Kirche. Ursprünglich war Paulus ein erbitterter Feind des Christentums. Aber Gott hat ihn auf dramatische Weise zur Umkehr bewegt, als er sich auf dem Weg nach Damaskus befand – er wurde zu einem furchtlosen Zeugen für Christus. Die missionarischen Reisen des Paulus sind in der Apostelgeschichte festgehalten. Sie sind ein Hauptgrund dafür, warum sich das Evangelium in der ganzen Welt ausgebreitet hat.

17. Paulus und die Gemeinden

Paulus unterstützt die im Glauben jungen Christen und die Gemeinden, die er gegründet hat, indem er ihnen Briefe schreibt. Darin erklärt er die Grundlagen des Evangeliums, ermutigt dazu, sich im Glauben weiterzuentwickeln, und gibt praktische Tipps für das Leben in der Nachfolge. Diese Briefe haben nichts von der Aktualität verloren, die sie schon vor 2.000 Jahren hatten.

18. Paulus an die Gemeindeleitung

Paulus weiß: Wenn sich die Gemeinden ohne ihn weiterentwickeln sollen, benötigen sie fähige Gemeindeleiter. Deshalb richtet er einige seiner Briefe an Gemeindeleiter, um sie in ihren Aufgaben zu unterstützen und sie vor Leuten zu warnen, die falsche Lehren in den Gemeinden verbreiten. Wenn Gott seinen Plan zur Rettung der Menschen durch die Kirchen und Gemeinden verwirklichen will, bis Jesus Christus wiederkommt, dann sind gute Leiter in den Gemeinden unverzichtbar – und sie sind es bis heute.

19. Die Lehre der Apostel

Wie Paulus schreiben auch andere Apostel wie beispielsweise Petrus, Jakobus und Johannes Briefe an Gemeinden, um den ersten Christen Mut zu machen und sie in ihrem Entschluss, Jesus Christus nachzufolgen, zu bestärken. Diese Briefe helfen uns dabei, die verschiedenen Aspekte des Evangeliums und der Nachfolge zu betrachten. Zugleich finden sich in ihnen viele Passagen, die auswendig zu lernen sich in besonderer Weise lohnt.

20. Die Offenbarung

Kurz vor Ende seines Lebens (um 95 n. Chr.) wird der Apostel Johannes von einer unglaublichen Vision überrascht: Durch sie offenbart Gott sieben Botschaften, die er an sieben besondere Gemeinden des ersten Jahrhunderts richtet. Zugleich sind diese Botschaften auch für Gemeinden des 21. Jahrhunderts brandaktuell. Schließlich und endlich jedoch ist in der Vision des Johannes beschrieben, wie es sein wird, wenn Jesus Christus wiederkommt – und Gott seinen allumfassenden Plan zur Rettung der Menschen zur Vollendung bringt.

Am Anfang

Wenn du eine enge Freundschaft mit jemandem schließen möchtest, versuchst du, dein Gegenüber so gut wie möglich kennenzulernen: Wer ist dieser Mensch, mit dem du es zu tun bekommen hast? Wo ist er aufgewachsen? Was bewegt ihn? Was trägt ihn?

Wenn du ein Haus kaufen möchtest, dann gehst du der Sache anders auf den Grund. Du versuchst so viel über das Haus herauszufinden, wie es geht: Wann wurde es gebaut? Welche Bereiche wurden verändert? In welchem Zustand befindet sich die Bausubstanz? Wie hat sich der Wert des Grundstücks über die Zeit entwickelt?

Und wenn du wissen möchtest, wie die Welt entstanden ist, warum es sie gibt und wo die Menschen herkommen? Dann können dir die ersten fünf Einheiten darüber Auskunft geben. Sie beschreiben, wie Gott die Welt geschaffen hat, wie Gott die Menschheit ins Leben rief und wie die Anfänge der Zivilisation aussahen. Diese Einheiten haben es wirklich in sich.

Die Bibel beginnt mit den unbestreitbar bedeutungskräftigsten Worten, die jemals aufgeschrieben wurden: „Im Anfang schuf Gott ..." Dabei wird gar nicht erst versucht, die fundamentalste aller Behauptungen zu rechtfertigen: Gott existiert. Auf dieser Grundwahrheit fußt die Bibel, fußt alles Leben. Du kannst versuchen, die Bibel als ein reines Geschichtsbuch zu lesen. Du kannst auch versuchen, es als ein rein literarisches Werk anzusehen. Die Bibel ist beides – und noch mehr: Denn sie gibt Einblick in die Gedankenwelt Gottes, und genau das macht sie so besonders.

Doch noch ein zweiter Gedanke verbindet sich mit den ersten fünf Einheiten, die sie zu etwas Besonderem werden lassen. In ihnen können wir lesen, wie vieles seinen Anfang nahm, wie etwas zum „ersten Mal" geschehen ist: Die Entstehung der ersten Menschen, die erste Schuld, das erste schlechte Gewissen und der erste Stolz. Weil sich in den Texten alles um den Anfang der Welt und der Menschheit dreht, deshalb geschieht natürlich alles zum ersten Mal.
Und auch wenn das lang zurückliegt, so kehren diese Themen immer wieder.

Und noch etwas anderes Bemerkenswertes ist in diesen Texten zu finden: Die ersten Worte, die Gott spricht: „Es werde Licht." Je länger du auf deiner Entdeckungsreise durch die Bibel mit E100 unterwegs bist, desto mehr wirst du entdecken, wie sich Gott unverändert danach sehnt, dass Licht die Finsternis verdrängt. Und wie er selbst durch seinen Sohn Jesus Christus alles dafür getan hat, damit dieses Ziel erreicht wird. Dafür hat er ihn am Kreuz sterben und am dritten Tag vom Tod auferstehen lassen. Damit die Dunkelheit ein für alle Mal besiegt ist.

Doch damit soll nichts von dem vorweggenommen werden, was an Spannendem zuerst – und vielleicht zum ersten Mal – auf diesem Weg entdeckt werden kann: über Gott, diese Welt und uns selbst.

gelesen am: 29.06.2012

Tag 1 Schöpfung

Triff den Schöpfer

Beten: „HERR, öffne mir die Augen für die Wunder, die dein Gesetz in sich verborgen hält!“ (Psalm 119,18).

Lesen: 1 Mose/Genesis 1,1–2,25

Entdecken: Gleich zu Beginn wird die Hauptperson vorgestellt: „Am Anfang ... Gott“ (1,1). Letztlich dreht sich in der Bibel alles nur um ihn. Theologen bezeichnen dieses besondere Buch als „Selbstoffenbarung“ Gottes. Damit ist gemeint, dass die Bibel nicht nur ein Buch über Gott, sondern auch von Gott ist. Er war es, der die Schreiber motiviert und bei ihrer Arbeit durch seinen Geist inspiriert hat (z. B. 1 Petrus 1,2; 2 Timotheus 3,16). Deshalb gilt: Wenn du Gott begegnen möchtest, dann lies sein Buch, lies die Bibel!

Darüber hinaus packt die Bibel gleich zu Anfang eine der wichtigsten, wenn nicht die wichtigste Frage an: Wo liegt der Ursprung allen Lebens? Manche Wissenschaftler versuchen, im Tiefengestein oder in den Weltmeeren Antwort auf diese Frage zu finden. Natürlich hilft uns die Naturwissenschaft dabei, den Kosmos zu entdecken und besser zu verstehen. Und zugleich gilt: Die Bibel hebt unseren Blick zum Himmel. Wer das Gesamte des Universums sehen will, darf an Gott nicht vorbeisehen – denn er hat die Welt geschaffen. Zwei Aspekte aus unserem Bibeltext helfen, diesen Gedanken zu verdeutlichen:

Das Gesamtbild im Fokus (1,1–2,3):
Der Bericht von der Erschaffung der Welt in sieben Tagen zeigt: Von Gott geht alles aus. Er ist derjenige, der die Initiative ergreift. Er hatte einen Plan und eine Vorstellung davon, wie die Welt aussehen soll. Wer einmal ein neugeborenes Kind in seinem Arm gehalten oder in einer klaren Nacht den Blick zu den Sternen gehoben hat, bekommt eine Ahnung davon, wie beeindruckend schön dieser Plan für die Welt ist.

Der Mensch im Fokus (2,4-25):
1 Mose 2,4 ist wie ein Hyperlink, der von dem Bericht über die Schöpfung des Universums in die Entstehung des Menschen weiterleitet. Wir wissen bereits, dass Gott den Menschen als Mann und Frau geschaffen hat (1,27). Beide spiegeln etwas von ihm wider, sie sind sein Abbild. Doch der Mensch trägt noch zwei weitere Wesensmerkmale Gottes in sich: Gottes Lebensatem (2,7) und seine Normen (2,16-17). Wir haben ein von Gott gegebenes Gewissen, einen angeborenen Sinn für das, was richtig oder falsch ist. So zu tun, als gäbe es das nicht, ist „unmenschlich“.

Anwenden: Welchen Hinweis auf das Wirken und die Existenz Gottes findest du in deinem Alltag und in der Welt um dich herum? Wann fühlst du dich Gott besonders nahe?

Beten: Danke, Herr, für das Wunderwerk deiner Schöpfung. Hilf mir dabei, es wahrzunehmen und dazu beizutragen, dass es erhalten bleibt.

Gen. 2,5
Wurde Mensch vor den Pflanzen erschaffen?

Gen 2,16
Ist Gottes Plan, dass die Menschen kein Fleisch essen sollen?

Mit offenen Augen ins Unglück

Beten: Vater im Himmel, ich bin dankbar dafür, dass ich die Bibel als dein Wort in meinen Händen halten kann – und für die Möglichkeit, frei und unbedrängt in ihr lesen zu dürfen. Bitte hilf mir zu verstehen, was du mir heute durch sie sagen möchtest.

Lesen: 1 Mose/Genesis 3,1-24

Entdecken: Oft wird der Ursprung von Schuld und Sünde in der Sexualität gesehen. Die Bibel sieht das anders. Es wird betont, wie Nähe und Intimität in der einmaligen Beziehung zwischen Mann und Frau als Teil von Gottes Schöpfung gedacht sind (2,23-25). Dass Schuld und Sünde diese Welt durchdringt wie das Wasser einen feuchten Schwamm, hat ganz woanders seinen Anfang genommen: Nämlich darin, Gott in Frage zu stellen (3,1), ihn herauszufordern (3,4) und sich ihm zu widersetzen (3,6). Und das trotz des durch die Schöpfung im Menschen angelegten Spürsinns für das, was richtig oder falsch ist (2,16-17). Beide, Adam und Eva, haben diese Fehler begangen, die sich auf die ganze Schöpfung ausgewirkt haben. Die Folgen zeigen sich in der Menschheitsgeschichte oder – wenn wir ehrlich sind – auch in unserem Leben.

Schuld bleibt nicht ohne Konsequenzen. Für die Frau, Eva, waren diese unmittelbar spürbar: Mühsam und schmerzvoll das Gebären von Kindern, voll von Spannungen das Verhältnis zu ihrem Mann (3,16). Aber auch für den Mann, Adam, blieb die Abwendung von Gott nicht ohne Folgen: Schwierig und manchmal aufreibend die Arbeit für das Nötigste, kraftraubend und sinnentleert der Lebenskreislauf.

Aber damit nicht genug. Der zentrale Punkt von Schuld ist nicht nur, dass damit die von Gott gedachte Schönheit der Schöpfung auf den Kopf gestellt wurde. Das eigentliche Problem besteht darin, dass unsere Beziehung zu Gott zerstört ist. Adam und Eva lebten in einer einzigartigen leibhaftigen Nähe zu Gott (3,8-9). An diese Stelle rückte angstbehaftetes Verhalten und der Drang, sich vor Gott zu verstecken, sich ihm zu entziehen (3,10). Zugespitzt: Die Menschen haben sich selbst zum Maßstab gemacht, damit hat die Schuld Einzug in diese Welt erhalten (3,11-13). Unter diesen Voraussetzungen konnten die Menschen nicht mehr in Gottes Nähe bleiben. Und so musste er sie – auch, um sie vor sich selbst zu schützen – vom Leben im Paradies ausschließen, damit sie nicht ewig in diesem Zustand bleiben müssen (3,22-24).

Schmerz, Sinnlosigkeit, Schuld, Beziehungsstörungen und Trennung von Gott. Das Leben in diesen Rahmenbedingungen ist die Folge menschlichen Handels, ist die Folge von Schuld. Aber die gute Nachricht der Bibel ist: Gott hat eine Möglichkeit geschaffen, diesen Graben zwischen ihm und uns zu überwinden.

Anwenden: Was löst in dir das Gefühl von Schuldigsein aus? Gibt es etwas, was du in der vergangenen Zeit getan hast, das du gerne ungeschehen machen würdest? Wie kann es gelingen, mit Gott und vertrauten Menschen heilsame Schritte zu gehen?

Antworten: Herr, es fällt mir schwer, es zuzugeben, aber es gibt vieles in meinem Leben, mit dem ich nicht klarkomme, an dem ich scheitere. Es gibt Schuld in meinem Leben. Bitte vergib mir und hilf mir zu lernen, diese Schuld zu erkennen und vor dich zu bringen.

gelesen am:

Tag 3 Sintflut

Noch einmal neu anfangen

Beten: Unser Vater im Himmel, es gibt viele Dinge, die mich im Moment beschäftigen. Hilf mir, sie nun außen vor zu lassen, damit ich ohne Ablenkung Zeit mit dir und deinem Wort verbringen kann.

Lesen: 1 Mose/Genesis 6,5–7,24

Entdecken: Schuldbehaftetes Handeln bleibt nicht ohne Konsequenzen – davon haben wir in Mose 3 glesen. Der Bibeltext heute beschreibt, wie weit Sünde Menschen von Gott wegtreibt (6,5). Wie ein krebsartiges Geschwür befällt sie alles, was gesund ist, um am Ende den Tod herbeizuführen. Auf diesem Hintergrund lässt sich leichter verstehen, warum es Gott bereut, den Menschen geschaffen zu haben – vor allem, weil er ansehen muss, wie die Menschen, die er liebt, sich immer mehr Schaden zufügen.

Viele denken, dass Gott nur darauf wartet, einen dabei erwischen zu können, wie man etwas falsch macht – als ob er es genießen würde, Menschen zu bestrafen. Interessant ist, dass in dem Text Gottes erste Reaktion gänzlich mit dieser Vorstellung bricht: Gott tut es zutiefst weh zu sehen, wie die Menschen miteinander umgehen (6,6-7). Auf schuldhaftes Handeln folgt die erforderliche Konsequenz, so schrecklich sie auch sein mag: Wie ein Töpfer bei einem misslungenen Werk den Ton wieder zu einem Klumpen macht, um neu zu beginnen, so sieht sich auch Gott gezwungen, noch einmal einen Neuanfang zu wagen.

Aber wie so oft schenkt Gott mitten in der Tragik einen Funken Hoffnung. Unter den Menschen, die mit allem brechen, was Gott ihnen geboten und gegeben hat, gibt es einen Menschen, an den sich Gott bindet: Noach (6,9–7,24). Warum? Weil Noach sich im Gegensatz zu allen anderen an Gottes Wort und seine Weisungen hält (6,22; 7,5).

Noch etwas fällt auf: Noach verbrachte mit seiner Familie sieben Tage in der Arche, ohne dass sich etwas tat (7,10). Die Sintflut blieb zunächst aus. Wir können uns keine Vorstellung davon machen, wie es ihm dabei gegangen ist. Trotzdem blieb er in der Arche, auch wenn es sinnlos schien und nichts passierte. Aber Noach hielt daran fest, weil Gott es ihm gesagt hatte. Noch heute gilt, dass Gott sich über das Vertrauen von Menschen freut, gerade wenn sie nicht gleich verstehen, was er vorhat.

Gott machte durch die Sintflut ein Ende mit einer der Sünde verfallenen, selbstsüchtigen Menschheit (7,22-23). Aber nicht, ohne zugleich die Möglichkeit für einen Neuanfang zu schaffen. Darin zeigt sich etwas vom Wesen Gottes: Auch in dieser dunklen Stunde der Menschheitsgeschichte schenkt er in Noach und seiner Familie ein Zeichen der Hoffnung. Und so verbindet Gott das schreckliche Gericht mit der Zusage eines Neuanfangs in der Beziehung zwischen ihm und den Menschen (6,18).

Anwenden: Gibt es Situationen, in denen du dich umgeben siehst von Dingen, die aus Gottes Perspektive falsch sind? Wie kannst du dich ihnen in einer Art und Weise stellen, die Gott und seiner Art entspricht? Was würde er dir jetzt empfehlen?

Antworten: Herr, mein Gott, ich möchte mit meinem Leben dir und deinen Wegen folgen. Bitte hilf mir dabei. Schärfe meinen Verstand, damit ich unterscheiden kann, was von dir kommt und was nicht.

gelesen am:

Tag 4 Gottes Zusage an Noah

Nie wieder!

Beten: Vater im Himmel, ich ehre und lobe dich. Bitte lass mir bewusst sein, wie nah du mir bist, wenn ich jetzt in deinem Wort lese.

Lesen: 1 Mose/Genesis 8,1– 9,17

Entdecken: Viele Jahre lang gehörte ein Beagle mit Namen Rascal zu unserer Familie. Er war ein quicklebendiges Kerlchen, das oft sein Innerstes nach außen kehrte. Vor allem dann, wenn er am frühen Morgen nach draußen durfte. Dann sprang er aufgeregt an mir hoch, kratzte an der Tür und konnte es kaum abwarten, rausgelassen zu werden und herumzutollen. So ähnlich stelle ich mir die erwartungsvolle Spannung der Menschen und Tiere in der Arche vor, als sich nach langem Warten die Tür öffnete (8,18-19): Endlich frei!

Aber waren sie wirklich frei? Nun gut, sie mussten nicht mehr in der muffigen Arche hocken und konnten sich endlich wieder frei bewegen. Aber haftete nicht auch an ihnen immer noch der Geruch von Schuld und Sünde? Oder hat die Sintflut sie davon reingewaschen? So tragisch es ist: Wir müssen diese Frage mit einem „Nein" beantworten – das werden die nächsten Texte auf unserer Reise durch die Bibel offenlegen.

Noach wusste um dieses Dilemma. Deshalb veranstaltete er nach seiner ganz persönlichen Rettung kein Fest. Das Erste, was er tat, war, Gott anzubeten. Gott freut sich darüber, wenn wir in Demut seine Gegenwart suchen (8,21-22). Zudem weißt Noachs Reaktion auf etwas sehr Grundlegendes hin: Das Opfer ermöglicht Vergebung von Schuld. Dieser Gedanke wird uns auf der Entdeckungsreise durch das Alte Testament begleiten. Dieser Gedanke ist zugleich die Voraussetzung dafür, dass das Neue Testament und seine Botschaft vom Tod und der Auferstehung von Jesus Christus verstanden werden kann.

Gott kennt den Menschen, und er weiß, dass er aus sich heraus immer wieder scheitern wird. Und doch gibt Gott dem Menschen ein ewig währendes Versprechen (9,8-17) und sagt darüber hinaus zu: „Ich will das Leben nicht ein zweites Mal vernichten" (8,21; 9,11.15). Er geht sogar so weit, den Regenbogen zum sichtbaren Zeichen für seine immerwährende Zuwendung und zum Symbol für seine Liebe zu uns Menschen zu erklären. Doch nicht nur das: Es sollte nicht mehr lang dauern, bis Gott sich auf den Weg zu uns Menschen begab, um uns diese Botschaft persönlich zu verkünden.

Anwenden: Welche Dinge erinnern dich in besonderer Weise daran, dass Gott dich liebt? Vielleicht gibt es etwas, was du tun könntest, um Gott deine Dankbarkeit darüber zum Ausdruck zu bringen?

Antworten: Danke, Herr, dass du mich uneingeschränkt liebst – auch wenn ich viele verborgene Dinge in meinem Herzen mit mir herumtrage. Bitte hilf mir heute dabei, deine Liebe sichtbar werden zu lassen.

Tag 5 Turmbau in Babel

gelesen am: 2012 HK 25.06

Miteinander reden

Beten: Lieber Vater im Himmel, bitte hilf mir, ein ruhiges Herz zu bekommen, damit ich jetzt deine Stimme hören kann.

Lesen: **1 Mose/Genesis 11,1-9**

Entdecken: Was ist eigentlich so schlecht daran, den Turm zu Babel zu bauen? Schließlich werden dadurch Arbeitsplätze geschaffen, Leute arbeiten gemeinsam an einem gemeinnützigen Projekt, neue Technologien werden entwickelt und die Gesellschaft steht an der Schwelle zu einer bahnbrechenden Errungenschaft. Jeder Politiker, der mit einem solchen Programm käme, würde sofort gewählt.

1 Mose/Genesis 11,4 wirft jedoch ein anderes Licht auf die damaligen Ereignisse. Denn die Menschen bekamen ihren Antrieb für diesen Kraftakt nicht aus dem Wunsch, etwas für Gott schaffen zu wollen. Im Gegenteil: Das Ziel war, sich selbst ein Denkmal zu setzen. Und damit wird – um es mit C.S. Lewis zu sagen – „dem größten aller Laster“, nämlich dem Stolz, Raum gegeben. Seit Adam und Eva ist das gesamte Streben der Menschen darauf ausgerichtet, sich selbst und die eigenen Ziele zu verwirklichen. Gottes Ziele werden dabei außer Acht gelassen. Der Bau des Turms sollte sichtbar machen:
„Wir haben alle Macht!“ Aber das war ein Irrtum – und das ist auch der Grund, warum Gott die Menschen von Babel verwirrt und auseinandergetrieben hat (11,7-9). Gott wird unseren hemmungslosen Stolz nicht ungebremst lassen (Sprichwörter 16,18).

Zugleich bestätigt Gott, welche Macht darin stecken kann, wenn man sich versteht (11,6). Was könnte alles erreicht werden, wenn in politischen Fragen, an der Arbeitsstelle, in den Kirchen und vor allem in unseren Familien dieselbe Sprache gesprochen würde – ohne dabei der Gefahr des Stolzes zu unterliegen. Nichts wäre unmöglich. Aber die ganze Wahrheit ist, dass der menschliche Stolz niemals ausgeklammert werden kann. Davon kann sich niemand freimachen.

Schließlich bleiben Stadt und Turm einsam und verlassen in der Wüste stehen. Er wird nicht zerstört, sondern zum Mahnmal für das gescheiterte Bestreben des Menschen, ohne Gott Großartiges zu erreichen. Vermutlich hätte diese Geschichte ein anderes Ende genommen, wenn die Menschen sich zu Herzen genommen hätten, was Noach ihnen vorgelebt hat (8,20-22). Wenn wir Gott an die erste Stelle setzen und ihn ehren, dann kann er Großes durch uns vollbringen.

Anwenden: Gibt es Bereiche in deinem Leben, die von zerstörter Verständigung geprägt sind? Vielleicht in deiner Familie, in der Kirche oder Gemeinde? An deiner Arbeitsstelle? Hat das auch etwas mit Stolz zu tun? Wie kann die Situation sich ändern?

Antworten: Herr, egal wie sehr ich es auch vermeiden möchte: Der Stolz erhält immer wieder Einzug in mein Herz und bestimmt mein Denken. Bitte vergib mir und hilf mir, stattdessen demütig nach dir und deinem Willen zu fragen.

Was ist mein Turm/Mittelpunkt?

Zusammenfassende Gedanken

Welche Gedanken sind dir in den zurückliegenden fünf Einheiten für deinen Glauben und deinen Alltag besonders wichtig und wertvoll geworden?

1

2

3

4

5

Bevor du dich auf die nächste Etappe deiner Reise durch die Bibel begibst, könnte es helfen, noch einmal kurz deine persönlichen Einsichten zu den vorherigen Einheiten zu lesen – und so erneut zu entdecken, was Gott dir schon gezeigt hat.

Abraham, Isaak und Jakob

Die ersten Kapitel der Bibel machen auf eindrückliche Weise deutlich, wie wunderbar sich Gott die Welt gedacht hat. Aber genauso legen sie offen, wie sich alles dramatisch veränderte, als Schuld und Sünde Einzug erhalten haben. Nach nur wenigen Kapiteln lesen wir, dass Gott durch eine schreckliche Flut einen Neuanfang machen musste.
Und anschließend blieb ihm angesichts des ungebrochenen Stolzes der Menschen nur der Weg, sie nach dem Turmbau zu Babel auseinander zu treiben.

Die von Gott geschaffene Welt begann zu zerbrechen. Und das größte Problem war, dass die Menschen nichts daran ändern konnten. Ihre einzige Hoffnung war, dass Gott selbst eingreifen und bald etwas tun würde. Das ist der Grund, warum die nächsten fünf Bibelabschnitte so bedeutungsvoll sind. Sie beschreiben die ersten Schritte, die Gott unternahm, um uns zu retten und Beziehung zu ihm möglich zu machen. Erneut tritt er als Schöpfer in Aktion: Er schafft sich ein Volk, Israel, um durch dieses Volk die Welt zu beschenken – denn aus diesem Volk soll einmal der Retter der Welt, der Messias, zu den Menschen kommen.

Auf diesem Weg ruft Gott zunächst Abraham (oder Abram, wie er anfangs genannt wird) aus seinem bisherigen Leben. Abraham war der Vater von Isaak und der Großvater von Jakob. Sie sind die sogenannten „Erzväter“ Israels und somit liegt in ihrer Familie der Ursprung für ein ganzes Volk. Abraham, Isaak und Jakob waren nicht perfekt und gerade deshalb von Gott auserwählt. Wie alle Menschen hatten sie ihre Schattenseiten: Sie machten sich schuldig und widersetzten sich Gott. Und trotzdem wandte sich Gott ihnen zu. Das kann uns Mut machen, denn es macht deutlich, dass Gottes Wege nicht an unseren Fehlern scheitern.
Wir können uns darüber wundern, dass Gott einen solchen Weg wählt. Warum liegt ihm so viel daran, versöhnt und in Gemeinschaft mit uns Menschen zu leben? Warum nicht noch einmal eine schreckliche Flut schicken, die alles fortspült, was nicht zu ihm passt? Die Antwort kann – um es mit C.S. Lewis zu sagen – nur sein: „Er liebt diese haarlosen Zweibeiner, die er erschaffen hat, wirklich [...]“ (Zitiert aus: Dienstanweisung für einen Unterteufel).

Und dann ist da noch etwas, das in den kommenden Texten nicht übersehen werden darf: der Glaube. Denn das ist das Eigentliche, das Abraham auszeichnet. Er ahnt nicht, warum Gott gerade ihn auserwählt und wohin ihn sein Weg führen wird. Und vor allem weiß er nicht, was Gottes Plan hinter allem ist. Aber er vertraut Gott und seinem Auftrag an ihn: „Verlass deine Heimat!“ Genau das tut er. Gott zu vertrauen – in allen Lebenssituationen – das meint die Bibel mit „Glauben“.
Im Römerbrief erklärt der Apostel Paulus, warum Abrahams Glaube beispielhaft ist (Römer 4,16-25). Denn so wie er müssen auch wir uns die Frage gefallen lassen, ob wir Gott vertrauen wollen. Ob wir ihm glauben wollen, dass durch seinen Sohn Jesus Christus Vergebung von Schuld und Beziehung zu ihm möglich wird. Hast du dich mit dieser Frage schon einmal beschäftigt?

gelesen am:

Tag 6 Abrams Berufung

Warum gerade ich?

Beten: Himmlischer Vater, danke für die Bibel, dein Wort. Sie ist ein großartiges Geschenk für mich! Bitte sprich heute durch sie zu mir.

Lesen: **1 Mose/Genesis 12**

Entdecken: Warum nur hat Gott sich ausgerechnet Abram herausgepickt, um ihm ein solch einzigartiges Versprechen zu geben (12,2-3)?
Da der Bibeltext darüber nichts sagt, wird es wohl ein ewiges Geheimnis bleiben. Aber statt diese Frage zu beantworten, deckt der Text ein kleines, aber wichtiges Puzzleteil von Gottes Plan auf: Auch wenn nur einer auserwählt wurde, kann dadurch unzählig vielen Menschen Gutes zuteilwerden.

Gott ergreift die Initiative, er streckt seine Hand nach Abram aus. Dass die Aktion von Gott ausgeht, bedeutet jedoch nicht, dass die Beziehung zwischen Abram und Gott einseitig ist – das zeigt sich an Abrams Reaktion. Offensichtlich hat der 75-jährige Abram im Laufe seines Lebens ein besonderes Gehör für Gottes Stimme entwickelt. Er ist bereit, auf diese Stimme zu hören. Als Gott ihm sagt: „Verlass deine Heimat!“, macht er sich auf und geht – obwohl er nicht weiß, wohin ihn die Reise führen wird. Aber auf dieser Reise bleibt er im Gespräch mit Gott, er bleibt ein Hörender. Abrams Beziehung zu Gott ist lebendig, dynamisch, vorbildlich. Das wirft die Frage auf, wie es um die eigene Gottesbeziehung bestellt ist.

Abram wird in der Bibel als einer der herausragenden Glaubensväter beschrieben (15,6; Römer 4,1-25). Das ist erstaunlich, wenn man weiß, wie er sich angesichts dieser Hungersnot verhält. Nach allem, was er mit Gott erlebt hat, sollte man meinen, dass er Gott zutraut, seine Familie mit genügend Essen zu versorgen. Stattdessen macht sich Abram nach Ägypten auf (wovon ihm Gott nichts gesagt hat!) und erfindet zudem noch eine Geschichte, um sich und seine Frau zu schützen. Oft wissen wir, was Gott von uns möchte – und machen genau das Gegenteil. Trotzdem lässt uns Gott nicht los.
Er hält uns und hält an uns fest, auch wenn wir die falsche Wahl treffen. Das kann uns in Schwierigkeiten bringen, aber Gott lässt uns dann nicht allein. Er hilft uns dabei, dass unsere falschen Wege lediglich zu Umwegen werden.

Anwenden: Hat Gott schon einmal zu dir gesprochen, wie er mit Abram geredet hat? Wie hast du reagiert? Welche Umwege hast du schon gehen müssen? Wie hat das deine Beziehung zu Gott verändert?

Antworten: Danke, Vater, dass du den ersten Schritt auf uns Menschen zugehst, dass du ihn auf mich zugegangen bist. Ich danke dir dafür, dass du mich liebst – auch wenn ich nicht wirklich verstehe, worin diese tiefe Liebe begründet ist. Hilf mir, dir jeden Tag auf meinem Lebensweg nachzufolgen.

gelesen am:

Tag 7 Gottes Bund mit Abram

Er fühlt deinen Schmerz

Beten: Herr, du kennst alle Geheimnisse, die ich in mir trage und die ich am liebsten vor dir verbergen würde. Ich bitte dich darum, alle Bereiche meines Lebens neu auszufüllen und zu gebrauchen.

Lesen: **1 Mose/Genesis 15**

Entdecken: Es muss eine nervenaufreibende Zeit für Abram gewesen sein. Er hatte schon längst das Rentenalter erreicht (12,4), als Gott ihm mitteilte, dass er in unbekannte Gewässer aufbrechen und alles hinter sich lassen sollte. Gott zeigt uns oft nicht den ganzen Weg, sondern nur den nächsten Schritt. Glauben bedeutet, Gott zu vertrauen, dass er uns ans Ziel bringt – ohne zu erwarten, dass die Reise dorthin leicht werden wird.

Ein pikantes Thema: Keine Kinder bekommen zu können, war zu damaliger Zeit eine große Herausforderung, vor allem für Frauen. Gottes Zusage an Abram und Sarai, ihnen unzählig viele Nachkommen zu schenken, wurde statt zum Grund tiefer Freude zu einer Quelle großer Verbitterung (15,2-3): „Sieh doch, du hast mir keine Kinder gegeben." Aber Gott gebraucht dieses besonders sensible Thema, um Abrams Glauben wachsen zu lassen (15,6). Gibt es in deinem Leben einen besonders sensiblen Bereich? Etwas, mit dem du haderst? Bitte versteh diese Frage nicht falsch. Es geht nicht darum, vorschnell große Fragen beantworten zu wollen. Aber manchmal ist es nötig, dass wir unseren ganzen Zweifel vor Gott bringen und ihm ehrlich sagen: „Gott, ich halte das nicht länger aus. Wenn ich in dieser Situation etwas verstehen oder lernen soll, dann zeige es mir."

Jeder Mensch kommt irgendwann an diesen Punkt, an dem alles erfüllt ist mit Angst und Trostlosigkeit – egal, ob wir unser Leben mit oder ohne Gott gestalten. Abram muss feststellen, dass das versprochene Land von unzählig vielen „-itern" bewohnt ist (15,19). Und jetzt? Gott weiß, dass er Abram nun den Rücken stärken muss. Deshalb schenkt er ihm Einsicht in den Plan, den er für ihn und seine Familie hat (15,12-21). So wünscht sich das wohl jeder: „Gott, wenn du mir vielleicht per E-Mail kurz deine Gedanken für die nächsten Wochen zumailen könntest? Das wäre wirklich hilfreich!" Genau genommen gibt uns Gott tatsächlich immer wieder Einsicht in seine Pläne. Wenn wir darüber nachdenken, was Gott in der Vergangenheit getan hat – bei den Menschen der Bibel oder in unserem Leben –, dann werden wir wissen, ob wir Gott auch in Zukunft vertrauen wollen oder nicht.

Gott schenkt Abram einen Glauben, der wächst. Und darüber hinaus erhält Abram Einsicht in Gottes Gedanken. Doch damit nicht genug: In besonderer Weise darf er Gottes Gegenwart erleben. Und diese Erfahrung führt dazu, dass Ängste und Sorgen an Bedeutung verlieren.

Anwenden: Es gibt sie, diese große Anzahl an „-itern", denen wir kaum etwas entgegensetzen können. Wie begegnest du ihnen? Hat das etwas mit deinem Glauben an Gott zu tun?

Antworten: Gott, du kennst die Dinge in meinem Leben, die mir Angst und Sorge bereiten. Bitte zeige mir, dass du in diesen Herausforderungen an meiner Seite bist. Und hilf mir, dir zu vertrauen.

gelesen am:

Tag 8 Isaaks Geburt und „Opferung“

Seltsam aber wahr

Beten: Heute möchte ich dir danken und dich loben, Vater im Himmel. Denn du bist wunderbar, gut und liebevoll zu mir. Ich möchte, dass du weißt, wie sehr ich dich liebe.

Lesen: **1 Mose/Genesis 21,1–22,19**

Entdecken: Heute beginnen wir mit einer Geschichte, die in jeder Tageszeitung eine Titelstory wert wäre: 99-jähriger Mann schwängert 89-jährige Frau! Das Verrückte ist: Diese Geschichte ist wirklich passiert! Wieder einmal zeigt sich, dass Gott Unmögliches möglich macht. Nicht nur in der Bibel, sondern auch in deinem Leben.

In den Kapiteln zwischen unseren beiden Texten ist einiges passiert. So hat Abram einen neuen Namen erhalten, er heißt jetzt Abraham. Nur zwei kleine Buchstaben, die jedoch seinen Namen und damit sein Leben wesentlich verändern. Übersetzt bedeutet Abram „Der Vater ist erhaben.“ Der Name Abraham bedeutet hingegen „Vater einer großen Menge“ (17,5).

Die Geschichte wird noch verrückter. Denn Gott beauftragt Abraham, seinen Sohn Isaak zu opfern (22,2). Jede Mutter, jeder Vater würde sofort rebellieren. Und Abraham? Er steht stattdessen früh am Morgen auf, um Gottes Auftrag in die Tat umzusetzen (22,3). Kein Wort über eine Diskussion, kein Anklagen, kein Hadern. Abraham ist eine Wegstrecke mit Gott gegangen. Er hat offensichtlich gelernt, Gott zu vertrauen. Egal, was kommt. Egal, was Gott verlangt. Allein der Gedanke ist eine Grenzerfahrung.

Abraham wusste nicht, dass Gott diesen vermeintlich grausamen Glaubenstest gebrauchen wollte, um ihm eine verheißungsvolle Zusage, machen zu können: „Gott wird für ein Opferlamm sorgen“ (22,8). Das hat Gott in der Tat Wirklichkeit werden lassen. Für Abraham und Isaak, aber auch für alle Menschen. Sein einziger Sohn, Jesus Christus, starb als Opferlamm am Kreuz für die Schuld aller Menschen. Das ist die Kurzform von Gottes rettendem Handeln in unserer Welt. Das Lamm Gottes bildet das Zentrum der Guten Nachricht.

Es stimmt, dass Gott manchmal wissen möchte, wie sehr wir ihm vertrauen. Und es fühlt sich nicht gut an, wenn Gott die Vertrauensfrage stellt. Aber Gott lässt uns dabei nicht im Stich. Wir können die Erfahrung machen, dass wir Gott anders kennenlernen als vorher: tiefer, intensiver, inniger – eine Erfahrung, die wir in unserem Leben vielleicht nicht mehr missen möchten, so schwer es sein kann, diesen Weg zu gehen (22,15-18). Und dabei gilt: So sehr uns Gott auch herausfordert, wir können ihm vertrauen, dass er einen nach seinen Maßstäben guten Weg mit uns gehen wird (Römer 8,28).

Anwenden: Fordert Gott dich und deinen Glauben momentan heraus? Ist es denkbar, dass Gott dadurch seine Beziehung zu dir erneuern und intensivieren möchte?

Antworten: Vater im Himmel, ich kann nicht begreifen, wie sehr du mich liebst und welche Wege du mit mir gehst. Aber ich möchte lernen, dir zu vertrauen – egal was kommt. Bitte hilf mir, auf deine Stimme zu hören und dir zu folgen, wohin du auch mit mir gehst.

gelesen am:

Tag 9 Esau und Jakob

Die perfekte Familie

Beten: Vater, danke, dass du mich einlädst, dir zu vertrauen, dir nachzufolgen und Teil deiner weltweiten Familie zu sein. Hilf mir, Schritte zu gehen, die das zum Ausdruck bringen und dich loben.

Lesen: **1 Mose/Genesis 27–28**

Entdecken: Eine solch gestörte Familie wäre heute ein Fall für das Jugendamt oder eine Familientherapie: Ein Vater, der alles durchgehen lässt, eine Mutter mit Kontrollzwang, ein älterer Sohn, der auf der Straße herumhängt, und ein jüngerer Sohn, der falsch und hinterlistig ist.
Die perfekten Voraussetzungen für eine Daily Soap. Und dabei handelt es sich um eine der wichtigsten Familien der Bibel. Sie sind so, wie sie sind, Teil der Geschichte von Gottes Volk, dem Volk Israel.

Was hat es mit dem „Segen" auf sich? Wer in alttestamentlicher Zeit den väterlichen Segen bekam, wurde das nächste Familienoberhaupt. Von ihm hing das weitere Schicksal der ganzen Familie ab. Und so wie Issak sich verhält, scheint mit dem Akt das Wirken einer geistlichen Kraft verbunden zu sein (27,27-40). Zugleich liegt darin etwas verborgen, das sich in seiner Tiefe bis heute durchzieht. Kinder sehnen sich danach, von ihren Eltern Bestätigung für ihren Lebensweg zu erhalten. Und Eltern wünschen sich, dass die Kinder das, was sie selbst als hilfreich und tragfähig erlebt haben, behalten und fortführen. Wo Väter und Mütter fehlen und diese Aufgaben nicht erfüllen können, haben Pateneltern die große Aufgabe, Kindern zum Segen zu werden.

Keine Familie ist perfekt – auch wenn wir es uns anders wünschen. Aber das muss uns nicht hoffnungslos machen, denn Gottes Wege sind nicht an das gebunden, was wir – mehr oder weniger – erfolgreich nennen.
Jakob beispielsweise ergaunert sich mit Hilfe seiner Mutter einen aus seiner Sicht großen Vorteil. Aber es führt dazu, dass sein Bruder Mordgelüste entwickelt (27,41). Jakob verliert seine Heimat und muss fliehen. Erst in der Einsamkeit und Fremde, mitten im Elend, begegnet ihm Gott. Und damit beginnt für Jakob ein neuer Weg, der ihn zu einem Menschen werden lässt, der nach Gott und seinem Willen fragt. So schmerzvoll dies auf der einen Seite für Jakob war, so heilsam und segensreich wurde dieser Weg für ihn persönlich wie auch für seine Nachkommen.

Anwenden: Gibt es etwas, dass dich positiv oder negativ von deiner Kindheit her geprägt hat? Was davon könnte segensreich für dich und die Menschen sein, die dir anvertraut sind?

Antworten: Jesus Christus, du bist der Herr über mein Leben. Meine ganze Familie soll dir gehören. Außerdem möchte ich dich darum bitten, dass unsere Beziehung zu dir inniger wird. Bitte zeige mir, wie ich dazu beitragen kann.

Tag 10 Esau und Jakob versöhnen sich

Vergeben!

Beten: Herr, ich danke dir dafür, dass ich zu dir kommen kann, wie ich bin. Dafür möchte ich dich anbeten. Bitte segne die Zeit mit dir und deinem Wort und lass mich verstehen, was ich verstehen soll.

Lesen: 1 Mose/Genesis 32–33

Entdecken: Oft zieht Schuld weitere Schuld nach sich – beispielsweise wenn es darum geht, ein begangenes „Verbrechen“ durch eine Lüge oder das Verdrehen von Wahrheit zu verheimlichen. Hier ist ein Beispiel, wie aus Schuld auch etwas Gutes erwachsen kann. Jakob hatte offensichtlich ein schlechtes Gewissen – und das zu Recht, denn schließlich hatte er seinen Bruder Esau um dessen Geburtsrechte und den väterlichen Segen beraubt. Aber das schlechte Gewissen treibt ihn zu Esau mit der Bitte um Vergebung.

Aber wonach sehnt Jakob sich wirklich? Ist es Vergebung und Klärung von Schuld, oder fürchtet er einfach nur um sein Leben? Vermutlich Letzteres (32,10-21). Denn als er hört, dass sich sein Bruder mit 400 Leuten auf den Weg macht, um ihm entgegenzutreten, bekommt er es mit der Angst zu tun. Er schickt Geschenke voraus, um seinen Bruder milde zu stimmen. In der Hoffnung, dass die Strategie aufgeht, bricht er als Letztes mit seiner Familie auf, damit wenigstens sie verschont bleibt.

Interessanterweise wird nicht an Jakobs, sondern an Esaus Verhalten sichtbar, was echte Vergebung bewirken kann. Vorbehaltlos zieht er ihm entgegen, getrieben von der Sehnsucht, seinen Bruder in die Arme schließen zu können. Er rechnet seinem Bruder Jakob dessen Schuld nicht mehr an. Im Gegenteil: Er wünscht ihm Gutes und begegnet ihm mit Barmherzigkeit. Esau ist ein alttestamentliches Beispiel für einen liebenden und vergebenden Vater, wie Jesus ihn Jahrhunderte später in einem Gleichnis beschreibt (Lukas 15,11-32). Gott kann Beziehungen heilen und Vergebung möglich machen – aber wir müssen zulassen, dass er uns verändert.

Manche Dinge in unserem Leben laufen richtig schief – so schief, dass wir dadurch entmutigt, verärgert oder sogar verbittert werden können. Das Einzige, was uns aus diesem Zustand befreien kann, ist die Erfahrung von Gottes erneuerndem Eingreifen. Jakob hat erlebt, wie grundlegend eine solche Begegnung mit Gott etwas verändern kann (32,23-32). Wenn du dich gerade in einer verzweifelten Lage befindest, solltest du vielleicht aufhören, für eine Veränderung der Situation zu beten – und stattdessen Gott darum bitten, dass du selbst dich änderst.

Anwenden: Gibt es in deinem Leben zerbrochene Beziehungen? Woran sind sie gescheitert? Ist Vergebung möglich? Was oder wer muss sich ändern, damit Heilung geschehen kann?

Antworten: Himmlischer Vater, du hast mich ohne Vorbehalte mit offenen Armen empfangen. Bitte hilf mir, ebenso mit offenen Armen auf die Menschen zuzugehen, die mich enttäuscht oder verletzt haben.

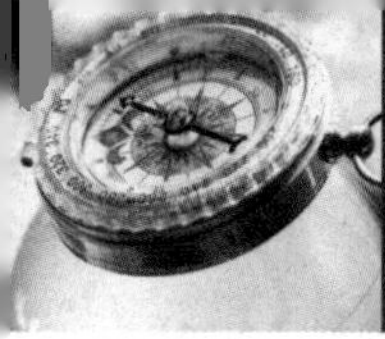

Zusammenfassende Gedanken

Welche Gedanken sind dir in den zurückliegenden fünf Einheiten für deinen Glauben und deinen Alltag besonders wichtig und wertvoll geworden?

1

2

3

4

5

Bevor du dich auf die nächste Etappe deiner Reise durch die Bibel begibst, könnte es helfen, noch einmal kurz deine persönlichen Einsichten zu den vorherigen Einheiten zu lesen – und so erneut zu entdecken, was Gott dir schon gezeigt hat.

Einführende Gedanken

Die Josefsgeschichte

Die nächsten fünf Textstellen führen uns die Erlebnisse von Josef vor Augen. Er war Jakobs Sohn und hat einige Zeiten erlebt, in denen Gott ihn regelrecht „geparkt" hat. Zurecht kann man sich die Frage stellen, warum Josefs Weg so verlaufen ist. Und warum ist sein Leben so wichtig, dass ihm vierzehn Kapitel der Bibel gewidmet sind?

Zunächst kann man verkürzt sagen, dass Josefs Erlebnisse zwischen den Erzählungen von den Erzvätern (Abraham, Isaak und Jakob) und den später folgenden Berichten von Mose stehen. Viele kennen die berühmten Geschichten von Mose und wie er mit dem ägyptischen Pharao darum ringt, dass das Volk Israel aus der Gefangenschaft in Ägypten ausziehen darf. Aber nur durch die Berichte von Josef wird verständlich, wieso das Volk eigentlich in diese Situation geraten ist.

Bedeutsam ist auch, dass Josefs Lebensweg ein lebendiges Zeugnis für das Sprichwort ist: „Der Mensch denkt und Gott lenkt." Egal wie schwer Menschen Josef das Leben machen – und sie machen es ihm wirklich sehr schwer: Gott setzt sich über die Pläne der Menschen hinweg, um etwas Gutes daraus werden zu lassen (1 Mose/Genesis 50,20; Römer 8,28). Sich daran zu erinnern, kann uns helfen, wenn wir uns Krisen und Herausforderungen stellen müssen.

Noch wichtiger ist, dass Josefs Leben zu einer wichtigen Station in Gottes Weg zur Rettung aller Menschen geworden ist. Viele Jahre zuvor hatte Gott Abraham versprochen, dass seine Familie einmal zu einer großen Nation heranwachsen würde – und dass durch ihn die ganze Welt gesegnet würde. Was ist aus dieser Verheißung geworden? Zum bisherigen Zeitpunkt sieht es eher so aus, als würde Gottes Plan an einem Haufen unzivilisierter und als Nomaden lebender Hirten scheitern, die ihre Familienprobleme nicht in den Griff kriegen.

Gott lässt es zu, dass Josef und seine Brüder sich in eine Situation hineinmanövrieren, die komplizierter nicht sein kann. Aber es wird sichtbar, wie Gott selbst mit helfender Hand eingreift, um aus von Menschen verursachtem Schaden Gutes werden zu lassen (1 Mose/Genesis 45,4-7). In der Geschichte von Josef und seinen Brüdern befreit Gott sein Volk von Hunger und Unterdrückung. Später wird in der Bibel berichtet, wie Gott uns Menschen durch seinen Sohn Jesus Christus von Sünde und Tod befreit. Das ist das große Geschenk, das Gott von Anfang an im Blick hatte – und die Erlebnisse von Josef sind eine wichtige Station auf dem Weg dorthin.

Tag 11 Josef wird als Sklave verkauft

Familien-Fehde

Beten: Herr, ich freue mich auf die Zeit mit dir und deinem Wort. Danke für diese Gelegenheit, dir zu begegnen. Bitte hilf mir zu verstehen, was ich lese, und darauf zu antworten, wie du es möchtest.

Lesen: 1 Mose/Genesis 37

Entdecken: Man muss kein Genie sein, um zu erkennen, warum diese Familie mit großen Problemen zu kämpfen hat. Wie in den meisten Fällen von Familienstreitigkeiten liegt auch hier die Schuld nicht allein bei einer Person. Wenn Dinge wirklich schieflaufen, sehen wir meist nur das Ergebnis. Aber oft sind es viele kleine Tropfen, die das Fass schließlich zum Überlaufen bringen – so auch in Josefs Familie.

Bevorzugung: Vermutlich war Josef ein begabtes Kind. Aber das berechtigt seinen Vater noch lange nicht, ihn derartig zu bevorzugen und das seinen anderen Kindern auch noch durch besondere Geschenke unter die Nase zu reiben (37,3). Auf diese Weise hat Jakob der Verbitterung darüber Tür und Tor geöffnet. Es ist schlimm, wenn in einer Familie Liebe eingesetzt wird, um andere zu kontrollieren oder sogar zu manipulieren.

Überheblichkeit: Josef wusste sicher, dass Petzen kein guter Wesenszug ist (37,2). Aber das schien ihm egal zu sein. Er benutzt sogar seine besonderen geistlichen Erfahrungen, um sich über seine Brüder zu stellen (37,5-9). Gott schenkt manchen Menschen besondere Gaben. Aber damit sie zur Entfaltung kommen können, müssen sie mit Demut gepaart sein.

Eifersucht: Was die Brüder rasend vor Eifersucht machte, war, dass Josef bekam, wonach sie sich sehnten: die Zuwendung des Vaters (37,4). Was wäre wohl geschehen, wenn Jakob immer wieder mal seine Söhne um sich versammelt hätte, um ihnen zu sagen: „Ich liebe jeden von euch auf ganz besondere Weise!“

Hass: In den ersten acht Versen des Kapitels können wir drei Mal lesen, wie sehr die elf Brüder Josef hassten (37,4.5.8). Wenn wir solch starken Gefühlen Raum geben, können sie uns von innen auffressen. Jesus fordert uns dazu auf, Böses in Gutes umzukehren (Matthäus 5,43-48; 18,15-17). Indem wir uns so schnell wie möglich Konflikten stellen, verhindern wir, dass Hass daraus wird und uns verzehrt.

Anwenden: Wann und wodurch treten in deiner Familie Spannungen auf? Wie kann diesen Spannungen mit Liebe begegnet werden?

Antworten: Vater, ich danke dir für deine Liebe zu mir. Bitte hilf mir, die Menschen um mich herum ebenso zu lieben – gerade auch die, die zu meiner Familie gehören.

Die Josefsgeschichte

gelesen am:

Tag 12 Im Gefängnis und beim Pharao

Das ist nicht fair!

Beten: Herr, du bist so gut zu mir. Vielen Dank für die vielen Situationen in meinem Leben, in denen ich schon von dir gesegnet wurde.

Lesen: 1 Mose/Genesis 39–41

Entdecken: Was für eine seltsame Biografie: Wir lernen Josef als einen egoistischen Teenager kennen, der vorsätzlich Familienkonflikte provoziert. Klar, dass das nicht ohne Folgen bleibt. Aber dass ihn seine Brüder in die Sklaverei verkaufen, er anschließend gemobbt wird und dann auch noch unschuldig ins Gefängnis kommt – das kann wohl kaum Gottes Plan und Weg für ihn gewesen sein! Oder vielleicht doch?

Was auffällt: Dieser Lebensweg verändert Josef. Vielleicht war es die traumatische Erfahrung, von der Familie sprichwörtlich „verraten und verkauft“ zu werden. Vielleicht aber auch die Erkenntnis, dass sein Leben in eine völlig andere Richtung verläuft, als er es geplant und sich gewünscht hat. Josef reift sichtbar auf diesem Weg. Seine moralische Stärke ist beispielhaft (39,8-10) und er entwickelt Sensibilität für die Menschen um sich herum und deren Nöte (40,6-8).

Wie reagierst du darauf, wenn das Leben unfair zu dir ist? Fängst du an, um dich zu schlagen? Oder ziehst du dich deprimiert zurück? Gibst du Gott die Schuld an allem? Josef hätte Grund genug gehabt, alles gleichzeitig zu tun. Aber er tat es nicht. Und das aus mindestens zwei guten Gründen:

Gott steht bei Josef im Mittelpunkt: Als Potifars Frau versucht, ihn ins Bett zu kriegen, weiß er, dass er sich nicht nur Potifar, sondern auch Gott gegenüber schuldig machen würde (39,9). Und später im Gefängnis ist er sich im Klaren darüber, dass die Gabe, Träume deuten zu können, nur von Gott kommen kann (40,8b). Er hat begriffen, dass sein ganzes Leben von Gott abhängig ist. Deshalb fragt er in allem zuerst danach, was Gottes Sicht der Dinge ist.

Josef vertraut Gott: Oberflächlich gesehen ist Josefs Leben eine einzige Katastrophe. Aber wer genau hinschaut, sieht, dass Gott die Kontrolle über alles hat (39,2.21). Krisenzeiten können unsere Beziehung zu Gott tiefer werden lassen. Wir sollten uns nicht nach ihnen sehnen. Und doch bergen sie ungeahnte Möglichkeiten, uns selbst und Gott anders und neu kennenzulernen – im Vertrauen darauf, dass er seinen Plan für und mit uns in guten wie in schlechten Zeiten verwirklichen will.

Anwenden: An welchen Punkten in deinem Leben begegnen dir Schwierigkeiten? Verbring im Gebet Zeit mit Gott. Frag ihn, ob er dir dadurch vielleicht etwas zeigen möchte. Oder ob er dir zeigen kann, wie eure Beziehung inniger werden kann.

Antworten: Herr, ich kann es kaum ertragen, wenn Dinge im meinem Leben richtig schiefgehen. Und zugleich wünsche ich mir, dass meine Beziehung zu dir an Tiefe gewinnt. Bitte hilf mir zu erkennen, wo du in diesen herausfordernden Momenten am Werk bist.

Die Josefsgeschichte

gelesen am:

Tag 13 Josefs Brüder reisen nach Ägypten

Worum es eigentlich geht

Beten: Jesus, bitte sei mir nah und begleite mich mit deinen Gedanken, wenn ich heute in deinem Wort lese.

Lesen: **1 Mose/Genesis 42**

Entdecken: Die Brüder dachten keine Sekunde darüber nach, wie grausam und ungerecht sie sich verhalten hatten, als sie auf Josefs Kosten Menschenhandel betrieben hatten. Sie hatten lediglich die Frage im Sinn, wo sie genug Essen für ihre Familien auftreiben konnten. Aber man sieht sich immer zwei Mal im Leben, und Josef erkennt: Jetzt kann ich ihnen alles heimzahlen. Meinst du nicht, es hat ihm doch – zumindest ein wenig – Vergnügen bereitet, seinen Brüdern zu unterstellen, sie hätten herumspioniert (42,7-17)?

Aber in unserem Text geht es um viel mehr als um Rachegelüste. Wenn wir uns die beteiligten Personen einzeln anschauen, entdecken wir, was in ihnen vorgeht. Nehmen wir mal Josef: Nach außen tritt er kontrolliert, selbstsicher und machtvoll in Erscheinung. Aber in seinem Innersten ist er zutiefst verletzt und sehnt sich nach Liebe und Versöhnung mit seiner Familie (42,22-24; 43,30).

Die Brüder hingegen erscheinen als fürsorgliche Familienmenschen, die sich in Zeiten der Krise um ihre Angehörigen kümmern und sich für sie einsetzen. Aber innen drin werden sie aufgefressen von Schuldgefühlen (42,21) und der Sorge, Gott könnte sie für ihre vergangenen Taten bestrafen. Und der gute alte Jakob wirkt wie der von allen geliebte Vater und Großvater einer glücklichen Großfamilie. Aber das ungewisse Schicksal des Lieblingssohnes hat ihn bitter werden lassen.

Jeder von uns kennt Momente, in denen gute Mine zum bösen Spiel angesagt ist. Es sind meist vertrackte Situationen, in denen es keine andere Wahl zu geben scheint. Aber oberflächlicher Schein hat noch kein Problem gelöst – höchstens vertagt oder verschlimmbessert. Denn anschließend ist es kaum möglich, noch um Hilfe zu bitten. „Was sollen die Leute denn jetzt von mir denken, wenn ich mein Innerstes nach außen kehre? Sie halten mich doch für einen so guten Pastor, Christen, Vater ...? Das werden sie doch nie verstehen." Gespräche, Seelsorge, Therapien können Dinge offenlegen. Sie können sie nicht heilen.

Gott kann es durch seinen Heiligen Geist. Das ist der Grund, warum Gottes Gemeinde keine Ansammlung von Supermenschen ist. Sie ist vielmehr der Ort, an dem ganz normale Menschen angstfrei Zerbruch und Verletzungen offen legen können – aber auch ein Ort, um zu erleben, wie Gott sie darin begleitet oder sogar daraus befreit hat.

Anwenden: Wie denken andere Menschen über dich? Wie sieht es jetzt gerade in dir drin aus? Stehen beide Sichtweisen im Widerspruch? Hast du die Möglichkeit, diesen durch konkrete Schritte aufzulösen?

Antworten: Himmlischer Vater, oft überfordere ich mich damit, von mir ein Bild zu erzeugen, das nicht der Wahrheit entspricht. Bitte hilf mir durch deinen Heiligen Geist, das zu ändern – und zu begreifen, dass du mich so liebst, wie ich bin.

Zwischenspiel

Beten: Herr, du weißt, wie ich mich gerade fühle und was mich beschäftigt. Bitte mach mich auf das aufmerksam, was aus deiner Sicht wichtig ist.

Lesen: 1 Mose/Genesis 43–44

Entdecken: Josef hat in der Vergangenheit der Versuchung nicht nachgegeben (39,10) – obwohl diese Herausforderung eigentlich über seine Kraft ging. Nach all dem, was seine Brüder ihm angetan haben, muss es Josef schwergefallen sein, sich zurückzuhalten und ihnen nicht seinen ganzen Frust an den Kopf zu werfen: „Warum habt ihr mir das angetan?" Josef hatte die Macht, es seiner verlogenen Verwandtschaft mit einem Wort heimzuzahlen. Aber er tat es nicht. Warum?

In unseren Augen sind Ärger und Zorn nicht eine Form von Versuchung. Sie sind Teil des Menschseins; es gehört dazu, sich über etwas zu ärgern. Aber Ärger und Zorn können uns dazu verleiten, an anderen schuldig zu werden: „Ich bin so sauer, ich könnte ihn ...!" Zugegeben, manchmal würden wir uns wünschen, dass die mathematische Gleichung „Minus mal minus ergibt plus" auch für diese Fälle gilt. Aber leider geht diese Rechnung nicht auf, und davor möchte uns Gott durch die Bibel warnen (Epheser 4,26).

Josef spielt auf Zeit. Er fragt seine Brüder aus, hält sie hin und inszeniert den Diebstahl eines silbernen Bechers. Man kann sich fragen, warum er nicht gleich die Katze aus dem Sack lässt und mit der Wahrheit rausrückt. Manchmal sind Wunden sehr tief. Sie müssen behutsam freigelegt werden, damit sie behandelt werden können. Das braucht Zeit, sonst können sie nur oberflächlich heilen. Dazu brauchen wir genügend Zeit mit Gott – und zugleich müssen wir Gott zugestehen, dass er sich die Zeit nimmt, die es für uns braucht. Wenn du tief in dir drin etwas spürst – vielleicht Ärger und Zorn aus der Vergangenheit –, dann kann es ein guter Anfang sein, diesen Ärger vor Gott im Gebet auszusprechen.

Aber es gibt noch einen weiteren Grund, der Josef daran hindert, seinen ganzen Frust und Ärger über die Brüder rauszulassen: Er liebt sie immer noch. Oft bleibt trotz Zorn, Enttäuschung und Schmerz eine tiefe Liebe erhalten – bei Gott und bei uns Menschen. Verletzungen müssen einen geeigneten Raum finden, um herauszukommen. Statt wild um sich zu schlagen sucht Josef die Einsamkeit, um zu verarbeiten (43,30). Er unterdrückt die aufbrechenden Gefühle nicht. Und so beginnt Gott in ihm einen Heilungsprozess, der seinen Zorn aufweicht und ihn schließlich bereit macht, zu vergeben. Aber an diesem Punkt ist er noch nicht angekommen – noch nicht.

Anwenden: Gibt es Verletzungen aus deiner Vergangenheit, die noch nicht verheilt sind? Vielleicht brauchst du – wie Josef – einen stillen und ruhigen Ort, um sie für dich zu verarbeiten und im Gebet vor Gott zu bringen?

Antworten: Vater, ich will meinen Zorn und Ärger nicht festhalten, aber um loslassen zu können, benötige ich deine Hilfe. Bitte lege Verletzungen offen und heile sie – Verletzungen, die mir zugefügt wurden oder die ich bei anderen hinterlassen habe.

gelesen am:

Tag 15 Josef gibt sich zu erkennen

Ein rumorender Gedanke

Beten: Lieber Gott, ich lobe dich und bete dich an. Du wendest dich mir in Liebe zu – durch das, was du tust, und durch dein Wort. Bitte öffne mir die Ohren für das, was du mir heute sagen möchtest.

Lesen: 1 Mose/Genesis 45,1–46,7

Entdecken: Es gibt Filmklassiker, die bis heute unnachahmlich sind. Citizen Kane (zu deutsch „Bürger Kane") aus dem Jahr 1941 ist einer davon. Der Film erzählt in Rückblenden die Lebensgeschichte des Medienmagnaten Charles Foster Kane. Als kleiner Junge gaben ihn seine Eltern in die Hände eines Ziehvaters, der sich um seine Ausbildung kümmern sollte. Kane erreicht alles in seinem Leben – nur glücklich wird er nie. Das letzte Wort, das er auf dem Totenbett spricht, lautet „Rosebud". Am Schluss des Films wird gezeigt, wie wertlose und alte Sachen aus der Kindheit des Kane verbrannt werden, unter anderem ein alter Schlitten. Es ist der Schlitten, den Kane an dem Tag im Schnee liegen ließ, als er von seinen Eltern getrennt wurde. Er trägt die Aufschrift „Rosebud".

Für Kane ist er das Symbol für die zerstörte Beziehung zu Vater und Mutter, das Symbol für das verlorene Glück. Auch Josef trägt so eine Geschichte in sich. Als er sich seinen Brüdern offenbart, tritt sein „Rosebud" ans Licht, der Gedanke, der über all die Jahre in ihm rumort hat (45,3): „Lebt mein Vater noch?" Zer- oder abgebrochene Beziehungen verheilen nicht so einfach. Oft bleiben sie als tiefe Wunden unter der Oberfläche erhalten. Gott möchte diese Wunden heilen.

Josef hat sich seinen zerbrochenen Beziehungen gestellt. Er hat geweint, gebetet, mit sich gerungen. Am Ende ist er dazu bereit, seinen Brüdern zu vergeben (45,14-15). Seine Wunden der Vergangenheit sind verheilt. Er hat sich mit Gott auf diesen schweren Weg gemacht und erkannt, dass Vergebung möglich ist. Es ist ein Wunder und Geschenk Gottes, wenn nach solchen Erfahrungen liebevolle Beziehung wieder möglich ist. Und Josef ist nicht nur mit seinen Brüdern, sondern auch mit seinem Lebensweg versöhnt. Denn er hat verstanden, dass er eingebunden war in einen Plan, der sein persönliches Verstehen übersteigt (45,8): „Nicht ihr habt mich hierher gebracht, sondern Gott."

Sehnst du dich danach, mit deiner Vergangenheit versöhnt zu werden? Möchtest du wieder lieben können? Einen Weg wie den von Josef zu gehen, ist nicht leicht. Es hat eine Menge damit zu tun, dass wir Gott Entscheidungen über unser Leben treffen lassen, die wir so nicht treffen würden. Und doch liegt eine große Chance in einem solchen Weg – denn durch ihn können wir Gottes Plan für unser Leben entdecken. Und die rumorenden Gedanken, die uns auffressen, können in ein Lied über Gottes Güte münden.

Anwenden: Welcher Gedanke rumort in dir? Wie kann er ans Licht kommen? Gibt es etwas, was du dazu beitragen kannst? Bete dafür, dass Gott dir dabei hilft.

Antworten: Herr Jesus, du verstehst besser als jeder andere auf dieser Welt, wie es in mir aussieht. Danke dafür, dass bei dir alles ans Licht kommen darf – und dass du durch deinen Tod am Kreuz Vergebung möglich gemacht hast.

Zusammenfassende Gedanken

Welche Gedanken sind dir in den zurückliegenden fünf Einheiten für deinen Glauben und deinen Alltag besonders wichtig und wertvoll geworden?

1

2

3

4

5

Bevor du dich auf die nächste Etappe deiner Reise durch die Bibel begibst, könnte es helfen, noch einmal kurz deine persönlichen Einsichten zu den vorherigen Einheiten zu lesen – und so erneut zu entdecken, was Gott dir schon gezeigt hat.

Einführende Gedanken

Mose und der Auszug aus Ägypten

„Licht an! Kamera läuft! Action!" Los gehts mit der Geschichte von Mose und dem Exodus, dem Auszug des Volkes Israel aus Ägypten und der Sklaverei. Wann immer ich diese Kapitel der Bibel lese, muss ich an den Filmklassiker „Die Zehn Gebote" mit Charlton Heston in der Rolle von Mose denken: Muskulös, gutaussehend steht er mit den beiden Steintafeln am Berg Sinai.

Mose gehört zu den bekanntesten Personen der Bibel. Beide, Juden und Christen, schauen auf ihn als eine herausragende Persönlichkeit. Er hat seinen Glauben und seine Beziehung zu Gott authentisch gelebt und dabei Erstaunliches erlebt. Sein Leben ist verbunden mit einer Befreiungsgeschichte, die ihresgleichen sucht. Deshalb ist dieser Bericht – und damit Mose selbst – zum Symbol für Freiheit schlechthin geworden, besonders für die Menschen, die selbst Sklaverei erlebt haben.

Aber Moses Lebensweg umfasst mehr Kapitel als die, die in den Filmen gezeigt werden. Vierzig Jahre lang gehörte er zu den Reichen und Schönen Ägyptens. Dann fiel alles seinem aufbrausenden Temperament zum Opfer. Deshalb musste er die nächsten vierzig Jahre irgendwo im Nirgendwo mit Schafehüten verbringen.

Vermutlich hätte niemand mehr an Mose gedacht, wenn es nicht dieses besondere Ereignis gegeben hätte, das alles veränderte (2 Mose/Exodus 3,1-4,17): Mose begegnete Gott. So wurden die letzten vierzig Jahre seines Lebens zu einem einzigen Abenteuer: Er ringt den Pharao nieder, lässt schreckliche Plagen über die Menschen kommen, teilt das Rote Meer, erhält die Zehn Gebote und führt Gottes Volk an die Grenze zum versprochenen Land. Kein schlechter Lebensabend.

Daran zeigt sich: Gott kann uns gebrauchen, egal welchen Weg wir gegangen sind, egal wie alt wir sind, egal wie geeignet wir uns fühlen. Alles, was es braucht, ist eine Begegnung mit dem lebendigen Gott. Danach ist nichts mehr wie vorher. Vermutlich hast du in letzter Zeit nirgendwo einen brennenden Busch gesehen. Aber keine Sorge, den gebraucht Gott heute so selten wie damals, um zu den Menschen zu sprechen. Aber was Gott gebraucht, ist die Bibel und das Gebet – und durch die redet er auch zu dir!

Los gehts!

gelesen am:

Tag 16 Moses Geburt

Was machst du da?

Beten: Es tut gut, in deiner Gegenwart still zu werden, himmlischer Vater. Hilf mir, alles abzulegen, was meine Gedanken von deinen ablenkt.

Lesen: 2 Mose/Exodus 1–2

Entdecken: „Das ist einer von den Hebräerjungen!“ So schießt es aus der Tochter des Pharao heraus, als sie das kleine Kind im Korb am Ufer des Nils entdeckt. Das drohende Schicksal des Kleinen lässt sie nicht unberührt – und so setzt sich über die Gebote des Vaters hinweg und nimmt Mose in ihre Familie auf, statt ihn töten zu lassen.

In Moses Namen steckt sein Lebensprogramm: Er wird in der Bibel gedeutet als „(aus dem Wasser) herausgezogen“. Als kleiner Junge wird Mose aus dem Wasser herausgezogen. Später zieht er mit tausenden von Menschen heraus aus dem Land Ägypten und damit aus der Gefangenschaft und Sklaverei. Für uns heute haben Namen nur selten eine solch tiefe Bedeutung. Zugleich fragen auch wir immer wieder nach unseren Wurzeln, nach dem, was uns prägt und geprägt hat.

Über das, was nach Moses Rettung passierte, finden wir keinen Bericht in der Bibel. Wir wissen nur, dass er zur ägyptischen Oberschicht gehörte. Trotzdem spürte er die Verbundenheit zu seinem ursprünglichen Volk. Er will es von Unrecht befreien – so sehr, dass ihn sein innerer Ärger und sein Temperament zu einer schlimmen Tat mit Folgen hinreißt. Aus Gottes Perspektive rechtfertigt das Ergebnis nicht die Mittel. Das ist der Grund, warum Gebet so eine hohe Bedeutung hat. Nur durch das Gebet bleiben wir mit Gott in Kontakt und können unsere Wege mit seinen Gedanken abgleichen.

Mose verschwindet in einer Wolke aus Staub in Richtung Midian. Auf seinem Weg wird er sich vermutlich die Frage gestellt haben: „Gott, wo bist du?“ Zumindest wäre es sehr menschlich von ihm, denn meist stellen wir diese Frage, wenn die Dinge grundlegend anders laufen, als wir es uns vorstellen. Du kannst dir sicher sein, dass Gott niemals von deiner Seite weicht. Das gilt auch für die Zeiten, in denen du dich ganz allein fühlst. Es kann sein, dass du gerade ein Puzzleteil seines Plans gefunden hast, das dir nicht gefällt – das aber trotzdem zu dem von ihm gedachten Gesamtbild wunderbar passt.

Anwenden: Haben schwierige Erfahrungen in deinem Leben schon einmal dazu beigetragen, dass sich dein Bild von Gott positiv verändert hat?

Antworten: Allmächtiger Gott, bitte öffne mir die Augen für die Dinge, die du in meinem Leben tust. Ich möchte gerne der Mensch sein, den du dir wünschst. Und wenn dies Veränderung in meinem Leben bedeutet, möchte ich diesen Weg mit dir gehen.

Tag 17 Der brennende Dornbusch

Begegnung der anderen Art

Beten: Vater, du kennst die Dinge, die mich beschäftigen und um die sich mein ganzes Leben dreht. Hilf mir, sie nun beiseite zu räumen und mich ganz auf dich zu konzentrieren.

Lesen: 2 Mose/Exodus 3,1–4,17

Entdecken: An diesem Punkt angekommen war Moses Leben keine Erfolgsgeschichte. Achtzig Jahre alt, beruflich in einer Sackgasse, als Flüchtling in einem fremden Land – da ist es kein Wunder, dass es ihn in die Einsamkeit der Wüste zieht (3,1).

Menschen sehen, was vor Augen ist, aber Gott sieht ins Herz (1 Samuel 16,7). Und Gott sieht Menschen, die wir übersehen. König David war ein einfacher Hirtenjunge. Maria war ein unbekanntes jüdisches Mädchen. Petrus war ein Fischer. Mose war ein ausgebrannter alter Mann. Gott bindet sich an Menschen, die aus unserer Sicht Nebenrollen spielen. Es lohnt sich, darüber nachzudenken, wo solche Menschen in unserem Umfeld sind. Was hat Gott schon durch sie bewirkt? Wenn wir immer nur auf die – nach unseren Maßstäben – wichtigen Leute schauen, übersehen wir Gottes wunderbares Handeln an den Stellen, wo wir es nicht vermuten.

Wie ist wohl eine solche Begegnung mit Gott? Viele Menschen haben über Jahrhunderte versucht, Wege zu Gott zu finden. Das Anliegen dahinter ist sicherlich ehrenhaft. Aber bei Mose verläuft es ganz anders: Gott wartet auf ihn. Gott hat etwas mit ihm vor, und er wartet dort, wo Mose hinkommt. Das kann uns auch passieren, dass sich Gott uns zuwendet. Vielleicht ganz unerwartet durch eine besondere Begebenheit, vielleicht aber auch in den ganz normalen Alltäglichkeiten. Die Frage ist, ob wir offen sind für diese Begegnung.

Moses Reaktion ist interessant: zunächst Neugier (3,3), dann Ehrfurcht (3,6) und schließlich Ablehnung (4,13). Mose begreift, dass Gott es ernst meint und dass es keine kleine Aufgabe ist, die er für ihn vorgesehen hat. Deshalb versucht er, den Job abzulehnen. Wenn du Gott suchst und mit ihm um etwas ringst, dann darfst du Angst und Zweifel vor ihn bringen. Aber sie dürfen kein Schutzschild sein, um deine Verweigerungshaltung zu rechtfertigen (4,13-14).

Faszinierend ist, dass Gott weiß, wie es um uns steht – und was wir durchmachen (3,7). Und er möchte uns nicht allein lassen. Er möchte uns beistehen (3,12). Der Gott des Universums, der Schöpfer aller Dinge sehnt sich danach, dass du dein Leben mit ihm teilst. Und er wünscht sich, dass du ihn und seine guten Gedanken für dein Leben kennenlernst. Er ist lange Wege mit der Menschheit gegangen, um uns das heute auf verständliche Weise nahezubringen.

Anwenden: Wie ist dir Gott in deinem Leben begegnet? Wie hat diese Begegnung dein Leben verändert?

Antworten: Gott, ich gebe zu, dass ich mich oft damit schwertue, im Gebet zu dir zu kommen. Aber ich möchte dich besser kennenlernen und verstehen, wie du mein Leben siehst. Bitte öffne meine Augen, damit ich mein Leben und die Welt so zu sehen lerne, wie du sie siehst.

Tag 18 Die Zehn Plagen

Von Zweifeln geplagt

Beten: Gott, du allein bist würdig, Lobpreis und Anbetung zu empfangen. Mein Lob an dich soll am Anfang dieser gemeinsamen Zeit mit dir stehen.

Lesen: 2 Mose/Exodus 6,28–11,10

Entdecken: Es scheint, als wäre die Auseinandersetzung mit dem Pharao ein typisches Beispiel für einen Kampf von „Gut" gegen „Böse". Aber wie so oft zeigt sich: Es ist alles nicht so einfach, wie es auf den ersten Blick scheint. Der Konflikt geht viel tiefer und greift in das Leben aller Beteiligten ein:

Der Pharao: Zehn Mal konfrontiert Mose den Pharao mit einer Botschaft von Gott (7,16): „Lass mein Volk ziehen ..." Aber der Pharao ist starrsinnig (gemacht worden) und hartherzig. Er sieht sich in seiner Rolle als Herrscher des Universums und Stellvertreter seines Gottes. Und da kommt so ein dahergelaufener Viehhirte und fordert, tausende von Sklaven ziehen zu lassen. Er vollbringt ein paar Wunder, die aber auch nicht besser sind als das, was die eigenen Magier zu tun vermögen. Wer würde sich da anders verhalten als der Pharao (7,23)? Nur nach und nach erkennt er, dass Moses Botschaft wirklich von einem mächtigeren Gott kommt. Aber wer es gewohnt ist, über lange Zeit nicht auf Gott zu hören, lernt es nicht von heut auf morgen – oder er lernt es nie, denn seine Beziehung zu Gott ist zerbrochen. Nicht von seiner Seite aus, sondern auch von Gott her (7,3).

Die Völker: Sowohl das ägyptische Volk als auch das Volk Israel lernen Gott und seine Macht (neu) kennen. Über vier Jahrhunderte lebten die Nachkommen Jakobs und seiner zwölf Söhne in Ägypten und wurden nach und nach zu einem Sklavenvolk. Sie sollen Gott als den Gott ihrer Väter kennenlernen, der ihnen zur Seite steht (6,6-8). Und auch das ägyptische Volk soll verstehen, dass Gott Gott ist und ihm somit nichts unmöglich ist.

Mose und Aaron: Nicht nur im Pharao, sondern auch in Mose und Aaron ist Gott ganz persönlich am Werk. Nach und nach finden sie in ihre Aufgabe hinein und wachsen an ihnen. Dieser Prozess verläuft nicht schmerzfrei. Sie wissen nicht, wie oft sie vor den Pharao treten müssen und was sie dort zu erwarten haben. Erst mit der Ankündigung der zehnten Plage erfahren sie von Gott, dass der Pharao sie nun endlich ziehen lassen wird (11,1). Diesen schwierigen Weg gehen sie als Brüder im Alter von 80 und 83 Jahren – und lernen dabei sich und ihre bzw. Gott und seine Möglichkeiten durch und durch kennen.

Gott hat die ganze Welt im Blick. Jeder Mensch ist eingebettet in einen größeren Zusammenhang: seine Familie, den Freundeskreis, die Stadt, die Gesellschaft, das Heimatland, die ganze Welt. Gott beschränkt sein Wirken nicht nur auf das, was wir persönlich wahrnehmen. Er hält – tatsächlich – die ganze Welt in seiner Hand.

Anwenden: Was hat dich überzeugt – oder könnte dich noch davon überzeugen, dass Gott tatsächlich Gott über die ganze Welt ist? Und dass er auch dein Leben in seiner Hand hält?

Antworten: Himmlischer Vater, bitte hilf mir zu sehen und zu verstehen, wo du in mir und um mich herum am Werk bist. Und bitte gib mir Gelegenheiten, Menschen davon zu erzählen, die dich nicht kennen.

gelesen am:

Tag 19 Passafest und Auszug aus Ägypten

Verschone mich!

Beten: Jesus Christus, du bist der Weg, die Wahrheit und das Leben (Johannes 14,6). Bitte hilf mir zu erkennen, wie nah du mir bist, wenn ich jetzt in deinem Wort lese.

Lesen: **2 Mose/Exodus 12,1-42**

Entdecken: Hast du dich schon einmal mit dem jüdischen Passafest beschäftigt? Woher es kommt? Was Gott und das Volk Israel damit verbinden? In manchen Kalendern ist der Termin des Passafestes als Feiertag eingetragen – wie das Oster- oder Weihnachtsfest auch. Unser Text gibt uns einige wichtige Hinweise auf seinen Ursprung, aber auch auf seine ungebrochene Bedeutsamkeit bis heute.

So schwierig es ist: Einer der zentralen Gründe für das Passafest ist das Gericht (12,12). Das Volk der Ägypter hatte nicht nur das Volk Gottes versklavt, sondern war zugleich zutiefst verstrickt in seinen Götterglauben. Gott ist es zuwider, wenn schwache Menschen unterdrückt und Götzen angebetet werden. Die Ägypter taten beides und Gott wählt einen harten Weg, um sie dafür zu bestrafen. Heute unterdrücken wir Menschen nicht mehr mit Peitschenhieben. Unsere Unterdrückung ist viel subtiler: Wir halten andere durch wirtschaftliche oder soziale Zwänge klein. Wir beten nicht mehr bronzene oder goldene Statuen an, sondern huldigen den Größen unserer Zeit: Stars und Sternchen, Sportlern, Macht, Ruhm oder Prestige. Der Punkt ist: Bevor wir das Gericht an den Ägyptern gutheißen und denken: „Richtig so!", sollten wir uns fragen, wo wir in ähnlichen Verhältnissen leben – denn dann bewegen auch wir uns auf unsicherem Boden.

Ein zweiter wichtiger Grund für das Passafest ist, dass es der Erinnerung dienen soll (12,14). Gott wollte, dass sich die Menschen immer wieder daran erinnern, wie er sie befreit und aus der Sklaverei in Ägypten in eine neue Zukunft geführt hat. Zugleich stecken in den Zeichen von Lamm und Blut Hinweise auf die Befreiung, die Gott zu einem späteren Zeitpunkt möglich machen wollte: Jesus selbst ist das „Lamm Gottes", das einmal die Schuld der ganzen Welt wegnimmt (Johannes 1,29). In der Festwoche zum Passafest feiert er vor seiner Hinrichtung mit seinen Jüngern das Abschiedsmahl (Matthäus 26,17-30). Dabei gibt er den verschiedenen Elementen der Mahlfeier eine neue Bedeutung. Eine Bedeutung, die auf die Befreiung von Schuld hinweist – und somit auf das rettende Handeln Gottes für alle Menschen.

Der Pharao dachte, er könnte sich Gott in den Weg stellen. Aber dieser Text zeigt sehr deutlich, dass Gott sich nicht aufhalten lässt und seine Ziele erreicht. Die beste Antwort auf einen Auftrag Gottes zeigen tatsächlich die Leute vom Volk Israel: Sie setzen um, was Gott ihnen aufgetragen hat (12,28).

Anwenden: Gibt es etwas, was für dich wichtiger ist als Gott? Etwas, das stärker an dir zieht und dich mehr ausfüllt als er? Was muss geschehen, damit Gott tatsächlich die zentrale Rolle einnehmen kann?

Antworten: Gott, ich weiß, dass du nicht nur mein Leben, sondern die ganze Welt in deiner Hand hältst. Bitte zeige mir die Dinge, die mir in meinem Leben wichtiger sind als du, und hilf mir, das zu ändern.

gelesen am:

Tag 20 Durchzug durchs Meer

Die Wende

Beten: Dein Wort ist eine Leuchte für mein Leben, es gibt mir Licht für jeden nächsten Schritt (Psalm 119,105). Danke, dass das auch heute geschehen kann.

Lesen: 2 Mose/Exodus 13,17–14,31

Entdecken: Man könnte meinen, dass der Durchzug durch das Rote Meer für Mose den Wendepunkt als berufenen Leiter markiert hat. Es muss beeindruckend gewesen sein, an diesen Mauern aus Wasser vorbeizuziehen. Und wer würde ernsthaft eine Führungskraft infrage stellen, die so etwas vollbringt? „Wohin du auch gehst: Wir folgen dir!"

Aber es zeigt sich, dass dieses Erlebnis für Mose wohl eher aus einer ganz anderen Perspektive zum Wendepunkt geworden ist: Wie wird er sich wohl gefühlt haben? Vor sich die Weiten des Wassers, hinter sich die mächtigste Armee seiner Zeit, dazwischen ein Volk kurz vor der Meuterei (14,10-12). Vermutlich dachte Mose, er hätte alles falsch gemacht und die Menschen in die totale Katastrophe geführt.

Hast du auch schon mal dieses Gefühl gehabt: Du wolltest etwas Gutes für Gott tun und es ist alles schiefgegangen? Vielleicht hast du eine verantwortungsvolle Aufgabe in deiner Kirche oder Gemeinde übernommen und anschließend ging der Arbeitsbereich den Bach runter? Manche zerbrechen an einer solchen Erfahrung. Sie ziehen sich zurück und halten sich in Zukunft raus. Manchmal kann ein solch schmerzvolles Erlebnis aber auch dazu führen, dass man sich in Gottes Arme wirft – und mit ihm Erfahrungen macht, die einen verändern, und gereift aus einer Krise hervorgehen lassen.

Anstatt hyperaktiv zu werden und vorschnell etwas zu tun, zieht sich Mose auf einen herausfordernden Standpunkt zurück: „Hört auf, in Panik zu verfallen. Lasst Gott für euch streiten und tut selbst nichts." Diese Haltung ist bemerkenswert, sie ist vorbildlich. Und sie ist gewachsen aus Moses vorherigen Erfahrungen mit Gott: Er hat alle Macht, er hat einen Plan und er möchte, dass wir tun, was er sagt. Genau nach diesem Muster handelt Mose. Es ist eine Sache, zu wissen, was richtig ist. Aber es ist etwas völlig anderes, das umzusetzen, wenn es darauf ankommt und tausend Augen auf einen gerichtet sind. Aber wenn wir das so leben, dann sind wir an einem Wendepunkt in unserem (Glaubens-)Leben angekommen.

Anwenden: Gibt es Wendepunkte in deiner Beziehung zu Gott? Hatten sie etwas mit Situationen zu tun, in denen du Druck oder Scheitern erlebt hast? Gibt es aktuell eine Herausforderung, der du dich stellen musst und in der du herausgefordert bist, Gott zu vertrauen? Ist Vers 14,14 ein mögliches Verhalten?

Antworten: Himmlischer Vater, du weißt, dass ich Problemen und Konflikten gerne aus dem Weg gehe. Hilf mir zu erkennen, ob die damit verbundenen Herausforderungen Ergebnis meiner falschen Einschätzung sind – oder ob du mir darin begegnen und mich herausfordern möchtest.

Zusammenfassende Gedanken

Welche Gedanken sind dir in den zurückliegenden fünf Einheiten für deinen Glauben und deinen Alltag besonders wichtig und wertvoll geworden?

1

2

3

4

5

Bevor du dich auf die nächste Etappe deiner Reise durch die Bibel begibst, könnte es helfen, noch einmal kurz deine persönlichen Einsichten zu den vorherigen Einheiten zu lesen – und so erneut zu entdecken, was Gott dir schon gezeigt hat.

Einführende Gedanken

Die Gebote und das versprochene Land

Jetzt, da das Volk Israel von der Sklaverei befreit und aus Ägypten ausgezogen ist, besteht seine Hauptaufgabe darin, einen Platz zum Leben zu finden, eine neue Heimat. Eine Heimat zu haben ist immer wichtig – vor allem für das Volk Israel. Denn Gott hatte dem Erzvater Abraham versprochen, dass seine Nachkommen einmal ein eigenes Land bewohnen sollten (1 Mose/Genesis 12,7). Nun befindet sich das Volk Israel auf seiner Reise in dieses versprochene Land.

Viele Menschen lieben das Konfuzius zugeschriebene Sprichwort „Der Weg ist das Ziel". Und für das Volk Israel steckt sogar ein Körnchen Wahrheit darin. Denn auf ihrem Weg durch die Wüste machen sie erstaunliche Erfahrungen mit Gott. Wir haben schon gelesen, wie Gott das Rote Meer geteilt und die Armee des Pharao vernichtet hat. Nun werden wir uns den Berichten zuwenden, in denen sich Gott am Berg Sinai offenbart und seinem Volk die Zehn Gebote gibt. Doch er tut noch viel mehr: Er teilt darüber hinaus den Fluss Jordan – wie das Rote Meer – und führt das Volk Israel zu einem erstaunlichen Sieg über die Stadt Jericho. Und schließlich ziehen die Israeliten mit richtig viel Schwung in das versprochene Land ein.

Aber es gibt ein Thema, das sich wie ein roter Faden durch die kommenden fünf Berichte zieht: Alle Erfolge, die das Volk Israel in dieser Zeit sammelt, beruhen nicht auf ihrer effektiven Strategie, der hohen Anzahl an Soldaten oder am Glück. Sie kommen nur dadurch zustande, dass die Menschen Gott gehorchen. So einfach ist das. Es hat Mose einige Jahre gekostet, diese Lektion zu lernen. Aber als er sie verstanden hatte, war er bereit, für Gott große Dinge zu tun. Josua hatte den Vorteil, sich Mose zum Vorbild nehmen zu können – weshalb er manches sicherlich leichter verinnerlicht hat. Die Bereitschaft, auf Gottes Wort zu hören und es zu tun, ist für alle Beteiligten zum Schlüssel für ein erfülltes Leben geworden. Und das gilt bis heute.

In den fünf vor uns liegenden Texten ziehen jedoch auch ein paar dunkle Wolken auf. Der Bericht vom „Goldenen Kalb" zeigt die Sehnsucht der Menschen nach einem Gott, den man anfassen kann – nach einem Götzen. So tragisch das ist:
Es kommt darin zum Ausdruck, wie erlösungsbedürftig die Menschen sind. Viele Berichte des Alten Testaments legen das schonungslos offen. Und das Neue Testament berichtet davon, wie Gott Befreiung von Schuld endgültig möglich gemacht hat: durch Jesus Christus.

Tag 21 Die Zehn Gebote

Die „Top Ten“

Beten: Danke, dass du mir durch dein Wort zeigst, wie ich leben kann. Hilf mir, wenn ich jetzt in deinem Wort lese, es zu verstehen.

Lesen: **2 Mose/Exodus 19,1–20,21**

Entdecken: Die Zehn Gebote kennt jeder. Strittig ist allerdings, welche Bedeutung sie heute noch haben. Wenn darüber diskutiert wird, wird oft ein wichtiger Punkt übersehen: Die Zehn Gebote sind nicht einfach eine Ansammlung von Ge- und Verboten, auch wenn viele das gerne so sehen würden. Denn sie erwarten von einer Religion, dass sie ihnen sagt, was sie zu tun und zu lassen haben. Aber als Gott seinem Volk die Zehn Gebote gab, wollte er damit keine Religion gründen. Er wollte die Grundlage für eine Beziehung schaffen.

Es gibt viele Möglichkeiten, die Zehn Gebote zu gruppieren. Eine davon wäre, die beiden Tafeln so einzuteilen: Die ersten Gebote beschreiben, wie Gott sich das Verhältnis zu den Menschen wünscht. Die nachfolgenden behandeln den zwischenmenschlichen Bereich.

Die erste Tafel: Sie erinnert an einen Beziehungsvertrag. Aber nicht an einen Vertrag, in dem zusammengefasst wird, was an Entschädigung fällig ist, sollte die Beziehung scheitern. Es geht vielmehr um den Rahmen, in dem sich die Beziehung bewegen, entwickeln und Liebe sich entfalten kann. Diese Liebe ist stärker als wir denken: Sie ist verbindlich, nachhaltig, umfassend, intensiv, ungeteilt ... leidenschaftlich. So wie Gott selbst ist seine Liebe zu uns Menschen. Ein überraschender Einstieg in eine Zusammenstellung von Geboten. Wie wäre es wohl, wenn unser Bürgerliches Gesetzbuch so beginnen würde? Gott ist anders, als wir es erwarten. Und er erwartet zu Recht, dass wir uns Zeit für unsere Beziehung mit ihm nehmen (20,8-11).

Die zweite Tafel: Liebe will gelernt sein. Nicht nur zwischen uns und Gott, sondern auch zwischen uns Menschen. Die Beziehung zu unseren Eltern nimmt eine zentrale Rolle in unserem Leben ein. Was wir hier lernen, hat einen Einfluss auf unser ganzes Leben. Zerbruch zwischen Menschen kann fatale Folgen haben – kein Lebensbereich ist davon ausgenommen. In den Forderungen, den andern und sein Leben zu achten, kommt zum Ausdruck: Wir sollen verantwortungsbewusst miteinander umgehen – generationenübergreifend.

Die Zehn Gebote haben das ganze Leben im Blick. Und das ganze Leben umfasst beide Seiten der Medaille – oder eben zwei Tafeln. Wer eine Seite außer Acht lässt, lebt unausgewogen. Wer sie ernst nimmt, nimmt Gott ernst. Seine Gebote sind kein reiner Verhaltenskatalog. Durch sie offenbart er ein Stück von sich selbst und gibt uns einen ausgewogenen Rahmen für unser Leben.

Anwenden: Worauf gründet sich deine Beziehung zu Gott? Was macht sie aus? Welches der Gebote hat dich am meisten überrascht oder fordert dich am meisten heraus? Warum?

Antworten: Herr, ich möchte dich gerne besser kennenlernen. Bitte hilf mir, die Dinge wichtig zu nehmen, die dir wichtig sind. Danke für deine Liebe zu mir. Danke, dass du mir vergeben möchtest, wenn ich an dir oder Menschen schuldig werde.

gelesen am:

Tag 22 Das Goldene Kalb

Mitten ins Herz

Beten: „Durchforsche mich, Gott, sieh mir ins Herz, prüfe meine Wünsche und Gedanken! Und wenn ich in Gefahr bin, mich von dir zu entfernen, dann bring mich zurück auf den Weg zu dir!" (Psalm 139,23-24).

Lesen: 2 Mose/Exodus 32–34

Entdecken: Wenn Menschen sich danebenbenehmen, legt die Bibel auch das schonungslos offen. Aaron ist so ein Beispiel. Kaum ist Mose weg, lässt er sich durch das Volk manipulieren – und zu einer der schwächsten Ausreden hinreißen, die es in der Menschheitsgeschichte gibt (32,24).

Aber es ist wohl besser, nicht zu sehr über Aaron zu lästern. Wie oft passiert es, dass wir wider besseres Wissen genau das machen, was Gott gerade nicht möchte? Beispielsweise indem wir uns auf Gedankenspiele einlassen, die außerhalb des guten Rahmens liegen, den Gott uns für unsere Beziehung zu ihm oder unseren Mitmenschen gegeben hat. Der Apostel Paulus schreibt in seinem Brief an die Römer von genau diesem Konflikt (Römer 7,15-20). Er lässt sich nicht ganz auflösen. Und zugleich gilt doch, dass – durch Jesus Christus – die Möglichkeit besteht, den Teufelskreis von Versuchung und Scheitern zu durchbrechen (1 Johannes 1,9).

In unserem Text wird auch sichtbar, was passiert, wenn wir die Beziehung zu Gott nicht ernst nehmen (32,9-10). Gott ist – wie er es in den Zehn Geboten selbst sagt – ein leidenschaftlich liebender Gott (20,5). Er hasst alles, was uns von ihm trennt. Deshalb sollten wir es nicht auf die leichte Schulter nehmen, wenn wir uns schuldig machen. Mose verstand sofort, dass das Volk die Grenze deutlich überschritten hatte (32,11-14.31.32). Deshalb setzt er alles daran, das Volk vor dem Zorn Gottes zu retten. So lebt er beispielhaft vor, was Jesus Christus viele Jahre später einmal für alle Menschen tun sollte.

Gott und Mose. Ihre Beziehung ist außergewöhnlich (33,11). Unnachahmlich. Oder? Gott wünscht sich zu jedem Menschen eine persönliche Beziehung. Er hat jeden Menschen als sein Ebenbild erschaffen. Jeder Mensch ist beschenkt mit besonderen Gaben. Keiner ist wie der andere. Du bist einmalig. Und genauso einmalig wird jede Beziehung zu Gott sein. Er will keine religiösen Klone. Er sehnt sich danach, dass jeder Mensch mit ihm lebt – ohne Ausnahme, ganz und gar.

Anwenden: Wie würdest du deine Beziehung zu Gott beschreiben? Gibt es etwas, was dich von ihm wegzieht? Was treibt dich in seine Nähe?

Antworten: Herr, du weißt, wie schwer es mir fällt, Versuchungen zu widerstehen. Bitte vergib mir und hilf mir zu erkennen, wo sich Dinge zwischen uns stellen.

Sein Wort hören – und tun!

Beten: Wenn ich jetzt in deinem Wort lese, weise mich bitte auf den Punkt hin, an dem ich heute etwas von dir lernen und woran ich weiterarbeiten soll.

Lesen: **Josua 1**

Entdecken: Ein Amt von jemandem zu übernehmen, ist nicht immer leicht. Vor allem dann nicht, wenn die Vorgängerin oder der Vorgänger sehr beliebt war und etwa aus Altersgründen ausgeschieden ist. Wenn es dabei um geistliche Leitung geht, scheint es fast doppelt schwierig. Da wird oft sehr genau hingeschaut, ob denn der oder die Neue das auch richtig macht. Wie wird es Josua wohl gegangen sein, als er die Nachfolge von Mose antrat? Wie sollte er an den nur herankommen?

Ein kurzer Blick zurück zeigt, dass Gott Josua auf seine Aufgabe gut vorbereitet hat. Josua hat Mose als Leiter hautnah erlebt (2 Mose/Exodus 32,17). Er war nah an ihm dran und konnte von ihm lernen, sowohl in Führungsfragen, als auch was geistliche Leiterschaft angeht (2 Mose/Exodus 33,11). Mose war mehr als nur ein Vorbild. Für Josua war er ein Mentor. Einen solchen Menschen an seiner Seite zu haben, ist ein großes Geschenk: Jemanden, der älter, erfahrener, vielleicht weiser ist, der das Leben und den Glauben kennt, auf einen schaut und wohlwollend den Finger in Wunden legt. Gibt es so jemanden in deinem Leben? Bist du so jemand für einen anderen Menschen?

Gott hat Mose mit Josua und Josua mit Mose beschenkt. Und er hat Josua dadurch auf seine wichtige Aufgabe vorbereitet. Doch nicht nur das: Gott stellt sich zu Josua, wie er sich zu Mose gestellt hat. Josua wird mit dem Volk das versprochene Land erobern und Gott wird ihn nie allein lassen (1,5). Es kann sein, dass Gott dich eines Tages in eine (neue?) Aufgabe hineinruft. Es mag sein, dass dich diese Aufgabe an deine Grenze bringt. Nur wer an Grenzen geht, kann neues Land sehen. Aber zugleich gilt: Gott hat dich berufen, also steht er dir auch zur Seite.

Gott ist mit Josua, wie er zuvor mit Mose war. Und er erwartet, dass Josua sich an ihn und sein Wort, an seine Gebote hält, so wie Mose es getan hat (1,7). Beides gehört zusammen: Beziehung zu Gott und Beziehung zu seinem Wort. Besonders dann, wenn wir in Situationen stecken, die uns fordern oder überfordern. Immer wieder machen wir uns schuldig, ob wir wollen oder nicht. Aber sein Wort kann und will uns dabei helfen, uns auszurichten und zu korrigieren. Deshalb müssen wir es lesen, ihm begegnen, uns mit ihm auseinandersetzen und es regelrecht aufsaugen (1,8). Damit wir nicht nur wissen, was Gott will, sondern es auch tun. Das ist der Grund, warum dies jetzt die vermutlich wertvollste Zeit des Tages für dich ist.

Anwenden: Welche Herausforderung ist für dich größer: Einen geistlichen Mentor zu finden oder einer zu sein? Wie kannst du beiden Herausforderungen begegnen?

Antworten: Himmlischer Vater, ich danke dir für die Menschen, die geistliche Verantwortung für mich übernommen haben. Bitte hilf mir, den Menschen zu sehen, für den ich eine solche Person sein kann.

Tag 24 Durch den Jordan

Ein echtes Vorbild

Beten: Ich habe dein Gesetz unendlich lieb! Den ganzen Tag beschäftigt es mein Denken (Psalm 119,97). Herr, ich bitte dich darum, dass ich heute erleben darf, wie mich dein Wort den Tag über beschäftigt.

Lesen: Josua 3-4

Entdecken: Die Ereignisse wiederholen sich: So wie Josua mit dem Volk durch den Jordan zieht, zog Mose mit dem Volk durch das Rote Meer – nur mit dem Unterschied, dass Israels Feinde ihnen jetzt nicht im Nacken sitzen, sondern sie erwarten. Gott sagt Josua und seinem Volk damit: So wie ich Mose beistand, stehe ich jetzt Josua bei (3,7).

Dass Josua dieser Aufgabe gewachsen ist, liegt nicht allein daran, dass er zuvor schon gut mit Mose zusammengearbeitet hatte und Gott das sichtbar macht. Es zeigt sich an seinem Verhalten: Er hört auf Gottes Wort und setzt es in die Tat um (1,7.9-13). Das ist sicherlich eine Schlüsselqualifikation für geistliche Leiterschaft. Im heutigen Textabschnitt zeigt Josua aber auch noch zwei weitere Eigenschaften, die vorbildlich sind: Er vertraut darauf, dass Gott sichtbar handeln wird (3,5), und erweist sich – trotz seiner herausragenden Stellung – als demütiger Mensch. Obwohl Gott ihn für alle erkennbar zum Nachfolger von Mose einsetzt, steigt ihm das nicht zu Kopf. Zu welcher Aufgabe Gott uns auch immer berufen wird: Auf diese Qualifikationen kommt es an.

Bemerkenswert sind in den beiden Kapiteln die Symbole und Zeichen, die Gott setzt. Durch die Bundeslade ist Gott sichtbar unter den Leuten des Volkes Israel anwesend. Der Fluss Jordan steht für Tod und Leben: Durch das Durchschreiten stehen dem Volk kriegerische Auseinandersetzungen bevor. Zugleich ist damit das Ende der Reise durch die Wüste und der Neuanfang im versprochenen Land verbunden. Und die Steine stehen für Gottes wunderbares Eingreifen auf diesem Weg.

Gibt es für dich ein besonderes Zeichen oder Symbol, das einen wichtigen Punkt in deinem Glaubensleben markiert? Vielleicht ein Erlebnis, eine Begegnung, ein besonderer Bibeltext?
Was hat Gott dir dadurch gezeigt? War dieses Erlebnis ein Höhe- oder ein Tiefpunkt für dich? Wie hat sich dir Gott darin zu erkennen gegeben? Hat sich dadurch deine Beziehung zu ihm verändert? Gott hat gesagt, dass er durch sein Wort wirkt (Jesaja 55,8-11). Welche Rolle spielt sein Wort, wenn du an entscheidende Punkte in deinem Leben mit Gott kommst? Der Einzug in das versprochene Land war für das Volk Israel und Josua ein echtes Highlight. Gott war für das Volk Israel sichtbar am Werk. Er gab ihnen das Land, führte sie direkt hinein. Leider werden wir sehen müssen, dass sie das im Laufe der Zeit vergessen werden – trotz echter Vorbilder im Glauben.

Anwenden: Wonach sehnst du dich mehr: Danach, Gott und sein Wort besser kennenzulernen, oder danach, dass deine Beziehung zu Gott intensiver wird? Vielleicht hängt beides miteinander zusammen? Was kannst du tun, um diesen Wunsch Wirklichkeit werden zu lassen?

Antworten: Herr Jesus, danke für die Zeiten in meinem Leben, in denen du dich mir auf besondere Weise gezeigt hast. Bitte halte mich nah an dir, an deinem Wort, damit unsere Beziehung inniger wird.

gelesen am:

Tag 25 Die Mauern Jerichos fallen

So, wie du es willst!

Beten: Herr, ich will dich loben und ehren, denn du bist ein großer und guter Gott. Danke für deine Liebe zu mir und für das, was du mir durch deine Leben spendende Kraft zukommen lässt.

Lesen: **Josua 5,13–6,27**

Entdecken: Der Bericht von der Eroberung Jerichos gehört zu den erstaunlichsten des Alten Testaments. An sieben Tagen zieht das Volk rund um die Stadt. Und dann: rums! Gott will keine Kompromisse, wie mit der Stadt und den Bewohnern zu verfahren ist. Er will, dass das Volk Israel beim Einzug in das versprochene Land einen konsequenten Neuanfang macht und alles vernichtet, was diesem im Wege steht. (Wer weiterliest, wird feststellen, dass das Volk sich leider anders entschieden hat – und damit einen schwerwiegenden Fehler begeht.)

Gottes Forderung wirft Fragen auf: Warum musste das Volk einen so grausamen Weg mit den Menschen in Jericho gehen? War das nicht intolerant? Warum kann nicht jeder so leben, wie er es möchte?

Gott ist Gott. Er ist der Schöpfer des Universums. Das erste der Zehn Gebote bringt zum Ausdruck, wie Gott sich die Beziehung zum Menschen wünscht. Wer damit bricht, ignoriert Gott. Gott akzeptiert die Entscheidung des Menschen, der seinen Weg ohne ihn gehen möchte. Aber er lässt sich dadurch nicht davon abhalten, seine Pläne auch in die Tat umzusetzen. Und noch weniger ist er dazu bereit, sich in seinen Entscheidungen vom Menschen infrage stellen zu lassen (Jesaja 45,9).

Rahab entschied sich, sich diesem Gott zuzuwenden. Sie war keine Jüdin und lebte als Prostituierte in einer Stadt, die dem Untergang geweiht war. Die Bibel macht keinen Hehl aus ihrem Lebensstil. An Rahab wird sichtbar, was passiert, wenn ein Mensch sich nach Veränderung in seinem Leben sehnt und Schritte in diese Richtung geht (Josua 2). Gott ist – wenn man das so sagen darf – tolerant genug, einen solchen Menschen mit offenen Armen zu empfangen. Und er ist tolerant genug, einen Menschen gehen zu lassen, der sich gegen ihn entscheidet.

Wie hättest du dich gefühlt, wenn du um die Stadt Jericho gezogen wärst? Angenehm war diese Prozession wohl kaum. Die Soldaten auf den Barrikaden haben sicherlich nicht mit Hohn und Spott gespart. Aber Gottes Wege sind nicht unsere Wege und es wird noch einmal sichtbar, wie wichtig es ist, Gott und seinen Anordnungen zu gehorchen. Das ist etwas, was sich jeder zu Herzen nehmen sollte – denn es ist ein Schlüssel in der Beziehung zu Gott und im Vertrauen auf ihn.

Anwenden: Gibt es irgendwelche „unerledigten Geschäfte" in deinem Leben? Etwas, das dich in deiner Beziehung zu Gott hemmt? Was ist es und wie könntest du versuchen, das aus dem Weg zu räumen?

Antworten: Vater, dich kennen ist Leben. Und doch stelle ich fest, wie wenig ich von dir weiß. Bitte hilf mir, dir in allem, was ich tue, zu vertrauen. Besonders dann, wenn ich dich nicht verstehe.

Zusammenfassende Gedanken

Welche Gedanken sind dir in den zurückliegenden fünf Einheiten für deinen Glauben und deinen Alltag besonders wichtig und wertvoll geworden?

1

2

3

4

5

Bevor du dich auf die nächste Etappe deiner Reise durch die Bibel begibst, könnte es helfen, noch einmal kurz deine persönlichen Einsichten zu den vorherigen Einheiten zu lesen – und so erneut zu entdecken, was Gott dir schon gezeigt hat.

Richter

Das Buch der Richter gehört zu dem Teil des Alten Testaments, der oft vernachlässigt wird. Die ersten Bücher der Bibel enthalten mit dem Schöpfungsbericht und den Abenteuern von Abraham, Isaak und Jakob sowie den Erzählungen von Josef und Josua die Urgeschichte der Menschheit und des Volkes Israel bis hin zur Eroberung des versprochenen Landes Kanaan. Vertraut sind uns auch die Erlebnisse des Propheten Samuel und die der beiden großen Könige David und Salomo.

Aber was passierte dazwischen? Was wurde aus dem Volk Gottes nach der Eroberung des Gelobten Landes und vor der Zeit der Könige? Von dieser Zeit erzählt das Buch der Richter. Das Volk Israel nimmt das Land in Besitz – mehr oder weniger schnell breitet es sich aus. Die zwölf Stämme des Volkes, die nach den zwölf Söhnen Jakobs benannt sind, erobern nach und nach die verschiedenen Teile des Landes und wachsen zu einer Nation heran. Ihr Problem ist nur – zumindest aus ihrer Sicht –, dass sie keinen König haben. Aus Gottes Perspektive sieht das ganz anders aus: Er muss mit ansehen, wie sich das Volk, statt sich an ihn zu erinnern, dem Glauben an heidnische Götter zuwendet, den es im Land vorfindet. Wie kann das geschehen? Warum vergisst das Volk ihren Gott, dem es alles verdankt? Nun, dieselbe Frage lässt sich heute genauso stellen: Warum vergessen die Menschen, dass Gott sie liebt und dass er in Gemeinschaft mit ihnen leben möchte?

Aufgrund der Anbetung der fremden Götter, dem Götzendienst, lässt Gott es immer wieder zu, dass sein Volk Angriffe von außen erlebt. Die Armee der Philister und die Soldaten der Midianiter erhalten freie Hand, um über Jahrzehnte das Volk Israel in Angst und Schrecken zu versetzen. Und immer dann, wenn sich alles zuspitzt, erinnern sich die Menschen an Gott und rufen ihn um Hilfe an. Und Gott hört auf ihr Schreien – auch wenn er weiß, dass sie nur für kurze Zeit nach ihm fragen werden.

In diesen Phasen der Angst und der Unsicherheit beruft Gott die sogenannten Richter. Sie sind auf Zeit in ihre Aufgabe hineingestellt. Wie in einer dunklen Nacht der Mond hell zwischen schweren Wolken hindurch scheint, so treten die Richter als Lichtgestalten in Erscheinung. Aber eben nur auf Zeit. Und in Zeiten der Nacht. Denn zugleich zeigt sich, dass auch sie ihre Schattenseiten haben. Es ist keine heile Zeit, diese Zeit der Richter, sondern eine, die immer wieder von Orientierungs- und Hoffnungslosigkeit geprägt ist.

Gott schreibt in diesen Zeiten mit einzelnen Leuten besondere Geschichten. Sie sind bis heute beispielhaft. Es ist spannend, in das Leben von Debora, Gideon und Simson einzutauchen und mitzuerleben, was sie mit Gott erlebten.
Es endet dann schließlich mit einer der romantischsten Geschichten der Bibel, mit dem Buch Rut. Auf dem Weg durch dieses besondere Buch zeigt uns Gott – wieder einmal – etwas von sich und seiner Liebe zu uns.

gelesen am:

Tag 26 Der Ungehorsam des Volkes

Vom Aussterben bedroht?

Beten: Himmlischer Vater, ich sehne mich danach, deine Stimme zu hören. Hilf mir dabei, sie zu hören, wenn ich jetzt in deinem Wort lese.

Lesen: Richter 2,6–3,6

Entdecken: Hast du schon einmal einen Spruch gehört wie „Das Christentum ist tot." oder „Der christliche Glaube stirbt doch bald aus."? Ein solcher Gedanke kann schockierend sein. Aber im gewissen Sinne stimmt es, dass alles – auch der christliche Glaube – nur eine Generation vom Aussterben entfernt ist. Wenn Menschen nicht das Gute, das sie empfangen haben, das Evangelium, die Verlässlichkeit der Bibel an die nächste Generation weitergeben (2 Timotheus 2,2), kann es in Vergessenheit geraten und bedeutungslos werden. Vielleicht nicht für alle Menschen, aber doch für die im persönlichen Umfeld.

Ein Beispiel dafür finden wir im heutigen Textabschnitt. Die Generation nach Josua (2,7) vergaß, was Gott ihren Vorfahren Gutes getan hat. Josua hat seine Erlebnisse mit Gott sprichwörtlich mit ins Grab genommen. Egal wie alt du bist: Für jeden gilt, dass er das, was er von Gott anvertraut bekommen hat, für jemand anders weiterträgt – und damit eine wichtige Aufgabe erfüllt.

Unglücklicherweise scheiterte das Volk Israel von der ersten Minute an an dieser Aufgabe, und damit begann ein fataler Teufelskreis (2,10-19): Sie wandten sich von Gott ab, den Götzen zu – und erlebten das Desaster. In ihrer Verzweiflung riefen sie zu Gott. Er berief eine Richterin oder einen Richter, der sie mit Gottes Hilfe aus der Not führte. Und dann dauerte es nicht lange, bis das Ganze von vorne anfing.

Manchmal gibt es solche fatalen Kreisläufe im Leben. Und nicht selten haben sie damit etwas zu tun, dass sich Menschen von Gott abwenden und ihre eigenen Wege gehen. Gott akzeptiert solche Entscheidungen. Aber er lässt den Menschen nicht allein, erst recht nicht, wenn diese Entscheidungen schlimme Folgen nach sich ziehen. Für das Volk Israel galt: Gott wollte seinem Volk diesen Weg nicht ersparen. Er wollte sie herausfordern, ihm neu zu vertrauen (2,22). Insofern können auch solche Entscheidungen dazu führen, dass wir Gott und seine Güte neu entdecken.

Anwenden: Wie sieht deine Beziehung zu Gott momentan aus: eng oder distanziert? Gibt es etwas, was dich besonders herausfordert? Etwas, worüber du dich besonders freust? Gibt es etwas, das dich in deiner Beziehung zu Gott in der Vergangenheit geprägt hat und das nachklingt bis in die Gegenwart?

Antworten: Herr, ich bin dir sehr dankbar für deine ungebrochene Liebe, die auch dann anhält, wenn ich Dinge tue, die uns trennen. Bitte hilf mir, diese Dinge zu erkennen. Danke, dass du mich auch in schwierigen Zeiten näher zu dir hinziehen möchtest.

gelesen am:

Tag 27 Deboras Sieg

Frauenpower

Beten: Himmlischer Vater, bitte schenk mir jetzt durch deinen Heiligen Geist Erkenntnisse aus deinem Wort, die mir weiterhelfen.

Lesen: Richter 4–5

Entdecken: Wer nach einem Bibeltext sucht, in dem Frauen eine mehr als besondere Rolle spielen, wird hier fündig. Debora ist die einzige Richterin in der Geschichte Israels. Dass eine Frau eine solch herausragende Position und Aufgabe übernimmt, durchbricht nicht nur das damals gängige klassische Rollendenken. Das Gleiche gilt für die junge Frau Jaël, die couragiert dem Leben eines oberen Militär ein Ende setzt.

Aber um zum eigentlichen Kern der Geschichte vorzudringen, müssen wir tiefer graben. In diesem Text geht es nicht einfach nur um die Tatsache, dass sich in einer von Männern dominierten Gesellschaft Frauen zu behaupten wissen und dass dies von Gott sogar gewünscht ist. Beispielhaft an Debora ist zunächst einmal ihre Bereitschaft, den von Gott gewollten Weg anzunehmen – obwohl sie damals als Frau mit mehr Widerständen zu rechnen hatte als es heute der Fall wäre. Sie sucht sich das Amt nicht, sondern nimmt ihre Berufung an (4,4-9).

Wie bei Josua zeigt sich: Aus Gottes Perspektive erweist sich ein Mensch nicht dadurch als verantwortungsvolle Leitungspersönlichkeit, dass es eine möglichst hohe Position anstrebt. Vielmehr zeigt sich Befähigung zum Leiten darin, auf Gott zu hören und ihm zu gehorchen. Auf seiner Suche nach einer geeigneten Führungsperson macht Gott zunächst einmal keinen Unterschied, ob es sich um einen Mann, eine Frau, einen Jungen oder ein Mädchen handelt.

Ein zweiter Aspekt in diesem Text ist die Bereitschaft zu couragiertem Eingreifen. Auch hier zeigt sich, dass die Fähigkeit zu einem solchen Handeln nicht gebunden ist an ein bestimmtes Geschlecht. Wir wissen nicht, was Jaël dachte, als sie Sisera ins Zelt bat. Irgendwie schien ihr klar zu sein, was zu tun war. Und sie schreckte nicht davor zurück, die nötigen Schritte zu tun – so grausam uns das heute vorkommt.

Häufig sind wir es, die andere in ihren Möglichkeiten beschränken oder beschränkt sehen – nicht Gott. Er kennt die Menschen durch und durch und weiß, was er von ihnen erwarten kann. Die Frage ist nur, ob wir auf ihn hören wollen und bereit sind, die Schritte zu gehen. Auch dann, wenn wir auf diesem Weg mit Widerständen zu rechnen haben.

Anwenden: Gibt es etwas, das wir tun können, um Gott und seine Stimme zu hören? Wie spricht er zu dir? Setzt du dich seiner Stimme aus und bist bereit zu tun, was er dir sagt? In welchem Bereich deines Lebens würdest du gerne Wegweisung von ihm bekommen?

Antworten: Vater, bitte öffne mir die Augen für die Menschen um mich herum, durch die du wirkst und durch die du etwas erreichen möchtest. Und zeig mir, wo ich mit deiner Hilfe selbst ein solcher Mensch sein kann.

Tag 28 Gideon besiegt die Midianiter

Was tun, wenn Gott spricht?

Beten: Ich setze meine ganze Hoffnung auf den HERRN, ich warte auf sein helfendes Wort. Ich sehne mich nach dem Herrn mehr als ein Wächter nach dem Morgengrauen, mehr als ein Wächter sich nach dem Morgen sehnt (Psalm 130,5-6).

Lesen: Richter 6–7

Entdecken: Schon die ersten Worte des heutigen Textes zeigen die ganze Dramatik um den Zustand des Volkes Israel auf: „Von neuem ..." (6,1). Wie oft muss das Volk Israel ins Verderben rennen, bis es sich Gott endlich mit ganzem Herzen zuwendet? Irgendwie setzt sich fort, was durch Aaron und das Volk zu Wüstenzeiten begann (2 Mose/Exodus 32,1-6). So hinterlassen Schuld und Sünde ihre Spuren. Anfangs eher harmlos, aber dann entfalten sie doch ihre ganze zerstörerische Kraft.
Die einzige Möglichkeit, diesen Kreislauf zu durchbrechen, ist, Schuld beim Namen zu nennen.

Mit Gideon beruft Gott – wieder einmal – einen Menschen, der für sich selbst einen anderen Weg gewählt hätte (6,11-15). Aber Gott blickt in sein Herz und weiß, was aus ihm werden kann. Und er sieht das Volk Israel in seiner Not. Gideon wird in dieser schwierigen Zeit einmal der richtige Mann am richtigen Platz sein. Noch ist er es nicht. Aber Gott geht mit Gideon die notwendigen Schritte, um ihn auf seine Aufgabe vorzubereiten. Gott ist so: Er bereitet Menschen auf das vor, was auf sie zukommt. Vielleicht bist du im Moment in einer ähnlichen Situation? Gibt es etwas, das dich im Moment herausfordert? Vielleicht möchte dich Gott dadurch auf etwas vorbereiten?

Gideon sucht die Auseinandersetzung mit Gott. Er bittet um Zeichen, die ihm zeigen, dass Gott auf seiner Seite steht und sich zu ihm stellt. Gott ist geduldig. Er lässt sich darauf ein. Gilt das unverändert? Gott erweist sich durch die Zeit als der Herr über alles – auch über die Naturgesetze. Allerdings stellt sich die Frage nach der Motivation unserer Bitte. Geht es uns um einen Machtbeweis oder darum, Gott kennenzulernen. Bis heute gilt: Wenn jemand von ganzem Herzen Gott sucht, wird er sich von ihm finden lassen. Diese Erfahrung hat Gideon gemacht und diese Erfahrung können wir genauso machen.

Zwei Kennzeichen waren besonders für Gideon. Zum einen wurde er ergriffen vom Geist Gottes (6,34). Zum anderen war er bereit, Gott und seiner Macht zu vertrauen (7,2). Um nichts anderes ging es, als Gott Gideon den Auftrag erteilte, das Heer von 32.000 auf 300 Soldaten zu reduzieren. Wir müssen nicht entmutigt sein, wenn uns kleine Mittel zur Verfügung stehen. Gott kann mit wenig große Dinge bewirken. Dazu braucht er lediglich Leute, die bereit sind, auf sein Wort zu hören.

Anwenden: Wann hörst du Gottes Stimme in deinem Alltag? Wie spricht er zu dir? Wie gehst du mit dem um, was du hörst? Gibt es etwas, was du gerne von Gott bestätigt sehen würdest?

Antworten: Allmächtiger Gott, es ist sehr Mut machend zu lesen, was du durch Menschen bewirkst, die bereit sind, dir und deinem Wort zu folgen. Bitte zeig mir, wie deine Kraft und dein Segen in meinem Leben zur Entfaltung kommen können.

gelesen am:

Tag 29 Simson besiegt die Philister

Ein Traum von einem Mann

Beten: Herr, ich möchte dir jetzt in deinem Wort begegnen. Hilf mir dabei, das zu erkennen, was mich daran hindern könnte, und es vor dich zu bringen.

Lesen: Richter 13–16

Entdecken: Was ist wohl zwischen Kapitel 13 und 14 passiert? Manoach und seine Frau (ihr Name wird auch an keiner anderen Stelle genannt) stehen beispielhaft für Eltern, die nach Gott und seinem Willen fragen (13,8.12). Sie wissen, dass ihr Kind von Gott auserwählt wurde, einem besonderen Auftrag nachzukommen (13,5.25). Simson selbst hingegen zeichnet sich eher durch Unbeherrschtheit und mangelnde Selbstkontrolle aus.

Es tut immer weh, mit ansehen zu müssen, wie Menschen, die uns wichtig sind, zerstörerische Entscheidungen treffen. Besonders dann, wenn es sich dabei um die eigenen Kinder handelt. Doch in diesem Fall gilt, obwohl es nicht ersichtlich ist und es niemand vermutet hätte: Gott ist am Werk (14,4).

Simsons Unfähigkeit, sich und seine Leidenschaften zu kontrollieren, wirkt bisweilen absurd, hat aber fatale Folgen. Seine Begierde nach dieser besonderen Frau zieht Mord und Totschlag nach sich. Simson blieb es auch aufgrund seines Charakters vorenthalten, eine erfüllte Beziehung zu erleben. Sie kann nur da gelingen, wo beide Partner ihr Innerstes teilen und sich gegenseitig unterstützen lernen. Wenn der eine den anderen für sich und seine Ziele einsetzen will, hat dies wenig mit Partnerschaft zu tun.

Am Ende wird Simson zu einem Beispiel für einen besonders beschenkten und doch gescheiterten Menschen. Nicht nur deshalb, weil die Menschen, denen er vertraute, ihn verraten haben. Viel schmerzvoller war sicherlich die Erfahrung, dass Gott ihn verlassen hatte (16,20). Gleichwohl war sein größter Triumph wohl weniger sein Sieg über die Philister am Ende seines Lebens, sondern dass Gott ihn und sein Gebet noch einmal erhörte (16,28).

Anwenden: Was kennzeichnet deine Beziehung zu anderen Menschen? Wie gehst du mit ihnen um? Wie wird Gottes Liebe zu dir in deinen Beziehungen sichtbar?

Antworten: Herr, danke für die Menschen um mich herum und danke für die Beziehungen, die mich in meinem Leben positiv geprägt haben. Bitte hilf mir zu sehen, wo ich einem Menschen in den nächsten Tagen etwas Gutes tun kann.

Tag 30 Die Geschichte von Rut

Eine Liebesgeschichte

Beten: Herr Jesus, du hast dein Leben gegeben, um am Kreuz für meine Schuld zu sterben. Ich weiß nicht, warum du mich so sehr liebst. Aber ich danke dir von Herzen dafür.

Lesen: **Rut 1–4**

Entdecken: Was für eine Liebesgeschichte! Alles steckt drin: Sie ist tragisch, romantisch, voll von Intrigen und hat sogar ein Happy End. Die Geschichte von Rut ist in der Zeit der Richter wie ein Sonnenstrahl am frühen Morgen nach einer langen dunklen Nacht. Und das nicht nur, weil es einfach eine schöne Geschichte ist, sondern auch, weil sich Rut in schwierigen Zeiten als ein Mensch mit starkem Charakter erweist.

Zunächst gestaltete sich ihr Leben ganz traditionell: Nach ihrer Hochzeit lebte sie in ihrer neuen Großfamilie und kam ihren täglichen Arbeiten nach. Doch nach zehn Jahren Ehe starben ihr Mann sowie der Schwager und der Schwiegervater. Und damit brach die heile Welt zusammen. Ein solches Erlebnis geht an niemandem spurlos vorüber. Es formt den Charakter und bringt Eigenschaften ans Licht, die im Guten wie im Schlechten über den weiteren Lebensverlauf entscheiden. Ruts Schwiegermutter Noomi ist über dieser Situation verbittert (1,20-21). Rut selbst gelingt ein Neuanfang.

Die wenigen Verse sagen viel über Rut aus: Sie ist loyal und nimmt persönliche Nachteile in Kauf (1,14). Sie ist optimistisch und übernimmt Verantwortung (2,2). Sie ist bereit, hart zu arbeiten, um ihr Ziel zu erreichen (2,7). Sie ist bereit, sich den Verhältnissen in der Fremde anzupassen und sich an die Anweisungen ihrer Schwiegermutter zu halten (2,5-6). Sie hat den Mut, das Unerwartete zu tun – ohne Grenzen zu überschreiten (3,7-14). Und schließlich ist sie bereit, Gott zu folgen, ohne den Weg genau zu kennen (1,16).

Rut ist eine beeindruckende Persönlichkeit und sie hat keine Scheu vor dem unbequemen Weg. Sie vertraut darauf, dass Gott das sehen und sie segnen wird – weil sie weiß, dass es sein Weg ist. Viele Menschen vertrauen darauf, dass sie die „richtigen Leute" kennen oder über genügend Vermögen verfügen. Rut hatte weder das eine noch das andere. Sie war eine heimatlose Witwe, die Gott vertraute. Und Gott schenkte ihr einen Neuanfang: Sie fand einen Mann, der reich und angesehen war und dessen Familie zu den Ahnen von König David gehörte. So wurde Rut selbst Teil der Familie, zu der Jesus später einmal gehören sollte (Matthäus 1,5-6).

Anwenden: Gibt es etwas, was dich im Moment besonders herausfordert? Welche deiner Charaktereigenschaften helfen dir dabei?

Antworten: Vater, ich brauche deine Hilfe, um mich den Dingen stellen zu können, die mich fordern. Und vor allem brauche ich deine helfende Hand, um zu dem Menschen zu werden, den du in mir siehst.

Zusammenfassende Gedanken

Welche Gedanken sind dir in den zurückliegenden fünf Einheiten für deinen Glauben und deinen Alltag besonders wichtig und wertvoll geworden?

1

2

3

4

5

Bevor du dich auf die nächste Etappe deiner Reise durch die Bibel begibst, könnte es helfen, noch einmal kurz deine persönlichen Einsichten zu den vorherigen Einheiten zu lesen – und so erneut zu entdecken, was Gott dir schon gezeigt hat.

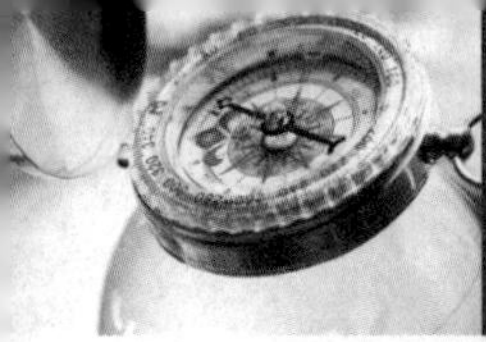

Israels Aufstieg

Wer soll das Volk Israel anführen? Es hat im versprochenen Land Heimat gefunden. Aber es ist führungslos, denn die Richter waren lediglich auf Zeit berufene Führungspersönlichkeiten. Um diese Frage drehen sich die folgenden fünf Texte. Gott hat seine Verheißung an Abraham zu einem ersten Ziel geführt. Seine Nachkommen sind zu einer Nation herangewachsen. Und der Segen, der über dem Volk Israel ausgegossen wurde, soll einmal allen Völkern dieser Erde zugutekommen können (1 Mose/Genesis 12,2-3).

Auf dem Weg in das versprochene Land erfuhr das Volk Israel viel Unterstützung von Gott. Diese erhielt es, weil es ein besonderes Volk ist, mit dem Gott einen besonderen Plan verfolgt.
Er war es, der Israel aus der Gefangenschaft befreite, er führte sie mit einer Wolken- und einer Feuersäule durch die Wüste und brachte sie in das versprochene Land. Auf diesem Weg schenkte er den Menschen die Zehn Gebote und gab ihnen damit ein sicheres Fundament für ihr Leben.
Von Anfang an begleitete Gott sein Volk auf seinem Weg und zeigte sich immer wieder durch unerwartetes Eingreifen.

Trotzdem zeigen sich die Israeliten nach und nach unzufrieden mit Gottes Art und Weise, das Volk zu leiten. Sie fühlen sich durch seinen Absolutheitsanspruch in ihrer Freiheit eingeschränkt, denn Gott will es nicht tolerieren, dass sie den fremden Göttern huldigen, deren Kulte sie im verheißenen Land vorfinden. Deshalb sehnen sie sich nach einem König – wie ihn die anderen Nationen auch haben (1 Samuel 8,19-20).
Damit bringt das Volk Israel zum Ausdruck, dass es sich von Gottes Herrschaft befreien will (1 Samuel 8,6-7). Es wählt einen Weg, der es von Gott wegführt. Diesen Schritt sind in der Folge viele Menschen gegangen: Weg von Gott in ein Leben, das nicht nach ihm fragt und andere Maßstäbe zugrunde legt. Und viele gehen ihn auch heute und vergessen dabei, dass diese Entscheidung eine ist, die ihre Auswirkungen bis in die Ewigkeit hinein zeigt.

Trotzdem lässt Gott sein Volk nicht im Stich. Er akzeptiert die Entscheidung von Menschen, die einen anderen Weg wählen als den, den er für sie vorgesehen hat. Er gibt dem Volk Israel den König, nach dem sie schreien. Und zugleich hält er an seinem übergreifenden Plan mit den Menschen fest, die zerbrochene Beziehung wieder herzustellen. Deshalb lernen wir in den folgenden Kapiteln einige Menschen kennen, die eine sehr innige Beziehung zu Gott hatten. Der Prophet Samuel ist einer davon. Schon als kleiner Junge lernte er, Gottes Stimme zu hören – und ihr zu folgen. Saul wird Israels erster König – ein Mann mit vielen Fähigkeiten und einem tragischen Ende. Und schließlich David, Israels größter König und „ein Mann nach dem Herzen Gottes" (1 Samuel 13,14; Lutherbibel).

Die nächsten fünf Berichte spielen in der Zeit, in der Gottes Volk weltgeschichtliche Bedeutung erlangte und Zeiten der Ruhe und des Friedens erlebte. Aber diese Zeit währte nur wenige Jahre, wie wir aus der Geschichte wissen.

Tag 31 Samuel hört Gottes Stimme

Das echte Leben

Beten: Herr, ich weiß, dass ich nicht perfekt bin und es auch nicht werden kann. Trotzdem möchte ich an mir arbeiten und hinterfragen, was ich tue. Deshalb bitte ich dich, durch dein Wort zu mir zu reden.

Lesen: 1 Samuel 1–3

Entdecken: Was die Bibel verlässlich macht, ist, dass sie wahre Alltagsgeschichten von echten Menschen enthält. Auch wenn die heutige Erzählung mehrere tausend Jahre alt ist, so könnte sie sich zu unserer Zeit noch genauso abspielen. Das ist auch der Grund, weshalb es sich immer wieder lohnt, danach zu fragen, was wir aus den biblischen Erzählungen in unseren Alltag übertragen können.

Eine Frau unter Druck: Hanna ist nicht die erste Frau in der Bibel, die aufgrund von Kinderlosigkeit Mobbing und Sticheleien ertragen muss (1 Mose/Genesis 16,1-10; 18,11-12). Und das setzt ihr offensichtlich sehr zu (1,8.15). Wie gehst du damit um, wenn der Druck von außen zunimmt? Wenn die Dinge nicht so laufen, wie du es dir wünschst? Statt den Kummer in sich hineinzufressen, wendet sie sich an Gott und schüttet ihm ihr Herz aus (1,10-17). Um nichts anderes geht es, wenn wir beten.

Ein übertoleranter Vater: Eli ist ein Mensch mit besonderen Eigenschaften. Er meint es gut mit seinen Söhnen, aber er kann ihnen keine Grenzen mehr setzen. Seine Söhne leben ein zügelloses Leben auf Kosten anderer. Und das, obwohl sie aufgrund ihres Priesterdienstes zu einem vorbildlichen Leben aufgefordert sind. Eli kann keinen Einfluss mehr auf sie ausüben (3,13), vermutlich weil sie es sich abgewöhnt haben, auf ihn zu hören – egal, welche Konsequenzen das mit sich bringt (2,25).

Ein vertrauensvolles Kind: Hofnis und Pinhas' Verhalten stehen in Kontrast zu Samuels Haltung. Der Hauptunterschied besteht darin, dass Samuel bereit ist, auf Gott zu hören (3,10). Die anderen hingegen ignorieren Gott und seine Gebote. Eltern können ihre Kinder nur bis zu einem gewissen Punkt begleiten und ihnen ein Vorbild im Glauben sein. Dann treffen sie ihre eigenen Entscheidungen – und die müssen sich im echten Leben bewähren.

Anwenden: Mit welcher der vorgestellten Personen kannst du dich am ehesten identifizieren? Gibt es etwas, das du für dich aus ihrem Verhalten ableiten kannst? Vielleicht gibt es jemanden in deinem Umfeld, für den du selbst ein Vorbild sein könntest, vielleicht jemand, der jünger ist als du?

Antworten: Vater, ich brauche deine Hilfe, um meine Liebe zu dir nach außen sichtbar werden zu lassen. Bitte hilf mir dabei, offen über meine Erfahrungen mit dir zu reden.

Lang lebe der König

Beten: Herr, ich danke dir für die Freiheit, in der ich in der Bibel lesen kann. Bitte beschenke mich mit deinem Segen und deiner Gegenwart, wenn ich mir jetzt Zeit für dein Wort nehme.

Lesen: 1 Samuel 8–10

Entdecken: Warum ist es ein Problem, wenn eine aufstrebende Nation nach einem König schreit? Wie sonst sollte in dieser Zeit ein Volk regiert, ein Heer geführt und Steuern investiert werden? Einer muss diese Aufgabe doch übernehmen.

Aber unter der Oberfläche der nachvollziehbaren Argumente verbirgt sich der tiefe Wunsch des Volkes Israel, Gott und seinen Geboten etwas entgegenstellen zu können. Sie wollten so wie alle anderen (8,20) und unabhängig (8,6-9) sein. Wem geht das nicht so? Wer kann sich von diesem Wunsch, von dieser Versuchung nach Selbstverwirklichung freimachen? Wenn wir nicht aufpassen, kann uns der Anpassungsdruck, dieser Zwang zu funktionieren wie alle anderen, schleichend wegdrängen von Gott und seinem Sohn Jesus Christus. Jesus fordert uns auf: „Folge mir nach!“ (Markus 1,16-18) Das klingt einerseits einfach. Zugleich meint es, dass er König über unser Leben werden möchte und wir ihm damit den Thron unseres Lebens überlassen.

Angesichts der Forderung des Volkes und Gottes Gedanken dazu, scheint Saul eigentlich eine gute Wahl zu sein: Er ist jung, groß gewachsen, gutaussehend, demütig und zudem auch noch religiös. Manchmal gibt uns Gott, was wir uns wünschen. Und das, obwohl er sich eigentlich etwas anderes für uns vorgestellt hat. Unsere eigenen Entscheidungen können Schwierigkeiten nach sich ziehen. Gott akzeptiert unseren Weg und geht ihn mit uns. Und manchmal lernen wir dadurch wichtige Dinge über uns und über ihn.

Saul wird von Gott nicht im Stich gelassen. Er bekommt von Gott, was er braucht, um seiner Aufgabe als König so gut es geht nachzukommen (10,5-10). Gott steht Saul bei und schenkt ihm neue Fähigkeiten. Er gibt ihm seinen Geist, der ihm in seinen Aufgaben hilft. Ein Mensch, der nach Gottes Geist fragt und sich von ihm verändern lässt, wird einen Unterschied im Leben anderer machen. Zugleich gilt: Sich vom Geist Gottes leiten lassen ist wie die zwei Seiten einer Medaille. Einerseits möchte Gott in dir arbeiten und dich zu dem Menschen machen, den er in dir sieht. Zugleich ist das nur soweit möglich, wie du dich mit ihm auf den Weg machst, nach ihm fragst und bereit bist, auf ihn zu hören z. B. durch Bibellesen, Beten oder andere Gaben des Heiligen Geistes (1 Korinther 12). Und dabei geht es nicht nur um dich, sondern auch um das Wohl der Menschen um dich herum. Was Gott dir anvertraut, will gehegt und gepflegt sein. Denn sonst verkümmert es oder geht ganz verloren.

Anwenden: Wenn du sagt, dass Jesus König über dein Leben ist, wie meinst du das? Bedeutet es, dass Jesus tatsächlich alle Entscheidungsfreiheiten hat? Was kannst du tun, um das Hören auf Gott und seinen Geist ein wenig zu „üben“.

Antworten: Herr Jesus, ich möchte dir mein ganzes Leben anvertrauen und dir nachfolgen. Es soll keinen Bereich geben, der dir nicht gehört. Bitte hilf mir, auf dich zu hören und dir zu vertrauen.

Ein Junge mit Namen David

Beten: Himmlischer Vater, bitte öffne mir die Augen und mach mein Herz bereit für die Gedanken, die du für mich in deinem Wort bereithältst.

Lesen: **1 Samuel 16,1–18,16**

Entdecken: Der heutige Text enthält eine Geschichte, die jeder kennt, die sogar Einzug in den alltäglichen Sprachgebrauch gefunden hat. Wenn ein Einzelner den Kampf gegen eine große Mehrheit aufnimmt, wenn sich ein kleines Unternehmen gegen einen großen Konzern behaupten muss, wenn ein drittklassiger Fußballverein gegen einen Bundesliga-Club antreten muss, dann spricht man vom Kampf David gegen Goliat. Aber was war das Geheimnis von Davids Erfolg?

Als Erstes braucht es natürlich eine Menge Mut, wenn ein Teenager im Kampf gegen einen riesigen Elitekämpfer antritt (17,32). Keine Frage, die Brüder dachten, sein Sieg wäre das Ergebnis eines Glückstreffers. Aber der tatsächliche Grund dafür, dass diese Auseinandersetzung ein positives Ende fand, lag darin, dass Gott hier am Werk war.

Gott war es, der David für diese Aufgabe auserkoren hatte (16,12). Er erfüllte ihn mit seinem Geist (16,13) und wich keine Sekunde von seiner Seite (18,14). Gott gebraucht die Gaben und Fähigkeiten, die er in uns hineingelegt hat, damit wir seine Ziele erreichen können. Und er ist es auch, dem wir unsere Leistung zu verdanken haben. Deshalb müssen Erfolg und Bescheidenheit Hand in Hand gehen. Letztlich siegte David, weil er wusste, dass Goliat den Kampf nicht mit ihm, sondern mit Gott aufnahm.

Das bedeutet nicht, dass David fehlerlos war. Sein genervter Bruder Eliab dachte, David wäre eingebildet und vorwitzig (17,28). Vielleicht war er das manchmal. Auch in unsachlicher Kritik steckt manchmal ein Körnchen Wahrheit. Aber die Erzählung macht auch deutlich, dass David bereits in anderen Situationen ein Gefühl dafür entwickelt hatte, wann Gott am Werk ist (17,34-37). Deshalb konnte er die Herausforderung mit Goliat angemessen einschätzen.

Davids große Stärke war sein Vertrauen in Gott (Apostelgeschichte 13,22). Die Philister vertrauten Goliat, weil er nach menschlichen Verhältnissen groß, stark, mächtig und anscheinend unbesiegbar war. Solche Eigenschaften sind anziehend und bisweilen unwiderstehlich. Aber Gott blickt tiefer. Er sieht in das Herz des Menschen (16,17). Er weiß, ob ein Mensch ihm ganz und gar vertraut oder nicht.

Anwenden: Wie reagierst du, wenn du erfolgreich bist? Gibt es jemanden in deinem Umfeld, der Gott ganz und gar vertraut? Woran machst du das fest? Welche Schritte kannst du gehen, um wie David Gott zu vertrauen?

Antworten: Herr, bitte vergib mir, wenn ich mich mit Menschen vergleiche, die nach menschlichen Maßstäben erfolgreich sind – und wenn ich danach strebe, so zu sein wie sie. Bitte schenke mir ein Herz, das nach dir fragt und mir dabei hilft, die Welt mit deinen Augen zu sehen.

Vorschnelles Handeln

Beten: Großer Gott, es ist ein Geschenk, mit dir leben zu dürfen. Hilf mir, all das zurückzulassen, was mich von dir und deinen Gedanken ablenkt. Wenn ich jetzt in deinem Wort lese, möchte ich mich nach dir ausstrecken und nach deiner Weisheit suchen.

Lesen: 1 Samuel 23,7–24,22

Entdecken: Für mich gehört Saul zu den tragischen Helden der Bibel. Als er seinen Weg mit Gott als König begann, gab ihm Gott alles, was er für diese Aufgabe brauchte: Er war begabt, bescheiden, von Gott gesegnet und erfüllt vom Heiligen Geist. Man sollte meinen, dass ihm alles im Leben gelingen würde. Der heutige Text beschreibt Saul als eifersüchtig, paranoid und rachsüchtig. Saul wusste, dass seine Zeit als König abgelaufen ist (23,17). Warum sind die Dinge so schiefgelaufen?

Bei allem Guten, was über Saul gesagt werden kann: Er unterliegt immer wieder seiner Schwäche, vorschnell zu entscheiden und zu handeln – und damit seiner inneren Stimme zu folgen und von Gottes Wegen abzuweichen (13,1-15; 15,11). Auf diese Weise lässt sich Sünde umschreiben. Nach und nach zerstört Sauls impulsives Handeln seine Beziehungen (23,21-23), seine Urteilsfähigkeit (28) und schließlich ihn selbst (31). Egal worum es geht: Ist der erste Gedanke immer gleich der, der von Gott kommt? Es lohnt sich, sich Zeit fürs Gebet zu nehmen, bevor wir handeln.

Man mag sich kaum vorstellen, wie es mit Saul weitergegangen wäre, wenn seine Beziehung zu Gott lebendig geblieben wäre oder er einen Neuanfang mit ihm gewagt hätte. Gott macht Neuanfänge möglich (2 Korinther 5,17).

David vertraute Gott in jeder Situation seines Lebens. Er hätte oft Gelegenheit gehabt, Saul in Selbstverteidigung zu töten. Aber er hat es nicht getan. Er überlässt es Gott, zur rechten Zeit das Richtige zu tun (24,13). Wenn Dinge schieflaufen, wenn uns Unrecht geschieht, dann liegt es nahe, mit denselben Mitteln zurückzuschlagen. Aber das bedeutet nicht, dass sich die Situation dadurch ändert. Davids Verhalten zeigt uns, dass viel mehr möglich ist, wenn wir die Sache Gott überlassen und ihn im Gebet darum bitten, einzugreifen. Er kann Herzen verändern – unsere und die der anderen (24,16-21).

Anwenden: Gibt es Situationen, in denen du versucht warst, Unrecht mit gleicher Münze heimzuzahlen? Oft braucht es mehr Mut, Gott zu vertrauen, als selbst aktiv zu werden. In welchen Situationen könnte das eine angemessene Haltung sein?

Antworten: Himmlischer Vater, ich wünsche mir, dass ich gerade in spannungsreichen Situationen als erstes danach frage, was deine Sicht der Dinge ist. Ich kann das nicht aus eigener Kraft. Deshalb bitte ich dich darum, dass du mir mit deiner Kraft und deinem Segen dabei hilfst.

Tag 35 König David

gelesen am:

David – wer sonst?

Beten: „Von Herzen frage ich nach deinem Willen; bewahre mich davor, ihn zu verfehlen! Was du gesagt hast, präge ich mir ein, weil ich vor dir nicht schuldig werden will" (Psalm 119,10-11).

Lesen: **2 Samuel 5–7**

Entdecken: Wir sind an Israels geschichtlichem Höhepunkt angekommen: David hat alle seine Feinde glorreich in die Flucht geschlagen (5,6-25) und herrscht als gerechter König über das Volk Gottes. Er hat die Bundeslade nach Jerusalem bringen lassen und Israel in eine Zeit des Friedens und der kulturellen Blüte geführt. Was war so besonders an David? Was können heutige Führungspersonen von ihm lernen?

David suchte Gottes Rat: Zwei Mal heißt es „David fragte den Herrn ..." (5,19.23). In beiden Fällen ging es um wegweisende Entscheidungen. David wollte sie nicht ohne Gott treffen. Viele Leute mit Verantwortung scheuen diesen Weg. Wenn sie erfolgreich sind, dann vertrauen sie mehr und mehr ihrem Instinkt, anstatt danach zu fragen, was Gott über eine Sache denkt. Abraham, Mose, Josua, Debora und die anderen sind Beispiele für Personen, die immer wieder neu Gott gesucht und an ihm und seinen Weisungen festgehalten haben.

David gab Gott die Ehre: David ehrte Gott, indem er sich ihm in Lob und Anbetung zuwandte (6,14.21). Dies war ein selbstverständlicher Teil seines Lebens, denn er wusste, was er Gott zu verdanken hatte. Wenn du dich schwer damit tust, Gott zu loben oder ihn anzubeten, dann liegt das nicht daran, dass du in der falschen Gemeinde bist. Es mag vielmehr daran liegen, dass du dir nicht im Klaren darüber bist, was Gott alles für dich tut und wo er handelt.

David setzte Gott an erste Stelle: Davids Gebet legt offen, was ihn im Innersten bewegt (7,18-29). Er war sich im Klaren darüber, dass er alles Gott zu verdanken hatte – und dass sein weiterer Weg und die Zukunft seiner Familie in Gottes Händen liegen würde. Und: David war sich im Klaren darüber, dass sein persönlicher Weg eingebettet ist in Gottes Pläne für sein Volk und die Welt.

Diese Punkte machen deutlich, warum David wirklich ein herausragender König und ein Mensch nach dem Herzen Gottes war. Und es macht verständlich, warum Gott sich an diesen Menschen bindet – und sogar sein Sohn Jesus Christus in die Nachkommenschaft von David gestellt wird (Matthäus 1).

Anwenden: Gab es Situationen in deinem Leben, in denen du Gott in besonderer Weise erlebt hast? Wodurch haben sich diese Phasen ausgezeichnet? Wie hat das deine Beziehung zu Gott verändert?

Antworten: Jesus Christus, du bist König über mein Leben. Ich möchte dich von ganzem Herzen loben. Ich möchte dir nachfolgen, was auch immer das mit sich bringen wird. Bitte hilf mir, diesen Weg zu gehen.

Zusammenfassende Gedanken

Welche Gedanken sind dir in den zurückliegenden fünf Einheiten für deinen Glauben und deinen Alltag besonders wichtig und wertvoll geworden?

1

2

3

4

5

Bevor du dich auf die nächste Etappe deiner Reise durch die Bibel begibst, könnte es helfen, noch einmal kurz deine persönlichen Einsichten zu den vorherigen Einheiten zu lesen – und so erneut zu entdecken, was Gott dir schon gezeigt hat.

Israels Untergang

Wer hoch fliegt, wird tief fallen. Diese Binsenweisheit trifft zumindest auf manche Dinge im Leben zu. Unglücklicherweise stimmt das auch für das Volk Gottes. Unter der Herrschaft von König David ist es zu einer bedeutenden Nation von internationaler Bedeutung herangewachsen. Es schien, als wären alle Voraussetzungen für ein langes und glückliches Leben geschaffen:
Das Volk lebte im versprochenen Land, hatte einen weisen König und – zu guter Letzt – lebte es auch noch in enger Beziehung zu dem lebendigen Gott.

Und doch kommt das große „Aber", wie wir in den nächsten biblischen Berichten sehen werden. Das Volk – und auch sein König – konnte der Versuchung des Erfolgs und der Selbstsicherheit nicht widerstehen. Wann immer wir Zeiten erleben, in denen es uns gut geht, unterliegen wir der Gefahr, uns zu sicher zu fühlen. Gerade dann müssen wir wachsam sein, denn das, was uns von Gott trennen kann, liegt unter der Oberfläche. Es ist nicht sichtbar und liegt verborgen unter scheinbar harmlosen Gelegenheiten. Das gilt – wie wir sehen werden – erst recht für Leute, die Gott in eine besondere Verantwortung gestellt hat.

David: Er begeht Ehebruch und arrangiert einen Mord. Und das auf dem Höhepunkt seines Erfolgs und seiner Regierungszeit. Gott vergibt ihm und steht zu ihm als dem Mann, der sein Volk leiten soll. Aber das bedeutet nicht, dass David nicht die Folgen seines Fehlverhaltens tragen muss: Streit und Zwietracht in der Familie über Generationen sind die Folge.

Salomo: Er gilt als einer der weisesten Menschen, die je auf dieser Erde gelebt haben. Und doch unterliegt er der Versuchung, anderen Göttern zu dienen. Es fing – scheinbar – ganz harmlos an. Nach und nach bekommt es ein Gewicht, unter dessen Last Generationen nach ihm zerbrechen werden.

Elija: Er gehört zu den großen Propheten der Geschichte Israels. Voller Zuversicht sucht er die Auseinandersetzung mit den Götzenpriestern seiner Zeit. Doch anstatt aus seinen Erfolgen Mut zu schöpfen, bricht er unter der Verantwortung zusammen und sucht sein Heil im Rückzug.

Die Erfahrungen der drei Männer zeigen:
So nah ein Mensch auch an Gott dran ist, es bewahrt ihn nicht automatisch vor dem Moment, wo er alles aufs Spiel setzt. Im Gegenteil: Es macht ihn verwundbar und schafft Angriffsfläche. Wenn wir denken: „Das kann mir nie passieren!", sind wir schon dabei, uns selbst zu überschätzen.

Tag 36 David und Batseba

Sünde im Rampenlicht

Beten: Du allein, Gott, bist würdig, Lob und Anbetung zu empfangen. Ich preise dich und danke dir für dein Wort, das du uns geschenkt hast.

Lesen: **2 Samuel 11,1–12,25**

Entdecken: Wenn christliche Leiter zu Fall kommen, dann meist, weil sie in einem der beiden Bereiche gescheitert sind: Geld oder Sexualität. In Geldsachen schien David eine gute Grundhaltung zu besitzen (1 Chronik 29,1-20). Schwieriger tat er sich offensichtlich in Sachen Frauen – zumindest, was diese eine Frau anbelangt. Es ist traurig, wie die großartigen und vorbildlichen Errungenschaften eines Lebens null und nichtig werden können, weil jemand sich und seine eigenen Kräfte in einer heiklen Situation völlig falsch einschätzt.

Wie konnte es nur dazu kommen, dass David – „ein Mann nach dem Herzen Gottes" (1 Samuel 13,14; Lutherbibel) – in solch eine Lage gerät?
Er war es doch gewesen, der sich mutig im Vertrauen auf Gott Goliat in den Weg gestellt hatte und der aus Liebe zu Gott der Versuchung widerstand, Saul aus Rachsucht zu töten. Und nun begeht dieselbe Person Ehebruch, lässt einen Mord wie einen Kriegsunfall aussehen und missbraucht seine Macht, um die ganze Sache zu vertuschen.

Die Antwort für David lautet so, wie sie für uns lauten könnte: Egal wie (selbst-)sicher wir uns fühlen mögen – es gibt doch im Leben eines jeden Menschen Schwächen, die uns zu Fall bringen können. Und die größte Gefahr besteht darin, die Gefahr von Schuld und Sünde zu unterschätzen oder gar zu vergessen. Das passiert leicht, wenn wir mit Gott etwas Besonderes erlebt haben. Umso wichtiger ist es, dass wir verbunden sind mit vertrauten Menschen, die uns ermahnen, erinnern und am Boden halten können. Ohne eine solche Gemeinschaft ist es für jeden Christen äußerst schwer und eigentlich nicht zu schaffen.

Es stellt sich noch eine weitere Frage: Warum wurde David vergeben und Saul sich selbst überlassen? Beide haben sich doch gegen Gott gestellt und getan, was gegen Gottes Gebote verstößt. Die Antwort lässt sich in einem Wort zusammenfassen: Reue! Als David mit seinem Vergehen konfrontiert wird (12,1-10), bereut er zutiefst, was er getan hat (12,13; Psalm 51). Saul hingegen versucht, sein Fehlverhalten zu rechtfertigen (1 Samuel 13,1-15). Es tut weh, Schuld zu bekennen. Dabei ist es egal, ob es um das Bekenntnis vor Menschen oder Gott geht. Aber wenn wir es tun, können wir erleben, wie Gott uns in seiner Liebe annimmt, uns befreit und die Last abnimmt – ein unbeschreibliches Geschenk.

Anwenden: Wie gehst du mit dem um, was zwischen dir und Gott steht? Benennst du es? Bekennst du es gegenüber jemand anders? Gibt es in deinem Leben jemanden wie Natan?

Antworten: „Erforsche mich, Gott, und erkenne mein Herz; prüfe mich und erkenne, wie ich's meine. Und sieh, ob ich auf bösem Wege bin, und leite mich auf ewigem Wege" (Psalm 139,23-24).

gelesen am:

Tag 37 König Salomo

Weise?

Beten: Vater, ich lese jetzt in deinem Wort, weil ich mir wünsche, Einblick in deine Gedanken zu bekommen. Bitte lass mir in der jetzt vor mir liegenden Zeit bewusst sein, dass du stets an meiner Seite bist.

Lesen: 1 Könige 2–3

Entdecken: David hatte keine Scheu, kurz vor seinem Tod seinen Sohn unter Druck zu setzen: Zuerst appelliert er an ihn, dass er weise genug sein soll, sich in allem an Gott und seine Gebote zu halten. Doch dann bürdet er ihm seine unerledigten Geschäfte auf (2,6). Salomo kann sich den Wünschen seines Vaters und den sich daraus ergebenden Verpflichtungen nicht entziehen. Keine Frage: Wünsche und Visionen von Vätern (so sie denn vorhanden sind) können einen enormen Einfluss auf den Lebensweg ihrer Söhne haben. Wenn du wüsstest, dass du auf das Leben eines jüngeren Menschen Einfluss nehmen könntest: Wie sollte das aussehen? Was würdest du gerne weitergeben?

Salomo ist bis heute sprichwörtlich für seine Weisheit bekannt (3,16-28). Sie war ein Geschenk von Gott (3,12). Und zugleich zeigte er beeindruckende Charakterstärke, als er Gott um Weisheit bat. Trotzdem öffnete er sich für Einflüsse von außen, die ihn von Gott wegtrieben, hinein in die Anbetung fremder Götter. Obwohl Gott genau dies abgrundtief verabscheut (2 Mose/Exodus 20,3-6). Anfangs nahm Salomo das vielleicht gar nicht so ernst. Es kam ja auch nicht so oft vor. Aber dann gewöhnte er sich an diese Schuld und sie wurde für ihn ganz normal. Das ist das Gefährliche an Schuld und Sünde ...

Es kann uns Mut machen, dass sogar die größten Persönlichkeiten der Bibel ihre Schattenseiten hatten. Viel mehr aber kann uns begeistern, dass Gott sich – trotz der Schwächen – nicht davon abbringen lässt, seine Ziele mit ihnen zu erreichen (2,4). David hatte erkannt wie wichtig es ist, an Gott festzuhalten und ihm von ganzem Herzen zu vertrauen – egal, was passiert und wie schwer es auch sein mag. Das ist die Herausforderung, der auch wir uns immer wieder neu stellen müssen.

Anwenden: Mal ehrlich: Wie würdest du antworten, wenn Gott dir anbieten würde: „Wünsche dir, was du willst; ich will es dir geben“ (3,5)? Und warum wäre das deine Antwort?

Antworten: Herr, mein Gott, es gibt viel in meinem Leben, wonach ich strebe. Bitte schenke mir die Sehnsucht danach, dich und deine Ziele in allem an die erste Stelle zu setzen.

Das Zentrum der Anbetung

Beten: Herr, oft fühle ich mich leer und es fällt mir schwer zu beten. Ich habe das Gefühl, dass du weit weg bist. Bitte fülle mich mit deinem Geist und lass mich verstehen, wie nah du mir bist.

Lesen: 1 Könige 8,1–9,9

Entdecken: Wie sich das Volk Israel wohl gefühlt hat, als es zusammenkam, um den Tempel schließlich einzuweihen (8,1-2)? Zum einen war es ein für die damalige Zeit beeindruckendes Gebäude (1 Könige 6 und 7,13-51), zum anderen war es ein wirklich einmaliges Fest (8,5). Was jedoch noch viel bedeutsamer ist: Während dieser Einweihung passierte etwas ganz Unerwartetes (8,10). Was machte diesen Tempel so besonders?

Man könnte meinen, es läge an der Bundeslade. Sie enthielt die beiden Steintafeln mit den Zehn Geboten (8,6-9). Sie waren ein sichtbares Zeichen für Gottes Handeln in der Vergangenheit des Volkes Israel. Das Eigentliche war jedoch, dass Gott selbst den Tempel mit seiner Herrlichkeit erfüllte (8,11). Gott zu begegnen, darum geht es bis heute in jedem Gottesdienst.

Wenn wir heute über Gottesdienst nachdenken, dann reden wir häufig über Formen: die Art der Musik, Dauer der Predigt, wie gebetet und das Abendmahl gefeiert wird. Das sind wichtige Fragen und Themen. Noch wichtiger ist jedoch, wie wir uns darauf vorbereiten, dem lebendigen Gott im Gottesdienst zu begegnen. Er kann noch so unprofessionell und vielleicht sogar zäh gestaltet sein: Trotzdem bietet jeder Gottesdienst Raum für gemeinsame Zeit mit Gott und kann sehr intensiv werden, wenn wir mit der richtigen Haltung Gottes Nähe suchen. Warum sollten wir sonst in die Kirche gehen, wenn wir nicht erwarten, dass Gott dort tatsächlich auf uns wartet?

Jahre später gebraucht Petrus das Bild des Tempels, um deutlich zu machen, dass jeder, der Jesus Christus nachfolgt, ein lebendiger Stein seiner Gemeinde ist (1 Petrus 2,5). So beeindruckend der Tempel auch war: Seine Schönheit war nur auf Zeit und er sollte eines Tages abgelöst werden vom „Leib Christi".

Am Ende der Tempeleinweihung fordert Gott die Menschen dazu auf, im Glauben an ihn treu die Gebote zu halten. Er wusste, dass das Volk in der Gefahr stand, dem äußeren Rahmen eine höhere Bedeutung zu geben als der inneren Ausrichtung. Denn das Zentrum von Anbetung ist nicht das Innere eines Gebäudes – es ist der, der dort auf uns wartet.

Anwenden: Wie erlebst du die Gottesdienste, zu denen du gehst? Mit welcher Haltung oder Erwartung gehst du dorthin? Woran liegt das? Wodurch wird für dich ein Gottesdienst lebendig?

Antworten: Herr Jesus, bitte lehre mich, dir im Gottesdienst zu dienen – und mir von dir dienen zu lassen. Du bist groß und wunderbar und möchtest, dass ich dir persönlich und in Gemeinschaft mit anderen begegne. Danke, dass du mir die Möglichkeit gegeben hast, Teil deiner weltweiten Gemeinde zu sein.

gelesen am:

Tag 39 Elija und die Baalspropheten

Sieg und Niederlage

Beten: Herr, mich beschäftigen im Moment viele Dinge. Trotzdem sehne ich mich nach Ruhe, um dir und deinem Wort begegnen zu können. Bitte hilf mir dabei, auf dich zu hören.

Lesen: 1 Könige 16,29–19,18

Entdecken: Bildlich gesprochen könnte man sagen, dass Salomo die Tür zur Götzenanbetung einen Spalt weit aufgemacht hat. Und Ahab hat die Tür dann regelrecht aufgetreten. Seine berühmte Frau Isebel und er brachten das Volk Israel auf eine fatale Spur (16,29-33). Das müssen wir im Hinterkopf behalten, wenn Elija das Volk Israel auf dem Berg Karmel zur Entscheidung aufruft und hart mit den Baalspropheten ins Gericht geht (18,22-24).

Der Kampf am Karmel ist kein religiöser Showdown vor einem faszinierten Publikum. Es ist vielmehr das Ringen um die Herzen der Menschen (18,36-37). Immer wieder kam es in der Geschichte vor, dass sich die Kirche und ihre Vertreter von Gott und seinen Maßstäben entfernt haben, um eigene Ziele in den Vordergrund zu rücken. Manche haben vielleicht den Eindruck, in ihrer Gemeinde findet gerade ein solches Wegdriften statt. Es braucht viel Weisheit von Gott, in einen solchen Prozess angemessen einzugreifen. Denn viel zu leicht kann es am Ende um persönliche Fragen oder die eigene Person gehen. Elija weiß, wofür er sich einsetzt. Ihm gelingt es, ganz von sich weg auf die Sache Gottes zu schauen.

Doch nur wenige Verse später lernen wir Elija als einen verschreckten, erschöpften und lebensmüden Menschen kennen (19,1-19). Gott zu dienen und sich für ihn und seine Sache einzusetzen, macht einen Menschen nicht unverwundbar.
Im Gegenteil. Nach diesem besonderen Erlebnis der Größe und Macht Gottes rennt Elija ängstlich davon, als ihm Isebel mit Rache droht. Gott schenkt uns manchmal große Momente, manchmal regelrecht „geistliche Feuerwerke". Das verhindert jedoch nicht, dass wir nach solchen Erlebnissen wieder abstürzen. Deshalb ist es so wichtig, nach Zeiten der Herausforderung auch Zeiten der Stille und der Erneuerung einzuplanen (19,7-9).

Was den Glauben lebendig hält – in Zeiten der Krise oder solchen, in denen es uns gut geht –, ist die tägliche Begegnung mit Gott z. B. beim Bibellesen, im Gebet oder der gemeinsamen Anbetung Gottes mit anderen Christen. Die herausragenden Erlebnisse mit Gott können ein großes Geschenk sein. Am bedeutsamsten ist jedoch die Fähigkeit, Gottes Stimme im „Hauch" wahrzunehmen (19,12).

Anwenden: Hast du schon einmal ein „geistliches Feuerwerk" mit Gott erlebt? Oder ist dir eher Gottes leises Flüstern vertraut?

Antworten: Himmlischer Vater, bitte öffne mir die Augen und Ohren für dein Handeln und Reden. Ich möchte deine Gedanken für mich und mein Leben entdecken und bitte dich, dass du mir durch deinen Heiligen Geist dabei hilfst, sie auch zu verstehen.

Tag 40 Jerusalem wird eingenomm

Eine dunkle Stunde

Beten: Herr, bitte hilf mir jetzt dabei, dein Wort zu verstehen, und öffne mir die Ohren des Herzens für das, was du mir sagen möchtest.

Lesen: 2 Könige 25

Entdecken: Die Zerstörung der Stadt Jerusalem kennzeichnet den absoluten Tiefpunkt der Geschichte Israels. Das Volk Gottes verliert alles, was Gott ihm geschenkt hat: das versprochene Land, die heilige Stadt und den Tempel. Über Jahrzehnte hat Gott sein Volk aufgefordert, zu ihm zurückzukehren, damit es nicht die Folgen seines schuldhaften Handelns tragen muss. Vergeblich.

Über Generationen frönte das Volk anderen Göttern. Als Folge ließ Gott es zu, dass die Babylonier das Land der Bibel einnahmen. Die Oberschicht wurde teilweise hingerichtet, der Hauptteil des Volkes musste ins Exil. Die Stadt Jerusalem wird zerstört und mit ihr der Tempel. Eine Zeit der tiefen Depression beginnt.

Vielleicht steckst du gerade selbst in einer solchen Phase? Bedrückt dich der Verlust eines geliebten Menschen? Oder musstest du eine schwere persönliche Niederlage hinnehmen? Hat sich ein Traum zerschlagen? Es ist nicht einfach, in solchen Zeiten an Gott festzuhalten. Und doch ist Gott da und lässt uns nicht allein – egal ob wir unerwartet und unverschuldet oder wie das Volk Israel selbstverursacht in notvolle Zeiten geraten sind.

Manchmal hilft es, sich in schwierigen Zeiten zu fragen, wo Gott bereits gewirkt hat. In Psalm 74 erinnert sich sein Verfasser Asaf daran, wer Gott ist und was er in der Vergangenheit getan hat. Und er verbindet seine Klage mit der Hoffnung, dass Gott noch einmal eingreifen wird.

So tragisch es ist: Das Volk Israel brauchte diese Zeit zur Rück- und Neubesinnung. In der Gefangenschaft, im Exil erkannten die Menschen, dass nicht Gott derjenige war, der sie verlassen hat. Sie waren es gewesen, die Gott den Rücken gekehrt hatten. Wie schon David vor ihnen (Psalm 51), so begannen nun auch sie, ihre Schuld beim Namen zu nennen und wieder ganz neu nach Gott und seinem Willen zu fragen.

So hart es ist: Manchmal können diese schweren Zeiten dazu führen, dass wir Gott ganz anders erleben. Er ist gnädig, er ist groß, er kann über menschliche Schuld und Versagen hinwegsehen – das hat das Volk Israel erlebt. Und er kann einen Neuanfang schaffen. Gott wird es zulassen, dass wir erschüttert werden. Aber er wird nie von unserer Seite weichen und uns immer wieder zu sich ziehen.

Anwenden: Wenn du schon einmal eine schwierige Zeit erlebt hast: Wie hat das deine Beziehung zu Gott verändert – positiv oder negativ? Warum? Vielleicht lohnt es sich, jemand Vertrautes dieses Erlebnis zu erzählen. Nicht nur für dich, sondern auch für die andere Person.

Antworten: Himmlischer Vater, vielen Dank, dass ich dir und deinem Wort vertrauen kann: „Alle eure Sorge werft auf ihn, denn er sorgt für euch" (1 Petrus 5,7).

Zusammenfassende Gedanken

Welche Gedanken sind dir in den zurückliegenden fünf Einheiten für deinen Glauben und deinen Alltag besonders wichtig und wertvoll geworden?

1

2

3

4

5

Bevor du dich auf die nächste Etappe deiner Reise durch die Bibel begibst, könnte es helfen, noch einmal kurz deine persönlichen Einsichten zu den vorherigen Einheiten zu lesen – und so erneut zu entdecken, was Gott dir schon gezeigt hat.

Psalmen und Sprichwörter

Im Alten Testament finden wir drei unterschiedliche Textarten: geschichtliche Bücher, Bücher in dichterischer Form und prophetische Bücher. Bislang stand die Geschichte des Volkes Israel im Vordergrund: Gottes Weg mit einzelnen Menschen, deren Nachkommen zu einer großen Nation heranwachsen.
Die folgenden fünf Texte haben einen ganz anderen Charakter. Sie kommen aus den Psalmen und Sprichwörtern.

Die Psalmen sind Lieder und Gebete. Sie bringen in sprachlicher Schönheit tiefe Wahrheiten über Gott und Erfahrungen im Glauben zum Ausdruck. Viele dieser Psalmen wurden von König David gedichtet, drei davon werden Teil der nächsten fünf Einheiten sein. David ist uns schon an verschiedenen Stellen begegnet – mit seinen Erfolgen, aber auch Misserfolgen. David war wirklich ein begnadeter Mensch. Er war Hirte, Krieger, geistlicher und politischer Führer, König – und er war ein Poet, der die beeindruckende Gabe besaß, seinen Gefühlen durch Worte ein Bild geben zu können.

Das Buch der Sprichwörter stammt aus einer anderen Feder. Es ist eine Sammlung von Weisheiten, die vornehmlich König Salomo zugeschrieben werden. Dieses faszinierende Buch kann grob in zwei Blöcke unterteilt werden: Wie eine Einleitung sind die Kapitel 1–9 den Kapiteln 10–31 vorangestellt. Wie ein Vater seinem Sohn hilfreiche Ratschläge gibt, sollen die Kapitel 1–9 jungen Leuten eine Hilfe auf ihrem Lebensweg sein. Die Kapitel 10–31 sind verschiedene Sammlungen von Einzelsprüchen. Sie beleuchten verschiedene Facetten des Alltags und geben uns kurz und knapp Einsichten in tiefe Wahrheiten des Lebens.

Zugegeben: Es ist unmöglich, Reichtum und Schönheit dieser beiden Bücher in fünf ausgewählten Texten zusammenzufassen. Aber es kann Appetit auf mehr machen!

Ich persönlich habe es mir angewöhnt, täglich fünf Psalmen und ein Kapitel aus den Sprichwörtern zu lesen. Das bringt mich im Schnitt in einem Monat durch beide Bücher. Manchmal, wenn ich nachts aufwache und nicht schlafen kann, dann greife ich zu meiner Bibel und lese diese sechs Kapitel für den nächsten Tag. Meist hilft es mir dabei, meine Gedanken auf Gott auszurichten, ruhig zu werden und ihm all das zu überlassen, was mich gedanklich gefangen hält – und anschließend gut weiterzuschlafen.

Tag 41 Der Herr ist mein Hirte

Hab keine Angst!

Beten: Vater im Himmel, ich möchte alles, was mir heute begegnet, mit dir teilen. Hilf mir immer wieder dabei, nach dir zu fragen und mich auf dich auszurichten.

Lesen: Psalm 23

Entdecken: Auf einem internationalen Treffen saß ich mit Leuten aus der ganzen Welt zusammen. Wir lasen Psalm 23 und der Leiter unserer Gesprächsgruppe bat uns, den Eingangsvers mit eigenen Worten kulturell angepasst ins Englische zu übertragen. Was dabei herauskam, sprach mehr Worte als tausend Predigten. Aus Südamerika: „Der Herr ist mein Freund, er hilft mir, Arbeit für den Tag zu finden." Aus Russland: „Der Herr ist mein Taxifahrer, er hilft mir, in Moskau den Weg zu finden." Aus Australien: „Der Herr ist meine liebende Mutter, sie kümmert sich den ganzen Tag um mich." Aus Indien: „Der Herr ist mein Lehrer, er lehrt mich, was ich für mein Leben wissen muss." Wie würdest du beschreiben, wer Gott für dich ist?

Für David ist Gott der Hirte – ein Beruf, den er selbst einmal ausgeübt hat (1 Samuel 17,34). Ein Hirte kümmert sich um seine Schafe (23,2-3) und beschützt sie (23,4). Egal was passiert:
Der Hirte verlässt seine Schafe nicht und setzt sich ganz und gar für sie ein. Hast du schon einmal die Erfahrung gemacht, dass Gott sich so um dich kümmert? Jesus greift im Neuen Testament dieses Bild auf und bezeichnet sich selbst als den „guten Hirten" (Johannes 10,11-18).

Es gibt noch ein zweites Bild, das in diesem Psalm steckt und zunächst vielleicht befremdlich klingt: „Vor den Augen meiner Feinde deckst du mir deinen Tisch." (23,5) Offensichtlich hat David die Erfahrung gemacht: Was auch immer geschieht und was auch immer mich bedrängt (23,4), Gott ist bei mir und kümmert sich um mich (Römer 8,28).

Eine Zeit lang gehörte ich zu einer Bibellesegruppe, die sich im Gefängnis traf. Auch dort haben wir diesen Psalm 23 gelesen. Einer der Insassen erzählte, dass sein Leben völlig außer Kontrolle geraten war. Nach und nach war er in einen Strudel geraten, der ihn immer weiter in die Tiefe zog. Als er schließlich im Gefängnis saß, rief er in seiner Verzweiflung seine Mutter an und bat sie um Hilfe. Sie sagte zu ihm: „Mein Sohn, ich weiß nicht, wie ich dir helfen kann. Aber vielleicht solltest du einmal Psalm 23 lesen." Er hielt sich an diesen Ratschlag. Immer wieder und wieder las er diesen Psalm von David – und begann schließlich ein Leben mit Gott und seinem Sohn Jesus Christus.

Anwenden: Nimm dir etwas Zeit und versuche, die ersten Worte von Psalm 23 mit eigenen Worten wiederzugeben. Wer ist Gott für dich und wie kümmert er sich um dich? Wenn du nicht weißt, welches Bild du gebrauchen möchtest, lies Psalm 23 einige Male laut und erinnere dich an das, was du von David schon weißt.

Antworten: Herr, du weißt, in welchen Situationen ich mich bedroht und bedrängt fühle. Ich bitte dich darum, dass ich in diesen Momenten erlebe, wie du bei mir bist und mir hilfst, damit ich mich ihnen aus deiner Kraft stellen kann.

Tag 42 Herr, erbarme dich

David gesteht

Beten: Herr, hilf mir, ehrlich zu sein, wenn ich jetzt mit dir rede und mir Zeit für dein Wort nehme – ehrlich zu dir und zu mir.

Lesen: **Psalm 51**

Entdecken: Neulich sah ich eine Talkshow. Die Beteiligten diskutierten über einen Politiker, der sich einen ziemlichen Fehltritt geleistet und sich öffentlich dazu bekannt hatte. Einer der Gäste sagte: „Wenn man mit so einer Sache schon rauskommt, dann muss man ganz zu Boden kriechen ... sonst bringt es nichts."

Davids Bekenntnis ist ehrlich und ohne Hintergedanken. Es hat seinen Ursprung in seiner Affäre mit Batseba und dem Mord an Uria (2 Samuel 11,1–12,25). Gegenüber dem Propheten Natan bekennt David seine Schuld (2 Samuel 12,7.13). Dieser Psalm gibt uns Einsicht in das Geständnis des Mannes, der in der Bibel als „ein Mann nach dem Herzen Gottes" beschrieben wird (1 Samuel 13,14; Lutherbibel). David legt in seinem Gebet offen, welchen Weg er mit Gott und Gott mit ihm in dieser vertrackten Situation gegangen ist.

Erbarme dich über mich ... (51,3). David rechtfertigt sein Verhalten nicht. Er nennt die Dinge beim Namen: Schuld, Unrecht, Sünde. Er ist sowohl sich selbst als auch Gott gegenüber ehrlich.
Er unternimmt nicht erst den Versuch, etwas zu verheimlichen, denn Gott weiß bereits, was er getan hat.

Wasche mich rein ... (51,9). David gebraucht ein Bild, um seinen Seelenzustand zu beschreiben: So wie Schmutz durch ein Bad abgewaschen wird, muss Schuld von der Seele gewaschen werden. Nur Gott kann das. Und er bittet ihn inständig, genau das zu tun.

Gib mir ein Herz, das dir gehört ... (51,12). David hat sich für Gedanken geöffnet, die nicht zu Gott passen. Sie haben von seinem Innersten Besitz ergriffen, von seinem Herzen. Deshalb bittet er Gott, ihn von Grund auf zu erneuern.

David weiß, dass Schuld und Sünde viel Schlechtes hervorbringen. Nicht nur für die Menschen um ihn herum, sondern auch für ihn selbst und seine Beziehung zu Gott. Aber er erlebt auch, wie Gott ihm trotz allem vergibt und die Chance für einen Neuanfang schenkt.

Anwenden: Gab es einen Moment in deinem Leben, in dem dir Gott – wie David – gezeigt hat, dass es zwischen dir und ihm etwas zu klären gibt? Wie hat sich deine Beziehung zu Gott dadurch verändert?

Antworten: „Gott, schaffe mich neu: Gib mir ein Herz, das dir völlig gehört, und einen Geist, der beständig zu dir hält. Vertreibe mich nicht aus deiner Nähe, entzieh mir nicht deinen Heiligen Geist! Mach mich doch wieder froh durch deine Hilfe und gib mir ein gehorsames Herz!" (Psalm 51,12-14).

gelesen am:

Tag 43 Gott loben

Das große Dankgebet

Beten: Gott, ich lobe dich und ich danke dir für all das, was du in meinem Leben bewirkt hast. Bitte lass mich erkennen, wo du mich beschenkst, damit ich dir dafür danken kann.

Lesen: Psalm 103

Entdecken: Dieser Psalm ist mein Lieblingspsalm weil hier die Kernthemen des Alten Testaments behandelt werden: Gerechtigkeit, Geschichte Israels, Gottes leidenschaftliches Wesen, Vergebung, menschliche Schwächen und vieles mehr. Beim Lesen werden zentrale Berichte aus verschiedenen Teilen der Bibel lebendig. Vielleicht wollte David genau das erreichen? In den Psalmen beschreibt David aus der Tiefe seines Herzens seine Beziehung zu Gott. Das kann dabei helfen, über die eigene Beziehung zu Gott nachzudenken.

Gott tut Gutes: In vielen Gebeten stehen die Bitten im Zentrum. David sagt danke für all das, was Gott ihm schon geschenkt hat (103,2-5). Das Wichtigste davon ist Vergebung von Schuld (103,3). Schuld zu vergeben ist Gott so wichtig, dass er seinen Sohn Jesus Christus in unsere Welt schickt. Jesus stirbt am Kreuz. Aber nach drei Tagen verlässt er das Grab, in das man ihn gelegt hat, damit Vergebung für jeden möglich wird. Davon berichtet das Neue Testament.

Wissenschaftler beschäftigen sich immer wieder mit dem Gebet. Wiederholt stellen sie fest: Wer betet, lebt gesünder und länger. David hat in vielen Bereichen die Erfahrung gemacht, das Beten guttut und dass es hilft, alles vor Gott zu bringen – ohne eine wissenschaftliche Studie zu haben, die das belegt. Und er hat seinen Dank darüber in Worte gekleidet, um anderen davon weiterzuerzählen.

Das Wesen Gottes: Welche Wesensmerkmale hat Gott? Welche Charaktereigenschaften zeigt er, wenn er sich uns Menschen zuwendet? David betont zwei: Sein leidenschaftliches Mitgefühl (103,8.13) und seine Bereitschaft, Schuld zu vergeben (103,9-12). Das kann jedem persönlich Mut machen. Zugleich gilt, dass „Vergebung“ nicht nur mit uns zu tun hat, sondern – wenn man Jesus Glauben schenken möchte – immer auch mit dem anderen Menschen (Lukas 11,1-4).

Gott antworten: Psalm 103 beginnt und endet mit dem Ausspruch „Mein Herz, preise den Herrn!“ Wenn du darüber nachdenkst, wer Gott ist und wie er sich dir zuwendet, kannst du etwas anderes tun, als Gott dafür zu loben? Ich persönlich liebe die Aussage „Alles in mir ...“ Und manchmal denke ich an das Gute, was mir geschenkt wurde und dann bete ich: „Vater, aus der Tiefe meines Herzens und mit allem, was ich bin und habe, möchte ich dir danken und dich loben.“ Die Herausforderung besteht für mich darin, wirklich alles in dieses Gebet einzubeziehen – nicht nur die schönen Dinge, die mir widerfahren.

Anwenden: Hast du einen Psalm, den du besonders gerne betest oder der dir besonders wichtig ist? Gibt es etwas, wofür du Gott (nicht) danken kannst? Warum? Vielleicht lohnt es sich, jemandem davon zu erzählen oder mit ihm ins Gespräch zu kommen?

Antworten: Danke Vater, für deine leidenschaftliche Zuwendung und deine Bereitschaft, mir meine Schuld zu vergeben. Hilf mir dabei, Menschen davon zu erzählen, die nicht wissen, wie sehr du sie liebst.

Tag 44 Göttliche Weisheit

Wie der Vater, so der Sohn

Beten: Himmlischer Vater, ich komme zu dir als dein Kind: Ich schütte mein Herz bei dir aus und bitte dich um deine Hilfe. Ich weiß, dass es nicht auf alle meine Fragen Antworten gibt. Deshalb möchte ich dir vertrauen, dass du mich den richtigen Weg führen wirst.

Lesen: Sprichwörter 1–4

Entdecken: In dem Haus, in dem ich aufwuchs, gab es im Keller ein kleines Badezimmer. Eines Tages stellte ich fest, dass jemand einen kleinen Tisch und einen Stuhl hineingestellt hatte. Und am Spiegel über dem Waschbecken hing eine Bibelverskarte mit einem Auszug aus 1 Samuel 3,10: „Rede, denn dein Knecht hört." In dem Moment wurde mir klar, dass dies der Ort war, an den mein Vater sich jeden Morgen zurückzog, um in seiner Bibel zu lesen. Auf diese Weise brachte mir mein Vater bei, wie wichtig es ist, einen Ort der Stille für die tägliche Begegnung mit Gottes Wort zu haben.

Das Buch der Sprichwörter enthält Weisheiten von König Salomo. Gott hat ihn in besonderer Weise mit Weisheit beschenkt (1 Könige 2,3). Die Sprüche sind eingebettet in einen sehr alltäglichen Rahmen: Ein Vater richtet sich an seinen Sohn. In liebevoller Weise möchte er ihm wichtige Hinweise für ein Leben nach Gottes Vorstellungen mit auf den Weg geben (1,8.10.15; 2,1-5). Diese Aufgabe ist die wichtigste, der ein Vater gegenüber seinem Sohn nachkommen kann.

Salomos wichtigster Punkt ist: Nicht der ist weise, der möglichst viel weiß; weise ist der, der Gott und seine Gebote ernst nimmt und nach ihm fragt. Weisheit beginnt damit, dass wir Gott „fürchten". Dieses Wort meint nicht, dass wir Angst vor Gott haben sollen, sondern dass wir ihn in „Ehrfurcht" aufsuchen, ihn achten, vertrauensvoll nach seinem Rat fragen. Wie sieht deine Beziehung zu Gott aus? Wie näherst du dich ihm? Wie betest du?

In Gottes Sinne weise zu leben, bringt viel Gutes mit sich: Es kann davor bewahren, sich dem schlechten Einfluss falscher Leute auszusetzen (1,10-19). Und zugleich wird uns vor Augen geführt, welcher Gewinn darin liegen kann, Gott und seiner Weisheit zu vertrauen (3,13-26). Das macht deutlich, dass es um weit mehr geht, als sich Wissen anzueignen. Gott möchte, dass wir seine Gedanken verinnerlichen, und uns zu Herzen nehmen (4,23).

Ein kleines, aber doch bewegendes Detail steckt in den beiden Versen aus Kapitel 4,3-4. Salomo dankt seinen Eltern David und Batseba, da sie ihm glaubhaft vorgelebt haben, was er hier beschreibt. Auch wenn sie nicht frei von Fehlern waren, haben sie ihm gezeigt, was es heißt, Gott zu vertrauen und das Leben nach seinen Geboten auszurichten.

Anwenden: Mit welchen Worten würdest du die Beziehung zu deinem leiblichen Vater beschreiben? Würdest du dieselben Begriffe auch auf Gott, deinem himmlischen Vater, anwenden wollen? Welche Merkmale von Gottes Weisheit helfen dir für deinen Alltag?

Antworten: Vater, ich möchte mein Leben so gestalten, dass es dir gefällt und deinen Vorstellungen entspricht. Bitte hilf mir dabei, zu erkennen, wo ich durch deine Weisheit etwas in meinem Leben ändern und wo deine Weisheit Menschen in meinem Umfeld eine Hilfe sein kann.

gelesen am:

Tag 45 Salomos Ratschläge

Eine Schatztruhe voll von Weisheit

Beten: Herr, es gibt viel, was ich durch dein Wort von dir lernen kann. Bitte gib mir Einblick in deine Gedanken, wenn ich jetzt in deinem Wort lese.

Lesen: Sprichwörter 16–18

Entdecken: Meine Eltern haben immer wieder versucht, mit uns Kindern „Familienandachten" zu feiern oder uns auf anderen Wegen den Glauben nahezubringen. So haben wir beispielsweise nach dem Essen in Bibellese-Runden das Buch der Sprichwörter gelesen. Reihum hat jeder einen Vers vorgelesen. Anschließend haben wir uns darüber ausgetauscht, welcher der Verse uns besonders beeindruckt hat. Ich gebe zu: Meist war es der Vers, den ich als letztes gelesen habe und der mir noch am besten in Erinnerung war.

Gibt es einen Vers, der dich im heutigen Abschnitt besonders herausfordert? Das Buch der Sprüche kann mit einer Schatzkiste verglichen werden. Jeder Vers für sich ist eine Perle, bei der es sich lohnt, sie lange anzuschauen und über sie zu staunen. Was mich erstaunt, ist, an wie viele dieser Verse von damals ich mich erinnere, wenn ich heute die Sprichwörter lese. Offensichtlich hat Gottes Wort Wirkung gezeigt (Jesaja 55,8-11). Auch wenn die Verse für sich genommen wirken, lassen sie sich noch weiter gruppieren:

Weisheit und Torheit: Als Salomo Vers 16,16 formulierte, dachte er vielleicht an die Entscheidung, die er Jahre zuvor getroffen hatte (1 Könige 3,4-15). Es gibt viel Gutes, was wir tun können. Zu den besseren Entscheidungen des Lebens gehört es aber ganz sicher, Worte zum Wohle und nicht zur Vernichtung anderer einzusetzen.

Demut und Stolz: Viele Sprüche sind zu noch heute gebräuchlichen Sprichwörtern geworden, beispielsweise dass Hochmut vor dem Fall kommt (16,18; nach Luther). Trotzdem heißt das nicht automatisch, dass man sich auch daran hält.
Und das, obwohl wir an vielen Personen der Bibel sehen können, dass ein demütiges Leben durchaus zufriedener machen kann, als mit aller Kraft danach zu streben, so viel wie möglich zu kriegen.

Gottes Gedanken und menschliches Handeln: Gott möchte, dass wir unsere ganze Kraft und all unsere Fähigkeiten einsetzen. Zugleich sollen wir wissen, dass der Erfolg unserer Bemühungen von ihm abhängt (16,1-4). Das sind die zwei Seiten der Medaille. Wenn wir eine außer Acht lassen, werden wir entweder stolz oder phlegmatisch. Gott möchte, dass wir abhängig von ihm aktiv sind.

Anwenden: Gibt es ein oder zwei „Weisheiten", die du aus deinen persönlichen Erfahrungen mit Gott formulieren könntest? Decken sich diese mit den Sprichwörtern der Bibel?

Antworten: „HERR, mein Gott! [...] Ich bin noch viel zu jung und unerfahren und fühle mich der Aufgabe nicht gewachsen. [...] Darum schenke mir ein Herz, das auf deine Weisung hört" (aus 1 Könige 3,7-9).

Zusammenfassende Gedanken

Welche Gedanken sind dir in den zurückliegenden fünf Einheiten für deinen Glauben und deinen Alltag besonders wichtig und wertvoll geworden?

1

2

3

4

5

Bevor du dich auf die nächste Etappe deiner Reise durch die Bibel begibst, könnte es helfen, noch einmal kurz deine persönlichen Einsichten zu den vorherigen Einheiten zu lesen – und so erneut zu entdecken, was Gott dir schon gezeigt hat.

Propheten

Woran musst du denken, wenn du die Worte hörst: „Der ist ja ein richtiger Prophet!“ An einen langhaarigen Typen, der ein Schild mit der Aufschrift „Das Ende ist nahe!“ hochhält? An einen scharfsinnigen Journalisten, der mit spitzen Worten die Gesellschaft beschreibt? An einen einsamen Helden, der gegen den Rest der Welt für Gerechtigkeit einsteht?

Im gewissen Sinne hatten die Propheten der Bibel von allem ein bisschen. Sie kündigten Gericht an, mahnten die Gesellschaft zur Umkehr und mussten sich dabei gegen Widerstände behaupten – je nach Situation und Auftrag. Was sie aber alle verbindet, ist, dass sie verkündet haben, was Gott ihnen aufgetragen hatte (2 Petrus 1,20-21). Darin lag ihre ganze Kraft.

Wie erwähnt finden sich im Alten Testament drei unterschiedliche Textarten. Nach den geschichtlichen Büchern, sowie den Büchern in dichterischer Form, sind die nun folgenden fünf Texte den prophetischen Büchern entnommen. Die 16 prophetischen Bücher lassen sich am einfachsten einteilen, indem man die Länge der Bücher zugrunde legt. In diesem Sinne werden die „großen“ (Jesaja, Jeremia und Ezechiël) von den „kleinen“ Propheten (Hosea bis Maleachi) unterschieden.

Ebenso wäre es möglich, die Propheten zeitlich voneinander zu trennen: in die Gruppe, die vor der Katastrophe der Zerstörung Jerusalems und des Exils in Babylon lebten, und die, die danach Gottes Botschaft an sein Volk verkündigt haben. Die Propheten, die „vorexilisch“ gewirkt haben (z. B. Hosea, Joël oder Amos), riefen das Volk zur Umkehr auf. Sie benannten die Missstände und drohten den „Tag des HERRN“ als Tag des Gerichts an, sollte das Volk nicht von den falschen Wegen zu Gott umkehren. Die Propheten, die während oder nach dem Exil auftraten (z. B. Haggai), versuchten, das gebrochene Volk Israel zur Besinnung auf Gott aufzurufen und die Chancen eines Neuanfangs aufzuzeigen.

Das Faszinierende an den Propheten ist jedoch nicht nur ihre Botschaft, sondern vielmehr auch der Weg, den Gott mit ihnen gegangen ist. Jeremia, Daniel und Jona sind Beispiele für sehr herausfordernde Lebensläufe, die diese Männer an die Grenze des Möglichen gebracht haben.
An ihnen wird sichtbar, wie schwer das Prophetenamt sein kann.

Ein letzter Gedanke, bevor es mit dem ersten Text losgeht: Die Botschaft der Propheten richtete sich nicht nur an das Hier und Jetzt der Leute ihrer Zeit. Immer wieder sprechen sie von einem neuen Anfang, den Gott einmal setzen möchte; von einem neuen Bund, der mit dem Kommen des sogenannten Messias, des Retters, verbunden sein soll. Am deutlichsten formuliert finden wir diesen Gedanken im Buch des Propheten Jesaja (52,13–53,12; Text 46).

Die Bücher der Propheten sind leidenschaftlich, klar, direkt und ungebrochen aktuell für uns heute. Sich mit ihnen zu beschäftigen, ist Herausforderung und Chance zugleich.

Tag 46 Der leidtragende Diener

Die ganz andere Macht

Beten: Herr, öffne mich für dein Wort. Rede zu mir. Schenke mir offene Ohren. Bitte segne mich, wenn ich jetzt in der Bibel lese.

Lesen: **Jesaja 51–53**

Entdecken: Jesaja gehört zur „Schwergewichtsklasse" der Propheten. Nicht nur, weil sein Buch zu den längsten des Alten Testaments gehört, sondern auch, weil es mit am häufigsten im Neuen Testament zitiert wird. Jesajas Wirkungszeit überdauerte die Wirkungszeit mehrer, Könige (1,1). Inhaltlich lässt sich sein Buch in zwei große Blöcke teilen: Warnung und Gericht (1–39) sowie Hoffnung und Rettung (40-66).

Die drei Kapitel von heute stammen aus dem zweiten Block, in dem Jesaja hoffnungsvoll in die Zukunft blickt, obwohl das Volk Israel noch immer in Gefangenschaft im Exil lebt. So bitter es ist: Israel musste diesen Weg gehen, da es mit Gott nichts mehr zu tun haben wollte und stattdessen Götzen angebetet hatte (2 Könige 25). Diese Erfahrung ließ die Menschen fragen, ob Gott sie ganz aufgegeben hatte (Psalm 74,1.9). Aber Gott wandte sich ihnen mit einer Botschaft zu, die heute noch so aktuell ist wie vor rund 2.500 Jahren.

Gott wird sein Volk retten (Jesaja 51,1–52,12): Als die Menschen aus dem Volk Israel im Babylonischen Exil der Verzweiflung nahe sind, öffnet ihnen Gottes Botschaft den Blick für sein Handeln in der Geschichte. Sie erinnern sich an die Erfahrungen, die sie mit ihm in der Vergangenheit gemacht haben (51,1-2). Wenn man sich unsicher ist, wie es weitergehen soll, ist es gut, sich an den Startpunkt einer Reise zu erinnern. Auch dann, wenn du dich auf deiner Reise mit Gott befindest. Dadurch wurde das Volk daran erinnert, dass Gott ein gnädiger Gott ist, der das Glück der Menschen will, nicht ihr Unglück. Er steht da und wartet mit offenen Armen. Manchmal fällt es schwer, das zu glauben. Vor allem dann, wenn man Dinge getan hat, die nicht richtig sind. Aber es ist die Wahrheit (Lukas 15,11-32). Es ist die gute Nachricht für Gottes Volk und für uns heute (52,7).

Gott sendet seinen Bevollmächtigten (Jesaja 52,13–53,12): Das Faszinierende an diesem Bevollmächtigten, Retter, Messias, Christus ist (abgesehen davon, dass diese Worte rund 500 Jahre vor der Geburt von Jesus verkündet wurden) die Beschreibung dieses Mannes. Er ist kein gewaltbereiter Feldherr mit militärischer Durchschlagskraft. Vielmehr zeichnet er sich dadurch aus, dass sich seine Macht dort entfaltet, wo niemand damit rechnet.
An einem Kreuz auf einem Hinrichtungshügel. Leidend, schwach, verletzlich, abstoßend (53,3). Der einzige Weg, um uns von Schuld zu befreien. Manche Dinge sind zu schwer, um sie selbst tragen zu können. Mit Sünde ist das so. Jesus musste das am Kreuz für uns tun.

Anwenden: Gibt es Bereiche in deinem Leben, in denen du dich hoffnungslos überfordert fühlst, wo du kein Land mehr siehst? Kann dieser Text dir dabei helfen, eine andere Sicht auf die Dinge zu bekommen? Warum? Wie würdest du Gottes Plan für dich beschreiben?

Antworten: Herr Jesus, ich danke dir, dass du am Kreuz für mich und meine Schuld gestorben bist. Danke, dass du durch deine Auferstehung gezeigt hast, dass dir meine Last nicht zu schwer war. Deine Liebe zu mir ist größer als ich verstehen kann. Danke dafür.

Tag 47 Jeremias Berufung und Botschaft

Wer, ich?

Beten: Gott, du bist groß und mächtig. Und doch kümmerst du dich um mich und mein Leben. Du weißt, wie es in mir aussieht, worüber ich mich freue und was mich bedrückt. Beides hat Platz bei dir. Danke dafür.

Lesen: Jeremia 1,1–3,5

Entdecken: Jeremia hatte einen Spezialauftrag. Er war jung und wusste, dass er ein minderbemittelter Redner war (1,6). Und doch bestimmte ihn Gott dazu, den Herrschern seiner Zeit eine deutliche und kritische Botschaft zu übermitteln. Kein Wunder, dass er versuchte, sich aus diesem Auftrag zurückzuziehen. Genau diese Mischung macht das Buch so interessant: Es kombiniert eine herausfordernde Botschaft mit einer pikanten Biografie.

Jeremia war ein junger Priester, der dazu bereit war, in irgendeinem Vorort seinen religiösen Pflichten nachzukommen (1,1). Aber Gott hatte etwas anderes mit ihm vor.
Er wollte, dass er ein Prophet von nationaler Bedeutung wird (1,5). Es liegt nahe, zu denken, dass Gott für einen solchen Job die Hochbegabten wählt. So würden wir es machen. Aber das würde bedeuten, dass Gottes Möglichkeiten von unseren abhängig wären. Und dabei kann er viel mehr bewirken, als wir uns je vorstellen können. Alles, was er dafür braucht, sind Leute, die bereit sind, auf ihn zu hören, wenn er ruft.

Es ist beachtlich, dass Gott auf Jeremias Einwand eingeht (1,5). Wir mögen denken, dass solche Dinge Gott egal sind. Aber das stimmt nicht. Gott weiß genau, wie es uns geht und was uns beschäftigt.
Der Schöpfer des Universums kümmert sich persönlich um jeden Menschen – auch um dich.
Tatsache ist: Gott kannte dich bei deinem Namen, bevor du geboren warst.
Mit einem einzigen Vers beantwortet Gott die Frage danach, wann menschliches Leben beginnt und wodurch es seinen Sinn erhält (1,5).

Das bedeutet nicht, dass das Leben immer leicht ist. Jeremia hatte die mehr als herausfordernde Aufgabe, seinen Landsleuten zu sagen, dass ihnen als Antwort auf ihren Götzendienst eine schreckliche Zukunft bevorsteht (1,14-16). Und das Bild, um diesen Zustand zu beschreiben, ist mehr als deutlich: eine Braut, die sich als Prostituierte den Männern anbietet (2,1–3,5).
Das Schlimme an Schuld und Sünde ist nicht die einzelne Tat, sondern dass wir dadurch unsere Beziehung zu Gott aufs Spiel setzen.

Aber so endet die Geschichte nicht. Gottes Liebe ist so groß, dass er sogar dazu bereit ist, die „Ehe" mit seinem Volk noch einmal neu zu schließen (31,31-49). Wenn wir auf unserer Reise durch die Bibel in den Berichten des Neuen Testaments angekommen sind, werden wir sehen, dass Gott seinen Sohn Jesus Christus zu uns geschickt hat, um genau diesen Plan zu verwirklichen (Galater 4,4-7).

Anwenden: Gibt es etwas in deinem Leben, das dich von Gott wegzieht? Wann erlebst du Momente, in denen dir deine Beziehung zu Jesus Christus besonders wertvoll ist oder in denen du dich ihm sehr nahe fühlst?

Antworten: Herr Jesus, bitte vergib mir, wenn ich dich und deine Liebe geringschätze und so tue, als wärst du nicht da. Ich möchte lernen, meine Beziehung zu dir inniger zu gestalten. Bitte hilf mir dabei.

gelesen am:

Tag 48 Daniel in der Löwengrube

Willst du tauschen?

Beten: Tag für Tag sei der Herr gepriesen; denn er trägt uns, er ist unser Helfer (Psalm 68,20).

Lesen: **Daniel 6**

Entdecken: Aus den Büchern von Jesaja und Jeremia wissen wir, warum das Volk Israel – und mit ihm Daniel – in Babylonien in Gefangenschaft geraten ist. Es wäre nicht verwunderlich, wenn Daniels Generation über diesen Zustand verzweifelt wäre und sie ihren Glauben an den Nagel gehängt hätte. Warum an Gott festhalten, wenn es doch keinen Grund zur Hoffnung gibt? Aber Daniel schien sich mit seinem Schicksal nicht abgefunden zu haben. Seine Gottesbeziehung stand für ihn an erster Stelle (Kapitel 1). Und er scheute keine Gefahren, um Zeit mit Gott zu verbringen, ohne zu wissen, wohin ihn das bringen würde. Er vertraute darauf, dass Gott immer bei ihm sein würde.

Unerwartet gelangte er in eine Führungsposition (6,1-3). Für ihn war es offensichtlich keine Frage, ob er seine ganze Arbeitskraft für einen König einsetzen dürfe, der doch nicht an seinen Gott glaubte. Viele denken, dass man Gott nur dann dienen kann, wenn man seinen Hauptberuf im christlichen Umfeld hat. Hier lernen wir das Gegenteil. Und noch mehr: An Daniel können wir sehen, dass ein Mensch in einem säkularen Umfeld mehr erreichen kann als mancher Pastor (6,25-27).

Allerdings zeigt sich auch, dass ein Leben für Gott nicht ohne Widerstand bleibt. In Daniels Fall kommt der massive Gegenwind von seinen Kollegen. Sie neiden ihm den Erfolg und mobben ihn ins vermeintliche Grab. Manchmal scheinen berufliche Hürden rein sachlichen Ursprung zu haben. Es kann aber auch sein, dass ein Kampf auf geistlicher Ebene ausgefochten wird. Welchen Ursprung es auch hat: Daniel zieht sich sofort zurück und betet (6,11). Entspricht unsere Reaktion diesem Vorbild? Auch wenn keiner von uns jemals in einer Löwengrube landen wird, wird jeder mit Schwierigkeiten umgehen müssen. Daniel war bereit, seine Karriere, ja sogar sein Leben für seinen Glauben aufs Spiel zu setzen. Er vertraute Gott, was auch immer dies mit sich bringen würde (6,23). Das ist der Schlüssel zu seinem Erfolg – und auch zu deinem!

Anwenden: Was würde es für dich bedeuten, wenn du Gott um jeden Preis in deinem Alltag folgen und vertrauen würdest? Mit welchen Widerständen müsstest du rechnen? Hindert dich etwas, Daniels Gebetsbeispiel zu folgen? Warum?

Antworten: Herr, ich möchte anderen von dir erzählen. Und zugleich möchte ich andere Menschen nicht bedrängen. Bitte hilf mir, das richtige Maß und die richtige Form zu finden. Ich möchte andere für dich begeistern. Bitte gib mir in den Momenten, wo es darum geht, meinen Glauben zu bekennen, die nötige Kraft.

gelesen am:

Tag 49 Du bist treu, Herr

Gute Reise!

Beten: Herr, ich möchte jetzt meinen stressigen Alltag hinter mir lassen und mich dir ganz zuwenden. Bitte hilf mir, die dafür nötige Ruhe zu finden. Fülle du mein Herz mit deinem Geist und hilf mir, auf das zu hören, was du mir sagen möchtest.

Lesen: Jona 1–4

Entdecken: Es gibt viele Gründe, auf Weltreise zu gehen, aber die von Jona sind sicherlich nicht zu überbieten. Er läuft vor Gott davon (1,10). Und so beginnt dieser Bericht, der mehr nach einem Theaterstück in vier Akten klingt als nach einem Prophetenbuch.

1. Akt – Flucht vor Gott: Heute sind wir so aufgeklärt, dass es uns albern scheint zu denken, man könnte vor Gott davonlaufen, oder? Aber Jonas Kurzreise nach Tarschisch ist nicht anders, als Sünde zu begehen und zu denken: „Das hat zum Glück keiner gesehen!" Aber genau so funktioniert Schuld und Sünde. Zunächst bringt sie uns dazu, Dinge zu tun, die nicht richtig sind (1,13; Römer 7,7-25). Und dann tun wir so, als wäre nichts passiert, oder spielen die Sache herunter (4,2).

2. Akt – Gebet um Rettung: Jona wurde von einem großen Fisch verschluckt (2,1-2). Auch wenn das zunächst harmlos oder komisch zu sein scheint, so brachte diese Situation Jona an seine Grenzen und er fühlte sich dem Tod näher als dem Leben (2,3-7). Wenn wir die Folgen unserer Schuld tragen müssen, brechen wir unter der Last zusammen. Dann schwimmt uns unser ganzer Stolz, unsere ganze Abgeklärtheit weg. Und wir erkennen, was jetzt noch möglich ist, ist zu schreien: „Herr, hilf mir!" Der Bericht von Jona zeigt uns, wie nötig wir einen Retter haben.

3. Akt – Wiederbelebt in Ninive: Dieser Bericht sollte allen Mut machen, denn er zeigt, dass jeder eine zweite Chance erhalten kann. Wenn wir scheitern, sind wir nicht zwangsläufig ausgemustert. Aber wenn wir uns weigern, unsere Schuld zu bekennen, dann kann uns Gott nicht mehr gebrauchen. Die Leute von Ninive erkannten, dass sie von ihren verdrehten Wegen umkehren mussten. Sie waren bereit dazu und glaubten – wie Abram –, dass Gott sie dann nicht verstoßen würde (3,5; 1 Mose/Genesis 15,6).

4. Akt – Enttäuscht von Gott: Wenn dieses Stück in vier Akten nach dem dritten beendet worden wäre, hätte es ein Happy End gehabt. Aber so endet es offen, fast etwas irritierend. Aber so ist das wahre Leben. Oft klären sich Situationen nicht und es bleiben mehr Fragen als Antworten. Wie dem auch sei: Jonas ungeduldiges Verhalten gibt Gott noch einmal die Gelegenheit, seine Geduld und seine Liebe zu den Menschen zu verdeutlichen. Viele Menschen denken, der Gott des Alten Testaments sei grausam und lieblos. Durch das Erlebnis lässt sich sogar Jona vom Gegenteil überzeugen.

Anwenden: Warst du jemals von Gott enttäuscht? Warum? Hat sich deine Meinung irgendwann geändert? Was hat dich motiviert, deine Position zu überdenken? Vielleicht befindet sich jemand in deinem Umfeld, der sich in einer ähnlichen Situation befindet. Es könnte ihm eine Hilfe sein, wenn du deine Erfahrungen mit ihm teilst.

Antworten: „Ich will dir danken und dir die Opfer darbringen, die ich dir versprochen habe. Denn du, Herr, bist mein Retter" (Jona 2,9).

Tag 50 Der Tag des Gerichts

Immer und immer wieder

Beten: „Ich erinnere mich an früher, an alles, was du damals vollbracht hast; ich denke über deine Taten nach." (Psalm 143,5) Danke, Vater, für all das, was du mir auf meiner Reise durch das Alte Testament schon gezeigt hast.

Lesen: Maleachi 1–3

Entdecken: Die Botschaft des Propheten Maleachi ist keine leichte Kost. Sie legt offen, wie das Volk Israel in seiner Geschichte immer wieder von Gottes Wegen abgewichen ist. Die Zeit des Exils, in der das Volk neu zu Gott gefunden hat, ist lang her (einen kurzen Überblick geben die Psalmen 105 und 106). Die Menschen tun das Gegenteil von dem, was Gott wichtig ist. Auf drei dieser Dinge soll näher eingegangen werden.

Nachlässigkeit beim Gottesdienst (1,7-14). Das ist das Ergebnis, wenn der Glaube und die Beziehung zu Gott religiöse Routine werden. Gott kann es nicht ausstehen, wenn wir gedankenleer Gottesdienst feiern und der Form halber unserer Pflicht nachkommen (1,10), anstatt dadurch unsere Beziehung zu ihm zu leben (5 Mose/Deuteronomium 6,4-5).

Zerbruch in den Ehen (2,10-16). Maleachi prangert an, dass die Männer von Israel leichtfertig ihre Ehen aufs Spiel setzen. Er fordert sie dazu auf, an Gottes Geboten festzuhalten. Es besteht ein unmittelbarer Zusammenhang zwischen ihrem geistlichen Leben und ihrem praktischen Tun (2,15; Matthäus 5,27-30). Ehen beginnen in kleinen, leisen Schritten zu zerbrechen – auch heute.

Umgang mit dem, was Gott gehört (3,6-18). Die Regeln sind klar: Der zehnte Teil der Erträge gehort Gott. Gott gebraucht deutliche Worte: Wer ihm diesen Anteil verweigert, „beraubt" ihn. Und auch hier zeigt sich ein geistliches Problem. Sind die Leute bereit, Gott zu vertrauen, dass er sie versorgt, auch wenn sie viel abgeben? Gott fordert die Menschen auf: „Stellt mich auf die Probe" (3,10). Die Frage ist: Ist das heute so viel anders? Gehört unser Eigentum uns oder Gott? Sind wir Verwalter oder Besitzer? Vertrauen wir Gott, dass er für uns sorgt?

Um welchen Themenbereich es auch geht – einmal wird alles ans Licht kommen. Maleachi spricht vom „Tag des HERRN", an dem Gericht gehalten wird (2,17–3,5; 3,19-24).

Wir sind am Ende des Alten Testaments angekommen und müssen feststellen: Die Beziehung zwischen Gott und Mensch ist nicht geklärt. Die Spannungen aus Schuld und Abkehr, aus Sünde und eigenmächtigem Handeln einerseits und aus Gottes Gedanken für unser Leben andererseits lassen sich nicht auflösen. Wir können die Trennung zu Gott, die sich aus Schuld und Sünde ergibt, nicht überbrücken. Wir können die Last der Sünde nicht selbst tragen. Aber es gibt Hoffnung. Gott hat es angekündigt. Sein Bevollmächtigter wird kommen (Jesaja 52,13–53,12). Der Neue Bund ist versprochen (Jeremia 31,31-34). Das ist die gute Nachricht, die Gott verkündet.

Anwenden: Was schwächt deine Beziehung zu Gott, was stärkt sie? Was hilft dir dabei, Gott mit ganzem Herzen und ganzer Kraft zu lieben?

Antworten: „Betend strecke ich die Hände zu dir aus und warte sehnsüchtig auf deine Hilfe, wie ein ausgedörrtes Land auf Regen wartet" (Psalm 143,6).

Zusammenfassende Gedanken

Welche Gedanken sind dir in den zurückliegenden fünf Einheiten für deinen Glauben und deinen Alltag besonders wichtig und wertvoll geworden?

1

2

3

4

5

Bevor du dich auf die nächste Etappe deiner Reise durch die Bibel begibst, könnte es helfen, noch einmal kurz deine persönlichen Einsichten zu den vorherigen Einheiten zu lesen – und so erneut zu entdecken, was Gott dir schon gezeigt hat.

Einführende Gedanken

Das lebendige Wort

Herzlichen Glückwunsch! Du hast die ersten fünfzig Stationen deiner E100-Entdeckungsreise durch die Bibel zurückgelegt und dabei hoffentlich einiges entdeckt. Jetzt beginnen wir mit der zweiten Reise-Etappe, das Neue Testament. Und natürlich wird sich hier alles um die Person drehen, die im Alten Testament angekündigt wurde und die Gottes Pläne zur Erfüllung bringt: Jesus Christus.

Seit Adam und Eva ist die Beziehung zwischen Mensch und Gott zerstört. Der Bruch, der sich wie ein tiefer Graben zwischen ihm und uns erstreckt, lässt sich nicht einfach überwinden. Aber Gott möchte diesen Weg der Versöhnung gehen. Bisher hatte er sich an das Volk Israel gebunden. Gott hat es sich als sein Volk geschaffen, es erwählt und zu einer Nation heranwachsen lassen. Er hat sich ihnen in Wort und Gestalt offenbart und durch Propheten zu den Menschen gesprochen. Aber am Ende des Alten Testaments müssen wir feststellen, dass sich noch immer keine Versöhnung vollzogen hat. Etwas fehlt.

Deshalb geht Gott einen Schritt weiter: Er schickt seinen Sohn in diese Welt. Was Gott den Menschen über Jahrhunderte durch seine Leute hat sagen lassen, verkündet er nun selbst (Hebräer 1,1-3). Dieses Ereignis ist zum Wendepunkt in der Menschheitsgeschichte geworden.

Zugleich bringt dieser Weg eine neue Frage mit sich, auf die jeder Mensch ganz persönlich eine Antwort finden muss: Wer ist Jesus (Lukas 9,18-27)? Das Neue Testament beantwortet diese Frage sehr eindeutig: Gott wurde Mensch in seinem Sohn Jesus Christus (Johannes 1,14).
Er ist der versprochene Retter, der Messias, das Lamm, das die Schuld der Welt trägt und so Beziehung zu Gott, dem Vater, möglich macht (Johannes 1,29-34).

Es gibt viele Menschen, die die Frage, wer Jesus ist, anders beantworten. Manche leiten ihre Position aus der Bibel ab, beschränken sich aber auf einzelne Punkte. In seinem Buch Pardon, ich bin Christ hält C. S. Lewis ihnen kritisch entgegen:
„Ich möchte damit jedermann vor dem wirklich dummen Einwand bewahren, er sei zwar bereit, Jesus als großen Morallehrer anzuerkennen, nicht aber seinen Anspruch, Gott zu sein. Denn gerade das können wir nicht sagen. Ein Mensch, der solche Dinge sagen würde, wie Jesus sie gesagt hat, wäre kein großer Morallehrer. Er wäre entweder ein Irrer – oder der Satan in Person. Wir müssen uns deshalb entscheiden: Entweder war – und ist – dieser Mensch Gottes Sohn, oder er war ein Narr oder Schlimmeres. Wir können ihn als Geisteskranken einsperren, wir können ihn verachten oder als Dämon töten. Oder wir können ihm zu Füßen fallen und ihn Herr und Gott nennen. Aber wir können ihn nicht mit gönnerhafter Herablassung als einen großen Lehrer der Menschheit bezeichnen. Das war nie seine Absicht. Diese Möglichkeit hat er uns nicht offengelassen.“
(Entnommen aus: C.S. Lewis, Pardon ich bin Christ, Meine Argumente für den Glauben, Brunnen Verlag, 1988, S.57)

Tag 51 Das Wort wurde Mensch

Noch einmal: Am Anfang

Beten: Himmlischer Vater, ich bitte dich darum, dass ich dir und deinem Sohn, Jesus Christus, jetzt begegne – durch die Zeit der Stille, das Gebet oder das Lesen in deinem Wort.

Lesen: **Johannes 1,1-18**

Entdecken: „Okay ... da war dieser Mann, der hieß Jesus. Er lebte auf dieser Erde und hat große Dinge vollbracht. Ich möchte alles aufschreiben, was man darüber weiß, damit es nie vergessen wird." So oder so ähnlich hätte ich vermutlich einen Bericht über das Leben und Wirken von Jesus Christus begonnen. Aber nicht Johannes: Er beginnt da, wo es wirklich angefangen hat: Vor der Schöpfung, vor dem Anfang der Zeit.

Er leitet das Evangelium mit den Worten ein, mit denen auch das erste Buch der Bibel beginnt (1 Mose/Genesis 1,1): „Am Anfang ..." So wichtig die Schöpfung ist – mit Jesus Christus beginnt etwas Neues. Gott macht einen Neuanfang, er spricht noch einmal. Und sein Wort nimmt menschliche Gestalt an. Was Gott zuvor durch die Schöpfung selbst, durch Zeichen und Wunder, durch Propheten und Gebote sagen wollte, sagt er jetzt in leibhaftiger Person: in Jesus Christus (1,1.14). Wenn du Gott kennenlernen möchtest, lerne Jesus Christus kennen.

Auch wenn Gott diesen wunderbaren Weg, sich zu offenbaren, wählt, so heißt das nicht, dass deshalb alle verstanden hätten, wer er ist (1,5.10). Und das gilt – leider – bis heute. Viele halten Jesus lediglich für eine herausragende Persönlichkeit, für einen geistlichen Leiter mit außergewöhnlichem Charisma oder für ein unvergleichliches Vorbild. Aber wer außer Acht lässt, dass Jesus der Sohn Gottes und in allem Gott gleich ist (1,14), weist ihn ab (1,11).

Das ist die Gute Nachricht, das Evangelium: Gott liebt uns. Durch Jesus Christus können wir in Gemeinschaft mit ihm leben, können wir seine Kinder sein. Jetzt schafft Gott einen ganz neuen Weg, um die Trennung zwischen ihm und uns zu überwinden. Nicht durch Gebote oder durch Opfer wird Beziehung zu Gott möglich: Sondern dadurch, dass wir diese Botschaft – Jesus Christus selbst – annehmen und an ihn glauben. Nicht mehr und nicht weniger. Unglaublich, oder? Dass Gott tatsächlich seinen eigenen Sohn auf diese Erde schickt, damit jeder Mensch – auch du und ich! – mit ihm leben kann. Das Angebot von seiner Seite steht. Die Frage ist, ob du dieses Angebot annehmen möchtest.

Anwenden: Ist Gottes Angebot für dich attraktiv? Hast du es für dich angenommen? Vielleicht gibt es einen guten Grund, warum du es bisher abgelehnt hast. Es kann sich lohnen, mit jemandem darüber zu sprechen.

Antworten: Himmlischer Vater, es klingt so vermessen zu denken, ich sei es wert, dass du deinen Sohn für mich auf diese Welt geschickt hast. Aber das ist die Wahrheit. Danke, dass du dich nach einer Beziehung zu mir sehnst.
Hilf mir zu erkennen, wo mich etwas daran hindert, dein Angebot an mich anzunehmen.

Tag 52 Gabriels Botschaft

Der Herr sei mit dir!

Beten: „Mein Herz preist den Herrn, alles in mir jubelt vor Freude über Gott, meinen Retter! Ich bin nur seine geringste Dienerin, und doch hat er sich mir zugewandt" (Lukas 1,46-48).

Lesen: Lukas 1

Entdecken: Das muss ein besonderes Familientreffen zwischen Elisabet und Maria gewesen sein (1,39-40). Beide sind auf besondere Weise schwanger geworden – und beide wurden von Gott ausgewählt, um einen besonderen Auftrag auszuführen. Gott wählt seine Leute anders aus, als es Menschen tun würden. Vielleicht denkst du, dass du zu alt bist – wie Elisabet (1,18). Oder du denkst, du bist unbedeutend – wie Maria (1,48). Gott kann unglaubliche Dinge tun durch Menschen, die bereit sind, sich, ohne auf die eigene Person zu achten, für seine Ziele einsetzen (1,6.13.50). Wenn du bereit bist, auf ihn zu hören, dann gilt das auch für dich.

Wen Gott erwählt, der muss bereit sein, zu antworten und zu vertrauen. Zacharias reagiert mit Unsicherheit. Er bezweifelt, dass Gott diesen Weg mit ihnen noch gehen kann (1,18). Für Maria ist klar, dass es so kommt. Sie möchte wissen, wie der Weg aussehen wird (1,34). An Gott zu glauben bedeutet, nicht zu wissen, worauf man sich einlässt, und doch an ihm festzuhalten – denn wer Gott vertraut, glaubt, dass er die Macht hat, alles zu tun (1,37), und ist bereit, diesen Weg zu gehen (1,38).

Manchmal kommt es einem so vor, als würden alle Gebete an der Zimmerdecke enden. Als wäre Gott weit weg. Aber Gabriel zeigt uns, wie einseitig unsere Sicht ist. Es ist, als ob er den Vorhang zu Gottes Welt ein Stück anhebt und einen kurzen Blick gewährt: Gott erhört unsere Gebete (1,13) und kennt unsere Situation (1,28-30). Als Christ zu leben, ist oft herausfordernd. Aber du kannst dir sicher sein: Du bist nie allein.

Gabriel spricht aus, was Gott verkündet haben möchte: Gott wird seinen Plan umsetzen, die Beziehung zwischen ihm und den Menschen wiederherzustellen (1,30-35). Seit Adam und Eva ist das Verhältnis zerstört. Das soll nicht so bleiben. Deshalb greift er in das Leben einzelner Menschen ein und beginnt, sein Reich in dieser Welt aufzurichten. Das ist wirklich eine gute Nachricht.

Anwenden: Fühlst du dich manchmal unfähig, etwas für Gott zu tun? Meinst du, er könnte dich nicht gebrauchen? Warum? Wie verhalten sich Zacharias, Elisabet und Maria? Gibt es etwas in dieser Geschichte, das dir Mut machen kann, Gott zu vertrauen?

Antworten: Himmlischer Vater, es ist wahr, dass ich oft nicht verstehe, wo und wie du in mein Leben eingreifst und was du tust. Aber ich glaube und vertraue dir, dass du durch mich etwas bewirken kannst und möchtest. Bitte hilf mir, auf dich zu hören und das zu tun, was du von mir erwartest.

gelesen am:

Tag 53 Die Geburt von Jesus

Darum geht es

Beten: „Groß ist von jetzt an Gottes Herrlichkeit im Himmel; denn sein Frieden ist herabgekommen auf die Erde zu den Menschen, die er erwählt hat und liebt!" (Lukas 2,14). Danke, Herr, dass das wahr ist.

Lesen: **Lukas 2,1-40**

Entdecken: Jedes Mal, wenn ich diesen Text lese, erinnere ich mich an die Sonderausgabe der Peanuts-Weihnachtsgeschichte mit Charlie Brown. Dieser Zeichentrickfilm ist jedes Jahr um die Weihnachtszeit im Fernsehen zu sehen. Die Kinder fragen sich, worum es bei Weihnachten eigentlich geht, und Charlie Brown verzweifelt fast auf seiner Suche nach einer Antwort. Dann stellt sich Linus alleine auf die Bühne und trägt diesen Text aus Lukas 2 vor. Sein Fazit: Um nichts anderes geht es bei Weihnachten.

Es kommt einem fast vermessen vor, sich vorzustellen, dass der Retter der Menschheit sozusagen durch die Hintertür diese Welt betritt: in einem kleinen dreckigen Stall in einer Futterkrippe (2,6-7). Auf diese Weise kann man nicht gerade eine Menge Aufmerksamkeit erzielen. Aber auch hier wird erneut ein Grundprinzip Gottes sichtbar: Er wählt einen Weg, der Menschen einschließt, die in unserer Gesellschaft eher außen vor als mittendrin stehen. Keiner bekommt es mit, außer ein paar verängstigen Hirten und die überwältigten Eltern.

Es stimmt einfach nicht, dass Gott auf die Großen und Prominenten in unserer Gesellschaft setzt, um seine Ziele zu erreichen – auch wenn wir das so machen würden. Wir sind es gewohnt, auf das Image und den Erfolg zu bauen. Entsprechend attraktiv ist es für uns, wenn Leute in unserem Umfeld erfolgreich sind, und wir hoffen, dass sich das positiv auf unsere Gemeinde auswirkt. Aber eine gesunde Gemeinde ruht nicht auf wenigen Schultern. Sie ist da lebendig, wo jeder mit anpackt, alle sich mit ihren Möglichkeiten einbringen, den anderen Mut machen und die Aufgabe anpacken, die ihnen Gott gezeigt hat, zum Segen aller (1 Korinther 12).

Ein Blick auf die Hirten verrät alles: Schmutzig und unrasiert saßen sie auf dem Feld und kümmerten sich um ihre Tiere. Und plötzlich waren da die Engel und machten aus ihnen Botschafter in Gottes Sache. Wie sie waren kamen sie im Stall an. Sie wussten nichts über Theologie, hatten von Gottes Zusagen im Alten Testament vielleicht gar keine Ahnung. Das Einzige, was sie verstanden hatten, war, dass Gott sich ihnen in einem außergewöhnlichen Erlebnis zugewandt hatte (2,13-14) und dass sie wussten, wo sie Jesus finden könnten (2,15-16). Dieses Erlebnis machte andere Menschen aus ihnen und verwandelte sie in wirkkräftige Verkündiger dieser Botschaft: Gott kommt zu den Menschen (2,17-19). Und genau darum geht es an Weihnachten und in unseren Gemeinden, Charlie Brown.

Anwenden: Könntest du sagen, dass deine Beziehung zu Gott dein Leben verändert? Vielleicht immer wieder mal ein wenig? Welche Botschaft hast du für die Menschen um dich herum?

Antworten: Herr Jesus, ich lobe und preise dich. Bitte hilf mir dabei, anderen von dir und deinen großen Taten zu erzählen. Hilf mir auch zu erkennen und anderen davon zu berichten, welche wunderbaren Dinge du in meinem Leben schon getan hast.

Tag 54 Johannes der Täufer

Der wichtigste Prophet der Welt

Beten: Vater im Himmel, danke, dass jetzt Zeit ist, um in Ruhe in deinem Wort zu lesen. Du weißt, was mich im Moment alles beschäftigt. Bitte hilf mir dabei, diese Dinge jetzt außen vor zu lassen, damit ich mich ganz auf dich und dein Wort konzentrieren kann.

Lesen: Lukas 3

Entdecken: Johannes der Täufer entspricht durch und durch dem Bild eines typischen Propheten: Er lebte in der Wüste (3,2), aß, was er fand, und trug ungewöhnliche Kleidung (Matthäus 3,4). Viel bemerkenswerter als sein Erscheinungsbild ist jedoch, dass ihn Gottes Ruf erreichte und er auf diesen hörte (3,2). Wie wir an den Propheten des Alten Testaments gesehen haben, beruft Gott in besonderen Situationen Leute, damit sie in seinem Auftrag verkünden, was er den Menschen zu sagen hat. In den meisten Fällen hatte diese Botschaft etwas mit Fehlverhalten, drohendem Gericht und möglicher Umkehr zu tun.

Die Botschaft des Johannes hatte einen anderen Charakter. Sein Auftrag war es, für jemand anderen, den Messias, den Weg vorzubereiten. Und dieser jemand war niemand anderes als sein Cousin Jesus. Es ist Johannes hoch anzurechnen, dass er das Wirken von Gott und seinem Geist innerhalb seiner erweiterten Familie erkannte. Manchmal kennt man sich zu gut, und es fällt einem schwer, zu akzeptieren oder sich sogar zu freuen, wenn jemand aus der Familie von Gott in besonderer Weise begabt wurde. Und zugleich kann darin ein großer Schatz liegen. Viele Familien haben es über Generationen als Segen Gottes erlebt, dass sie gemeinsam nach ihm gefragt und den Glauben an ihn geteilt haben.

Johannes übte einen positiven Einfluss auf das Volk aus. Er hatte eine klare und radikale Botschaft, mit der er zur Umkehr zu Gott aufrief. Und zugleich bereitete er durch seine Predigt das Kommen von Jesus vor (3,7-14). Jesus erkennt das an und nennt Johannes den größten aller Propheten (7,24-28).

Johannes war bereit, sein Leben ganz in den Dienst für Jesus zu stellen (3,15-17; Johannes 3,27-36). Niemand von uns wird einen solchen Auftrag von Gott erhalten haben. Er war einmalig. Und doch gilt: Wir können wie Johannes etwas dafür tun, dass Gottes Reich wächst: Indem wir andere auf Jesus hinweisen und ihnen den Weg zum Vater zeigen.

Anwenden: Im Glauben an Jesus Christus liegt ein tiefer Schatz verborgen. Wie steht deine Familie zu ihm? Gibt es Menschen, die nach seinen Vorstellungen leben? Bete für sie und für dich, dass Gott euch stärkt und dabei hilft, mit anderen aus der Familie über den Glauben zu sprechen, damit auch sie diesen Schatz für sich entdecken.

Antworten: Herr, manchmal habe ich das Gefühl, ich bin ein einsamer Rufer in der Wüste und niemand hört auf das, was ich sage. Und dabei möchte ich anderen dabei helfen, dich zu finden. Bitte hilf mir dabei, in meiner Familie, im Beruf oder in der Gemeinde die richtigen Leute anzusprechen und die passenden Worte zu finden.

Tag 55 Taufe und Versuchung

Und führe uns nicht in Versuchung

Beten: Gott, ich danke dir für deine Liebe zu mir. Du bist gnädig und füllst mich immer wieder neu mit deiner Kraft. Schenke mir nun durch deinen Heiligen Geist die Konzentration, um in Ruhe auf dich und dein Wort zu hören.

Lesen: Matthäus 3,13–4,17

Entdecken: Warum musste Jesus von Johannes getauft werden? Jesus war der Sohn Gottes, der sein Leben gestaltete, ohne jemals Schuld auf sich zu laden. Beide wussten, dass er eigentlich nicht von falschen Wegen umkehren und das durch die Taufe sichtbar machen musste. Der Schlüsselbegriff ist in Vers 3,15 zu finden: „erfüllt". Jesus kam in diese Welt, um die Schuld der Welt – auch deine und meine – auf sich zu nehmen (Johannes 1,29). Das war Gottes Plan für ihn. Ihn galt es zu erfüllen. Gott bestätigt dies noch einmal bei der Taufe (3,17).

Im Anschluss an die Taufe führt der Heilige Geist Jesus direkt in die Wüste. In der Wüste warten Gott und der Teufel. Manchmal enden geisterfüllte Erfahrungen mit Gott in anschließenden Herausforderungen. Viele der Herausforderungen bzw. Versuchungen sind nicht so intensiv, nicht so existenziell wie die, denen sich Jesus entgegenstellen musste. Lästern über einen Kollegen, schlechte Gedanken in einem schwachen Moment, falsche Beziehungen, Neid, Stolz ... Das alles kann uns täglich begegnen und zu schaffen machen. Gerade in Zeiten, in denen unsere Beziehung zum Vater tiefer und intensiver wird, dürfen wir nicht denken, dass das unbeobachtet bleibt. Das kann der Teufel nicht leiden. Er will nicht, dass sich deine Beziehung zu Gott verbessert. Deshalb wartet er auf den Moment, in dem er dir Erfüllung deiner heimlichen Wünsche und Sehnsüchte versprechen kann.

Jesus stellt sich diesen Versuchungen und verlässt sich auf die Wirkkraft des Wortes Gottes, der Bibel. Das Gefährliche und Hinterlistige an der Versuchung des Teufels ist, dass er sich ebenfalls auf die Bibel beruft (4,5-6). Jesus war fest in Gott verankert und wusste, wie er diesen Versuchungen begegnen musste. In allem fragte er nach dem Willen seines Vaters und das half ihm. Uns kann die Gemeinschaft mit anderen Christen helfen. Wenn wir uns hin und her gerissen fühlen, brauchen wir einen Halt, der außerhalb von uns selbst liegt. Das kann ein Freund, ein Bibelgesprächskreis, ein Seelsorger oder vielleicht der Pfarrer oder Pastor aus der Gemeinde sein. Christliche Gemeinschaft, die in der Bibel verankert ist, kann helfen und den Blick schärfen, wo die eigene Sicht getrübt ist. Auf diese Weise ist man nicht allein durch die Wüste unterwegs.

Anwenden: Gibt es Momente, in denen du dich Gott besonders nahe fühlst? Gibt es Zeiten oder Momente, in denen du dich anfällig für Versuchung fühlst? Es lohnt sich, Versuchungen aus dem Weg zu gehen (1 Mose/Genesis 39,1-20). Wenn das nicht möglich ist: Gibt es jemanden in der Bibel, der dir in der Situation ein Vorbild sein kann? Gibt es einen Vers, der dir helfen könnte? Vielleicht kannst du ihn auswendig lernen.

Antworten: Herr, bitte vergib mir, denn ich habe oft der Versuchung nachgegeben. Bitte vergib mir meine Schuld. Ich danke dir, dass du mich liebst wie ich bin und dass ich immer zu dir kommen darf. Bitte wirke du durch deinen Heiligen Geist und dein Wort in mir.

Zusammenfassende Gedanken

Welche Gedanken sind dir in den zurückliegenden fünf Einheiten für deinen Glauben und deinen Alltag besonders wichtig und wertvoll geworden?

1

2

3

4

5

Bevor du dich auf die nächste Etappe deiner Reise durch die Bibel begibst, könnte es helfen, noch einmal kurz deine persönlichen Einsichten zu den vorherigen Einheiten zu lesen – und so erneut zu entdecken, was Gott dir schon gezeigt hat.

Einführende Gedanken

Jesus lehrt

Ein faszinierendes Gedankenspiel: Stell dir vor du lebst in der Zeit von Jesus. Und ganz unvermittelt ergibt sich die Gelegenheit, ihm dabei zuzuhören, wie er zu den Menschen spricht. Vielleicht sitzt du eher am Rand der Menschenmenge auf einer kleinen Anhöhe? Oder du bist mitten in der großen Volksmenge, die seinen Erzählungen und seinen Worten lauscht. Und anschließend begibst du dich auf den Weg nach Hause. Mitten in der Nacht, nach einem langen Fußmarsch kommst du nach Hause und wirst von deiner Familie erwartet. Und die erste Frage lautet: „Und? Was hat er gesagt?" Wie würdest du auf diese Frage antworten? Wie würdest du die Botschaft von Jesus zusammenfassen und wiedergeben?

Genau dieser Herausforderung müssen wir uns heute stellen. Ein kaum mögliches Unterfangen – auch deshalb, weil Jesus nicht nur wort-, sondern erst recht auch tatenreich verkündigte. Und viele dieser Taten waren mindestens so eindrücklich wie seine Worte.

Ein gutes Beispiel dafür ist das so genannte „Vaterunser" (Matthäus 6,9-13). Es ist vermutlich das meist gesprochene Gebet aller Zeiten. Und dazu wäre es vermutlich nicht geworden, wenn Jesus nicht durch sein Handeln sichtbar gemacht hätte, welche Bedeutung für ihn Gebet hat. Seine Art zu beten muss eine unglaubliche Ausstrahlung gehabt haben (Lukas 11,1). Und wir können lesen, wie Jesus nach besonderen Gebetszeiten Mut fasste, wichtige Entscheidungen zu treffen (Markus 1,35).

Jesus tat was er lehrte. Und das zeichnete ihn in besonderer Weise als Lehrer aus (Matthäus 5,19b). Er lebte dadurch vor, wie intime Gemeinschaft mit dem himmlischen Vater gelebt werden kann. Er kannte seinen Vater im Himmel. Er war eins mit ihm. Und zugleich gestaltete er seine Beziehung zu ihm durch Gebet. Viele taten sich schwer damit, die göttliche Seite von Jesus zu verstehen. Aber nach und nach begriffen sie doch, dass Jesus jemand ganz besonderes war (Matthäus 7,28-29).

Jesus steht noch ganz am Anfang seiner Wirkungszeit. Aber er lässt die Leute nicht im Unklaren darüber, warum er gekommen ist. Er versucht nicht, durch schmeichelnde Worte Anhänger zu sammeln. Stattdessen bringt er knallhart und direkt auf den Punkt, wie die Beziehung zwischen Mensch und Gott aussehen soll (Matthäus 5,48). So eine Predigt ist nie wieder gehalten worden. Und in den folgenden Wochen und Monaten lebt Jesus vor, wie seine Botschaft gemeint ist.

Jesus gebraucht viele Gleichnisse und Bilder, um seinen Zuhörern zu helfen, seine Botschaft vom anbrechenden Reich Gottes zu verstehen. Er weiß, dass er ihre Herzen nur dann erreichen kann, wenn sie begreifen, wie sehr seine Botschaft mit ihrem Leben verwoben ist. Und zugleich hilft er ihnen nicht nur mit Worten, denn sein Leben ist ein einzigartiges Beispiel davon, wie Gottes Liebe Gestalt annehmen kann.

Tag 56 Bergpredigt Teil I

Echtes Glück

Beten: „Bewahre mich vor vermessenen Menschen, damit sie mich nicht auf ihre Seite ziehen. Dann werde ich rein bleiben und frei von schwerer Schuld“ (Psalm 19,14).

Lesen: Matthäus 5,1–6,4

Entdecken: Wer die Bergpredigt (Matthäus 5–7) kennt, denkt sofort an die sogenannten „Seligpreisungen“. Mit diesen neun Zusprüchen steigt Jesus in seine Predigt ein. Das Wort „selig“ meint so viel wie „glücklich“ oder „freuen darf sich“. Jesus betont, wer sich wirklich glücklich schätzen darf und auf der sonnigen Seite des Lebens steht.

Das Problem ist nur, dass Jesus durchweg über vermeintliche Verlierer spricht: Menschen, die arm sind vor Gott, die an der Welt leiden, die unterdrückt oder verfolgt werden. Wer will schon zu solchen Leuten gezählt werden? Wer Jesus ernst nimmt, sollte sich spätestens jetzt fragen, wer zum eigenen Freundeskreis gehört ... Jesus liebt die, die außerhalb der gesellschaftlichen Norm stehen – wir bewundern die Reichen und Schönen.

Aber Jesus berührt noch einen weiteren wunden Punkt: Der Glaube wirkt sich auf andere aus (5,13-16). Heute denken viele, dass Glaube und Religion reine Privatsache sind. Für sie ist Privatsphäre ein höheres Gut als Wahrheit. Jesus fordert seine Zuhörer heraus, dem etwas entgegenzusetzen. Sie sollen Salz sein, also die Welt würzen und das Evangelium für die Menschen bewahren. Und sie sollen Licht sein – also durch gute Taten Gottes Liebe sichtbar machen. Wer einmal „den Weg, die Wahrheit und das Leben“ entdeckt hat (Johannes 14,6), sollte nicht versuchen, das im Verborgenen zu halten (5,14-15). Oder um es mit den Worten zu sagen, die Franz von Assisi zugeschrieben werden: „Predige so gut du kannst, wenn nötig gebrauche Worte.“

Doch Jesus spricht noch mehr Themen an: Mord, Ehebruch, Scheidung, Rache ... (5,21-48). Bei jedem diesen Themen bezieht er sich zunächst auf die gängigen Regeln. Er wirft einen – von seinen Zuhörern – unerwarteten Blick darauf, um dann auf das zentrale Problem zu kommen: das Herz des Menschen (5,28). Ein Leben, das sich stur an Geboten orientiert, wird gefühllos und kalt. Es kommt auf die Motivation an, mit der ich das umsetze, woran ich glaube: versöhnt, vertrauend, zuversichtlich und mit Liebe.

Anwenden: Was macht dich wirklich glücklich? Welchen Teil der Bergpredigt empfindest du als am herausforderndsten? Warum?

Antworten: Herr, das Streben nach Glück braucht viel Zeit und Kraft. Wenn ich zu sehr danach suche, hilf mir, das zu erkennen. Zeige mir Menschen, die dir nahestehen, und hilf mir, von ihnen zu lernen.

Tag 57 Bergpredigt Teil II

gelesen am:

Intimer geht es nicht

Beten: Himmlischer Vater, du weißt alles. Du weißt, wer mir heute im Laufe des Tages begegnen wird, was mir Freude bereiten, was mich herausfordern wird. Bitte hilf mir, mir in allen diesen Momenten darüber bewusst zu sein, dass du da bist.

Lesen: Matthäus 6,5–7,29

Entdecken: Jesus hat offensichtlich nie Theologie studiert und auch kein Seminar besucht, wie man eine Predigt hält. Sonst hätte er seine Predigt mit einem Witz begonnen, nicht mehr als drei Unterpunkte gehabt und die Predigt mit einem kernigen Satz beendet. Jesus war nicht gekommen, um möglichst vielen Lehraufträgen nachzukommen. Jesus hatte einen ganz konkreten Auftrag, der auf einen Zielpunkt ausgerichtet war. Er hatte nur drei Jahre, um den Menschen alles zu sagen, was sie von Gott wissen mussten. Nach dieser Zeit erwartete ihn das Kreuz. Deshalb umfasst die Bergpredigt alles, was wir heute wissen müssen.

Eines der wichtigsten Themen ist das Beten. Das Vaterunser (6,9-13) ist vermutlich das berühmteste und meist gesprochene Gebet der Welt. Es hat zwei Schwerpunkte. Beide sind wichtig. Zunächst geht es darum, auf Gott zu schauen: sein Wesen, seine Ehre, sein Königreich und seinen Willen. Erst danach geht es um unsere alltäglichen Dinge: Essen, Vergebung und die Bitte, Versuchung zu vermeiden. Wenn wir einen der beiden Schwerpunkte außer Acht lassen, gerät unser Gebet ins Ungleichgewicht.

Für Jesus war das Gebet ein unverzichtbarer Teil seiner Beziehung zu Gott. Es half ihm dabei, sich immer wieder auf seinen Vater im Himmel auszurichten und mit ihm eng verbunden zu sein. Ist dir aufgefallen, wie oft er im zweiten Teil der Bergpredigt nicht nur von seinem, sondern auch von deinem Vater im Himmel spricht (6,6.8.18.32 etc.)? In allem, was Jesus tut, ist für ihn immer die Beziehung zum himmlischen Vater das Entscheidende, egal ob es ums Beten, Fasten, Teilen oder andere Dinge geht. Wenn das an erster Stelle steht, dann werden auch die anderen Fragen, die uns beschäftigen, ihren angemessenen und nicht vordringlichen Platz einnehmen, beispielsweise die Sorge um Geld, Besitz, Kleidung und Essen (6,33).

Jesus beendet seine Predigt mit einigen radikalen Forderungen. Dabei scheut er es nicht, Konsequenzen anzudrohen: Vergebt, sonst ... (6,14-15); nicht verurteilen ... (7,1-6); Vorsicht ist erlaubt und geboten ... (7,15-20). Das schwierigste Thema hat er sich jedoch bis zum Ende aufgehoben (7,21-23). Zum Schluss kann man wirklich festhalten: Es gibt einen großen Unterschied zwischen „sich gut fühlen“ und „glückselig“ sein dürfen (5,1-12).

Anwenden: Wenn Jesus heute im Einkaufszentrum deiner Stadt predigen würde, was hätte er den Menschen zu sagen? Wie viel Liebe, wie viel Ermahnung steckt in der Bergpredigt? Was überwiegt für dich – und warum?

Antworten: Bete das Vaterunser Zeile für Zeile. Gönne dir zwischendrin Pausen, um jeden Satzteil noch einmal nachklingen zu lassen.

gelesen am:

Tag 58 Das Reich Gottes

Kleine Dinge, große Wirkung

Beten: Herr, es gibt so viel, was dein Wort davon abhält, in meinem Leben Wurzeln zu schlagen. Bitte hilf mir, die Dinge jetzt außen vor zu lassen und auf dich und dein Wort zu hören.

Lesen: **Matthäus 13**

Entdecken: Je mehr Konflikte sich zuspitzen, desto drastischer fallen die Maßnahmen aus, um die Spannungen zu lösen. Besonders deutlich zeigt sich das bei kriegerischen Maßnahmen.
Am Tag X wird die geballte militärische Kraft eingesetzt, um den Feind zu besiegen und verlorenes Land zurückzuerobern.

Seit Adam und Eva hat die Sünde die Möglichkeit, sich in dieser Welt zu entfalten. Sie befällt die Herzen der Menschen, ihre zerstörerische Kraft vernichtet Ehen und Familien, wie ein Geschwür befällt sie den Organismus dieser Welt, um ihn nach und nach aufzuzehren. Grund genug für einen einmaligen Gegenschlag! Wie sieht es aus, wenn das Reich Gottes in dieser Welt aufgerichtet wird (Markus 1,14-15)? Als Jesus in diese Welt kam, begann die Macht der Sünde zu bröckeln. Aber nicht dadurch, dass er mit den himmlischen Heerscharen den Krieg eröffnet hätte, sondern dadurch, dass er in einem Stall von Bethlehem geboren wurde. Nicht dadurch, dass er die Massen der damaligen Gesellschaft mobilisierte und zur Revolution aufrief, sondern indem er zu ihnen redete, predigte, ihnen Gottes Liebe vorlebte, innere und äußere Verletzungen heilte, statt ihnen welche zuzufügen. Gottes Reich wird sichtbar in dieser Welt aufgerichtet. Aber nicht durch Lärm und Geschrei, sondern sanft und zart, klein und unscheinbar – um schließlich seine ganze Schönheit zur Entfaltung zu bringen (13,31-32).

Das ist nicht einfach zu verstehen. Nicht für die Leute damals, die diesen Jesus am Kreuz sterben sahen und sein Konzept als gescheitert betrachteten. Und auch nicht für uns heute, die wir an den Katastrophen dieser Welt verzweifeln.

Wenn wir die Bilder, die Jesus gebraucht, ernst nehmen, dann ist Gottes Reich bereits angebrochen. Durch seine Auferstehung hat er gezeigt, dass er die Macht hat, Schuld und Sünde zu besiegen. Der Samen ist ausgesät. Und das Reich wächst, an manchen Stellen mehr, an anderen Stellen weniger deutlich.

Die Menschen damals haben erwartet, dass ein Tag X kommt, an dem Gott sein Reich neu aufrichtet. Dieser Tag steht noch aus. Jesus hat gesagt, dass ein solcher Tag kommen wird. Aber bis dahin wird es um die Frage gehen, wie wir an Gottes unaufhaltsam wachsenden Reich teilhaben und den verborgenen Schatz heben können (13,44-46) – für uns und für die Menschen um uns herum.

Anwenden: Lebst du in dem Bewusstsein, dass das Reich Gottes angebrochen ist? Wie wird für dich und andere das Reich Gottes im Alltag sichtbar?

Antworten: Himmlischer Vater, ich danke dir dafür, dass ich dein Kind sein darf. Hilf mir zu sehen, wo du dein Reich aufbaust. Die Welt ist in deiner Hand und du hast die Macht, alles zu tun.

gelesen am:

Tag 59 Der barmherzige Samariter

Unkonventionelle Hilfe

Beten: Himmlischer Vater, bitte schenke mir die Ruhe, die ich brauche, um dir und deinem Wort zu begegnen. Jesus Christus, bitte sei bei mir, wenn ich nach deinem Willen frage. Erfülle mich, Heiliger Geist, damit ich verstehen kann, was du mir sagen möchtest.

Lesen: Lukas 10,25-37

Entdecken: Meine Ortskirche trägt den Namen „Gemeinde des guten Samariters". Deshalb hat dieser Text für mich eine besondere Bedeutung. Im Eingangsbereich des Kirchengebäudes steht eine lebensgroße Statue, die einer am Boden liegenden Person aufhilft. So wird sichtbar, was uns als Gemeinde bewegt: Wir wollen wie Jesus anderen unkonventionell helfen.

Oberflächlich gesehen stellt der Gesetzeslehrer eine begründete Frage über das Leben nach dem Tod (10,25). Doch weil er sich mit der Antwort nicht zufrieden geben und sicher sein will, bohrt er weiter (10,29). Sobald wir versuchen, Automatismen im Glauben zu erzeugen, werden wir scheitern. „Wenn-dann-Formeln" funktionieren bei Gott nicht. Wenn unsere Beziehung zu Gott durch Ge- und Verbote charakterisiert wäre, dann wäre sie tot – wie jede Beziehung tot wäre, wenn sie nur noch auf Absprachen und nicht auf Liebe gegründet ist. Statt sich auf sachlicher Ebene auf den Wunsch des Gesetzeslehrers nach klaren Regeln einzulassen, erzählt Jesus das bekannte Beispiel vom barmherzigen Samariter. Zwei Gedanken aus dem Text können uns heute helfen:

Erstens: Der Außenseiter ist der wahre Held der Geschichte. Die Samariter waren eine unbeliebte Randgruppe. Sie hatten ihre eigenen religiösen Vorstellungen und wurden dafür verachtet. Jesus betont, wie dieser Mann mit allen Konventionen bricht und sich für den Verletzten einsetzt – ohne Ansehen der Person. Auf diese Weise bringt er besser zum Ausdruck, wie die Liebe Gottes aussieht, als jeder andere, inklusive der professionellen Religionsvertreter. Der Glaube an Jesus Christus kennzeichnet sich nicht durch gutes Fachwissen, sondern durch die Bereitschaft, die Liebe Gottes zu den Menschen um uns herum zu bringen.

Zweitens: Liebe zum Mitmenschen zeigt sich in Wort und Tat. Es geht nicht nur darum, darüber zu reden, wie man ein „barmherziger" Nachbar, ein Freund, ein Helfer sein kann. Es geht darum, den Worten Taten folgen zu lassen und Barmherzigkeit zu leben (Lukas 6,36).

Anwenden: Gibt es einen Mitmenschen in deinem Umfeld, dem du dich barmherzig zuwenden kannst? Was hindert dich, es zu tun?

Antworten: Herr, ich danke dir dafür, dass du mir mit Gnade und Barmherzigkeit begegnest. Mit deiner Hilfe möchte ich mit dieser Barmherzigkeit meinen Mitmenschen begegnen.

Einfach weg

Beten: Herr Jesus, ich sehne mich nach deiner Nähe. Bitte hilf mir zu erkennen, wie du mich mit deiner Liebe umgibst.

Lesen: Lukas 15

Entdecken: Auf einer Karikatur blicken zwei Geistliche verärgert in die Richtung eines dritten, der gerade versucht, in seine völlig überfüllte Kirche hineinzukommen. Dabei sagt der eine zum anderen: „Was mein Blut wirklich zum Kochen bringt, ist, wie er die Seelen der Leute rettet."

Berufliche Konkurrenz, Neid und Ärger gibt es auch unter „geistlichen" Professionellen. Zumindest zur Zeit von Jesus (15,1-2). Wer auf Zahlen schaut, gerät in Gefahr, Gottes Maßstäbe aus dem Blick zu verlieren. Das Bild, das Jesus von seiner Gemeinde zeichnet, ist ein anderes. Der Hirte im Gleichnis überlässt neunundneunzig Schafe sich selbst, um dem einen nachzugehen. Wir lassen oft das eine Schaf ziehen, um die neunundneunzig anderen zu halten. Wenn man den Texten Glauben schenkt, hat Gottes Gemeinde viel mit einem Fundbüro zu tun. Jesus kam in diese Welt, um die verlorenen Menschen mit gebrochenen Herzen zu suchen und zu finden. Das haben die Pharisäer und Gesetzeslehrer nicht verstehen können.

In der Familiengeschichte von dem Vater mit seinen zwei Söhnen hebt Jesus ein wenig den Vorhang und zeigt uns Gottes Liebe. Er freut sich unsagbar über einen Menschen, der voller Schuld ist und zu ihm zurückkommt. Wir hätten erwartet, dass der Vater sich zumindest zu Anfang über das Verhalten des Sohnes beklagt und ihm anschließend ein paar Strafen auferlegt. Aber so ist Gott nicht. Ihm liegt viel mehr an Umkehr als an Bestrafung. Jesus macht deutlich, wie es in einem Menschen aussieht, der seine verzweifelte Situation erkennt und neu anfangen möchte (15,17-19): Der jüngere Sohn versteht, dass er vor Gott und den Menschen schuldig geworden ist. Er sehnt sich danach, dass seine Not gestillt wird, dass er Verhältnisse klären kann – dazu möchte er seinen Teil beitragen. Wie gehst du damit um, wenn Dinge geklärt werden müssen?

Wenn es nach dem älteren Bruder gegangen wäre, hätte der Vater dem jüngeren die Tür vor der Nase zugeschlagen. Es ist bedauerlich, aber so denken viele Menschen. Sie meinen, die Liebe Gottes sollte denen vorbehalten sein, die sich sie verdient haben. Wenn Gott so denken würde, hätten wir nur leere Kirchen. Der Auftrag von Kirche und Gemeinde ist nicht, die „Guten" von den „Bösen" zu isolieren und zu beschützen, sondern Letztere mit offenen Armen aufzunehmen. Und mal ehrlich: Wer könnte sagen, dass er nicht immer wieder darauf angewiesen wäre?

Anwenden: Gab es einen Moment, in dem es dir so ging wie dem jüngeren Sohn? In dem du Schuld in deinem Leben erkannt und benannt hast? Wie hat das deine Beziehung zu Gott verändert? Hast du Vergebung erfahren – von Menschen oder von Gott?

Antworten: Vater, bitte vergib mir meine Schuld – egal ob ich mich wie der jüngere oder der ältere Bruder verhalten habe. Danke, dass deine Liebe zu mir niemals aufhört. Hilf mir dabei, anderen von dieser Liebe zu erzählen.

Zusammenfassende Gedanken

Welche Gedanken sind dir in den zurückliegenden fünf Einheiten für deinen Glauben und deinen Alltag besonders wichtig und wertvoll geworden?

1

2

3

4

5

Bevor du dich auf die nächste Etappe deiner Reise durch die Bibel begibst, könnte es helfen, noch einmal kurz deine persönlichen Einsichten zu den vorherigen Einheiten zu lesen – und so erneut zu entdecken, was Gott dir schon gezeigt hat.

Jesus vollbringt Wunder

Früher habe ich mir mit Begeisterung Filme von Woody Allen angeschaut. Er hat es immer wieder auf humorvolle Weise geschafft, etwas schräge und doch liebenswerte Charaktere zu schaffen – und diese auch selbst zu spielen –, die mit den zentralen Fragen des Lebens wie Liebe, Tod und Gott ringen und dann doch an ihnen scheitern. In einer zentralen Szene sagt er etwas sarkastisch: „Wenn ich doch nur einmal ein Wunder sehen würde, dann könnte ich glauben." Nach und nach musste ich feststellen, dass die Charaktere von Woody Allen niemals an diesen Punkt gelangen. Ich habe aufgehört, mir seine Filme anzuschauen, denn ich bezweifle inzwischen, dass er eine Antwort auf seine Fragen finden möchte. Und es fällt mir schwer, an einem Film Spaß zu haben, bei denen das Leben der Hauptdarsteller immer in einer Sackgasse endet.

Wie wir an den folgenden fünf Texten sehen werden, führen Wunder nicht immer auch zu Glauben. Jesus hat viele Wunder vollbracht. Er konnte das. Er heilte Lahme und Blinde, ging über das Wasser und änderte das Wetter, er trieb Dämonen aus und brachte sogar Tote zurück ins Leben. Viele haben daraufhin an ihn geglaubt und sind ihm nachgefolgt. Aber andere hat es auch in die Opposition getrieben. Tatsache ist: Wenn wir uns einmal entschieden haben, nicht zu glauben, dann können auch Wunder nichts daran ändern – egal wie oft sie vorkommen.

Der bekannte amerikanische Schriftsteller und Redner Josh McDowell hat sich mit denselben Fragen beschäftigt wie Woody Allen. Für ihn war klar, dass der christliche Glauben frei erfunden war und dass an Jesus nichts Göttliches sein konnte. Mehrere Jahre sammelte er Unmengen an Material. Schließlich glaubte er, genügend Beweise gesammelt zu haben.
Aber bestürzt musste er feststellen, dass seine Annahmen grundlegend falsch waren. Das gesamte Material lies nur einen Schluss zu: Jesus hatte wirklich gelebt. Er war der, für den er sich ausgab – Sohn Gottes, Christus, der Retter der Welt.

In seinem Buch Die Bibel im Test (Original-Titel: Evidence That Demands a Verdict) erwähnt McDowell einen Philosophen, für den Glaube so etwas ist wie ein Schritt in den dichten Nebel. Nach seiner persönlichen Erfahrung konnte McDowell nur feststellen, dass seine Bekehrung für ihn ein Schritt ins Licht war.

Jesus verband seine Verkündigung vom anbrechenden Reich Gottes mit dem Vollbringen von Wundern (Matthäus 4,23). Und er forderte seine Jünger dazu auf, es ihm gleichzutun (Lukas 9,2). In dieser Kombination lag eine ungeheure Kraft. Ein jedoch noch viel größeres Wunder war, dass er nach seiner Hinrichtung am Kreuz aus dem Grab ins Leben zurückkam. Dies schaffte den für alle sichtbaren Beleg, dass alles, was er gesagt und getan hatte, der Wahrheit entsprach.

gelesen am:

Tag 61 Speisung der 5000

So viel du willst

Beten: Großer Gott, es ist ein Geschenk, mit dir leben zu dürfen. Wenn ich jetzt in deinem Wort lese, möchte ich mich nach dir ausstrecken und nach deiner Weisheit suchen.

Lesen: Lukas 9,1-36

Entdecken: An sich ist es kein Problem, 5.000 Leute für eine Veranstaltung zusammenzukriegen. Man muss einfach nur ankündigen, dass es kostenloses Essen gibt. Aber hier läuft es andersherum. Die Leute sind schon da. Fünftausend Männer und dazu noch ungezählte Frauen und Kinder.

Um dieses Wunder verstehen zu können, müssen wir zunächst den Rahmen dieses Ereignisses etwas genauer betrachten. Jesus verkündigt das anbrechende Reich Gottes und lebt vor, was das bedeutet. Er sendet seine Jünger mit dem Auftrag aus, es ihm gleichzutun (9,1-2), getreu dem Motto „Ihr habt ja gesehen, wie es geht!" Manche Leute befürchten, andere könnten sich durch Evangelisation unter Druck gesetzt fühlen. Jesus sandte seine Jünger nicht mit religiösen Strategien, sondern mit einer einfachen Botschaft aus: Verkündigt den Menschen die Gute Nachricht und macht sie gesund.

Als die Jünger zurückkamen, zog sich Jesus mit ihnen zunächst einmal zurück (9,10; ein gutes Beispiel für Leute, die in Gottes Auftrag viel unterwegs sind). Doch die Leute gönnen ihnen nur eine kurze Ruhepause. Jesus weist sie nicht zurück, sondern gibt ihnen, was sie brauchen. Auch etwas zu Essen. Es wäre spannend zu wissen, wie Gott das Wunder vollbracht hat. Aber der Text gibt nur über das Wesentliche Auskunft: Alle wurden satt (9,17). Zugleich steckt noch ein wunderbares Bild in diesem Ereignis:
Je mehr mit dem Evangelium Brot des Lebens weitergegeben wird, desto größer wird das Reich Gottes.

Aber es steckt noch ein zweiter Gedanke darin. Durch dieses Wunder wurde sichtbar, dass Jesus wirklich der Sohn Gottes ist. Petrus war der Erste, der das in Worte fassen konnte (9,20). Und nur wenige Tage später bestätigt Gott es noch einmal vor den Augen von Petrus, Johannes und Jakobus (9,28-36). Jesus hat das Speisungswunder nicht vollbracht, um dadurch Leute anzuziehen. Er bestätigte dadurch nur noch einmal, wer er ist: Der Sohn Gottes, der gekommen ist, um Gottes Reich auf Erden aufzurichten. Diese Botschaft ist nicht dazu da, dass man sie für sich behält, sondern um sie weiterzugeben.

Anwenden: Wie geht es dir dabei, wenn du mit anderen über das Evangelium sprichst? Fällt es dir leicht oder eher schwer? Warum?

Antworten: Himmlischer Vater, durch deinen Sohn Jesus Christus hast du mir so viel geschenkt. Wenn du mir dabei hilfst, kann ich anderen davon erzählen, was du mir bedeutest.

Tag 62 Jesus geht auf dem Wasse

Einfallsreicher Glaube

Beten: Himmlischer Vater, vielen Dank für die Zeit, die mir jetzt zur Verfügung steht. Ich danke dir dafür, dass mir diese Momente mit dir und deinem Wort geschenkt sind. Bitte gebrauche sie, um mir durch dein Wort Mut zu machen.

Lesen: Matthäus 14,22-36

Entdecken: Vor vielen Jahren bin ich in schwierige Gewässer geraten. Der Druck wurde so groß, dass ich Angst davor hatte, ich könnte unter der Last zerbrechen. Als ich am absoluten Tiefpunkt angekommen war, las ich diesen Text. Anschließend machte ich eine Kopie und hängte sie an die Wand, an der mein Schreibtisch steht. Und immer dann, wenn es heikel wurde, las ich mir diese Worte laut vor (14,27): „Fass Mut. Ich bin's. Fürchte dich nicht." Es hat einige Zeit gedauert, aber dann hat Gott mir auf wunderbare Weise geholfen.

Manche Leute tun so, als würde sie der christliche Glaube von allen Problemen befreien. Leider stimmt das nicht. Aber egal wie schwierig die Situation auch wird: Gott überlässt uns nie unserem Schicksal. Wenn wir dazu bereit sind, uns nach ihm auszustrecken, dann kann der Moment der Krise zum innigsten Moment in unserer Beziehung zu Gott werden.

So herausfordernd der Gedanke ist: Für Petrus und seinen Glauben war dieser Moment unglaublich wichtig (14,30-31). Nur dadurch hat er gelernt, was Gott in solchen Situationen zu tun vermag. Es braucht manchmal eine große Vorstellungskraft, um in Krisensituationen noch einen Ausweg sehen zu können und darauf zu vertrauen, dass Gott einen Weg findet. Dann kann sogar das Unvorstellbare möglich werden. Petrus hat darauf vertraut und war sogar bereit zu glauben, dass man auf Wasser gehen kann. Anders als Petrus wäre ich wohl im Boot sitzen geblieben und hätte aus Angst diese Erfahrung mit Jesus niemals gemacht.

Wir können nicht erwarten, dass Gott uns alles gibt, was wir uns wünschen. Aber wir können darauf vertrauen, dass er uns geben wird, was wir brauchen, wenn wir uns an ihm festhalten.

Jesus kann große Dinge tun. Diese dürfen uns aber nicht von dem Ablenken, was ihn dazu befähigte: seine Beziehung zum Vater. Er verbrachte viel Zeit im Gebet – so auch unmittelbar vor diesem Ereignis (14,23). Womit verbringst du am liebsten deine freie Zeit? Wie jeder Mensch stand Jesus in der Gefahr, dass ihm der Erfolg zu Kopf steigt (14,13-21) oder dass er unter den Ansprüchen der Leute zusammenbricht (14,34-36). Deshalb hat er viel Zeit im Gebet verbracht. Und wenn Jesus es schon als notwendig erachtete, viel Zeit im Gebet zu verbringen, dann gilt das mit Sicherheit auch für uns.

Anwenden: Was sind deine größten Herausforderungen? Was macht dir Angst? Wie kannst du deine Hand nach Gott ausstrecken, wenn die Wellen um dich herum immer höher werden?

Antworten: Herr, du weißt, welche Probleme mir zu schaffen machen und was mir Sorge bereitet. Du weißt, wie sehr ich mich danach sehne, dass die Probleme sich lösen. Aber noch mehr sehne ich mich danach, zu erleben, wie du in dieser Situation bei mir bist und mich festhältst.

Tag 63 Jesus heilt einen Blinden

Ich verstehe, was du meinst

Beten: „HERR, öffne mir die Augen für die Wunder, die dein Gesetz in sich verborgen hält!“ (Psalm 119,18).

Lesen: Johannes 9

Entdecken: Viele glauben, dass sie in ihrem Glauben auf dem richtigen Weg sind. Aber manchmal sind gerade sie es, die am wenigsten für Gottes Handeln offen sind – so zumindest in diesem Textbeispiel. Als die Verantwortlichen der Gemeinde hören, dass ein Blindgeborener geheilt worden ist (9,6-7), reagieren sie skeptisch. Ihr Problem war, dass sie mehr an religiösen Regeln und Wahrheiten interessiert waren, als an dem, was Gott tatsächlich tut (9,16).

Warum verhalten sie sich so? Ihnen geht es doch um Gottes Sache. Manchmal ist es die Angst vor dem Unbekannten oder die legitime Sorge, jemand könnte eine falsche Lehre vertreten und andere in die Irre führen. Kritisch wird es jedoch vor allem dann, wenn wir Dinge ablehnen, nur weil sie nicht in unsere Denkmuster passen. In solchen Situationen ist es das Beste, zu sagen: Ich weiß nicht, woher es kommt. Aber ich will für das offen sein, was Gott mir zeigen möchte (Apostelgeschichte 5,38-39). Eine solch ehrliche Herangehensweise kann dabei helfen, neue Erfahrungen mit Gott zu machen.

Die Jünger versuchen zu klären, wieso der Mann blind geboren wurde (9,1-2). Erschreckenderweise gingen sie wie selbstverständlich davon aus, dass es eine Frage von Schuld war, die in der Familie begangen worden sei. Schuld kann Leiden zur Folge haben, besonders dann, wenn Sünde eingebettet ist in krankmachende Umstände. Aber Jesus betont, dass – gerade aus Gottes Perspektive – die Gründe auch ganz woanders liegen können (9,3-5). Gott weiß, wie alle Dinge zusammenhängen, darauf können wir uns verlassen und ihm vertrauen. Und zugleich kann es unsere Perspektive dafür verändern, wie wir um Heilung und Hilfe beten.

Inmitten der ganzen Auseinandersetzung erlebt der ehemals Blinde, wie seine Heilung sein ganzes Leben verändert. Zu Anfang hatte er nur eine lose Ahnung, wer Jesus war (9,11.25). Aber er kam zu einer festen Überzeugung (9,17) und beschloss schließlich angesichts der Konsequenzen (9,34), ihm nachzufolgen (9,38). An diesem Beispiel wird deutlich, welchen Weg ein Mensch geht, wenn er sich Jesus zuwendet und ihm schließlich sein Leben anvertraut. Jesus scheut keine direkten Fragen von ehrlich suchenden Menschen (9,35-37). Aber genauso benennt er kritisch Dinge, wenn Menschen ihre Zweifel vorschieben, um der Wahrheit nicht ins Auge schauen zu müssen (9,39-41).

Anwenden: Wenn du dir die Auseinandersetzung des ehemals Blinden mit Jesus und den Pharisäern noch einmal vor Augen führst: Welche Rolle nimmst du ein? An welcher Stelle siehst du dich? Hast du Fragen, die dich hindern, Jesus nachzufolgen? Gibt es jemanden in deinem Umfeld, den du bitten kannst, sie dir zu beantworten?

Antworten: Herr, danke, dass du mir diese Zeit mit deinem Wort geschenkt hast. Es tut gut, Einsicht in deine Gedanken zu bekommen. Bitte hilf mir dabei, Schritte im Glauben und im Vertrauen auf dich zu gehen.

Tag 64 Jesus heilt einen Besessenen

Im Namen von Jesus

Beten: Herr, du bist groß und mächtig. Du hältst die ganze Welt in deiner Hand. Und doch kennst du mich, liebst mich und weißt, wie es mir geht. Danke dafür.

Lesen: **Markus 5,1-20**

Entdecken: Der von einem Dämon besessene Mensch kannte die Realität teuflischer Kraft (5,1-5) – sie hatte sein Leben zerstört. Im Leben dieses Mannes hatte der Teufel das Ziel erreicht, das ihm bei Jesus verwehrt geblieben war (Matthäus 4,1-11). Satan will Gottes Schöpfung, er will seine Geschöpfe zerstören. Manche halten den Teufel für eine komische Figur. Aber sie ist kein Witz und wir alle stehen in der Gefahr, Ziel seiner Angriffe zu werden (1 Petrus 5,8).

Ein Dämon ist eine böse Macht, die man sich als Person vorstellt. Sie kämpft gegen Gott und nimmt einen Menschen dabei völlig in Besitz. Und doch weiß diese böse Macht, dass es noch jemand viel Größeres gibt als sie selbst (5,6-7). Deshalb fürchtet sie Jesus und muss schließlich weichen. Auch wenn wir gegenüber solchen Mächten hilflos sind oder uns ohnmächtig fühlen, so reichen bei Jesus wenige Worte, um wahre Freiheit möglich werden zu lassen.

Eigentlich dürfte man erwarten, dass die Leute in Jubel ausbrachen, als Jesus den besessenen Mann befreite: Kein Geschrei mehr in der Nacht, keine Gefahr mehr für die Menschen aus dem Dorf. Aber stattdessen bekamen sie es mit der Angst zu tun (5,15). Warum? Vielleicht weil sie das vertraute Elend lieber erhalten wollten, als einen Neuanfang zu wagen? Oder weil sie die böse Macht zwar fürchteten, aber noch mehr Angst vor der Kraft hatten, die Jesus befähigte, diese Macht zu vertreiben? Oder weil sie sich einfach an die Macht der Dämonen in ihrem Umfeld gewöhnt hatten?

Jesus will alle Bereiche des Lebens heilen. Er kann das – egal welchen Ursprung eine Last hat. Er will unsere Abhängigkeiten durchbrechen und uns frei von allem machen, was uns in Beschlag genommen, was von uns Besitz ergriffen hat. Durch die gute Nachricht beginnt etwas Neues im Leben. Davon kann auch der Mann von Gerasa berichten. Seine Begegnung mit Jesus befreite ihn von allem Übel und schenkte ihm einen Neuanfang. Jesus fordert ihn dazu auf, seinen Angehörigen davon zu erzählen (5,19). Er soll es nicht für sich behalten, was Gott Großes in seinem Leben getan hat. Das galt nicht in jedem Fall (Markus 1,44). Aber hier wollte Jesus, dass die Familie erfährt, wie barmherzig Gott ist. Ein verändertes Leben gibt das größte Zeugnis über Gottes Macht.

Anwenden: Gibt es einen Bereich, in dem Sünde eine große Anziehungskraft auf dich ausübt? Wie weichst du dieser aus? Betest du dafür, dass Gott dich mit der Kraft seines Heiligen Geistes davon befreit? Gibt es Menschen in deinem Umfeld, denen du vielleicht in ihrer Situation helfen könntest?

Antworten: Herr Jesus, ich bitte dich, auch die Bereiche meines Lebens mit deiner Kraft und Liebe zu durchdringen, die im Verborgenen liegen und über die ich nicht mit einem anderen Menschen sprechen kann. Danke, dass du mich von allem befreien kannst, was mich gefangen und von dir fern halten möchte.

Tag 65 Lazarus wird vom Tod auferweckt

In den Fängen des Todes

Beten: Herr, du bist der Gott des Lebens. Du hast den Tod überwunden und uns eine ewige Hoffnung geschenkt. Danke, dass durch dich neues und ewiges Leben möglich ist. Bitte hilf mir, jetzt deine Gedanken in deinem Wort zu entdecken.

Lesen: Johannes 11

Entdecken: Für die Pharisäer und Gesetzeslehrer war dieses Wunder der Tropfen, der das Fass zum Überlaufen brachte. Jetzt waren sie sich ihrer Sache sicher: Jesus muss sterben (11,53). Warum stellte die Tatsache, dass Jesus Lazarus wieder zum Leben erweckt hatte, eine so große Gefahr dar?

Die Antwort darauf finden wir in den politischen Umständen dieser Zeit. Die religiöse Elite fürchtete um ihre Vormachtstellung Sie musste damit rechnen, dass die römische Besatzungsmacht ihnen ihre Freiheiten und Entscheidungsbefugnisse entziehen würden, sollte es Jesus gelingen, die Massen gegen sie aufzuwiegeln (11,48). Daran wird deutlich, was passiert, wenn wir dem Rahmen, in dem wir unseren Glauben leben, mehr Bedeutung geben als Gott selbst.

Aber Jesus hat sich um diese Auseinandersetzung wenig gekümmert – wohlwissend, dass das schlimme Folgen für ihn nach sich zieht. Er sorgte sich um die Menschen und ihre Beziehung zu Gott. Jesus war von einer tiefen Leidenschaft und Liebe zu den Menschen erfüllt. Ihn bewegte das Schicksal von Lazarus sehr (11,3.5.36). Diese Liebe war für die Menschen spürbar und hat sie verändert. Als Jesus Marta kennenlernte, setzte sie andere Prioritäten in ihrem Leben (Lukas 10,38-42). Im Gegensatz zu den religiösen Führungskräften setzt Marta Jesus jetzt an die erste Stelle in ihrem Leben.

Wie schon zuvor bei dem Blindgeborenen (Kapitel 9) geht es auch bei diesem Geschehen um mehr, als nur um eine reine Wundertat. Jesus wusste, dass Lazarus sterben und dass Gott ihn wieder zum Leben auferwecken würde. Durch dieses Eingreifen machte Jesus zeichenhaft sichtbar, wozu er in diese Welt gekommen war: Um neues Leben, ewiges Leben jedem zu schenken, der an ihn glaubt (11,25-26). Ironischer Weise sprach gerade der Oberste Priester diese Wahrheit aus, ohne es zu wissen (11,50). Und zugleich wird darin die ganze Tragik sichtbar: Menschen können sich ihr ganzes Leben mit dem Glauben an Gott auseinandersetzen und doch bleibt ihnen verschlossen, wer Jesus Christus für sie sein möchte. Marta hat sicherlich auch nicht alles verstanden, was um sie herum passierte. Aber sie war bereit, sich und ihre Zukunft Jesus anzuvertrauen (11,24.27). Mehr erwartet Jesus nicht von uns.

Anwenden: An Marta, Maria und Lazarus können wir sehen, wie sehr Jesus uns liebt. Er ist kein Freund von Leid, weiß aber, dass es manchmal unumgänglich ist. Bist du bereit, Jesus so zu vertrauen, wie Marta es tat? Was hindert dich daran? Vielleicht lohnt es sich, Jesus die Dinge im Gebet zu nennen, die dich davon abhalten oder die es dir schwer machen, ihm zu vertrauen.

Antworten: Jesus Christus, du weißt, was mich zögern lässt, dir aus tiefstem Herzen zu vertrauen. Ich habe Angst davor, denn ... Bitte hilf mir, meine Angst zu überwinden. Danke, dass du Geduld mit mir hast und Schritte mit mir gehen willst, damit ich lerne, zu vertrauen.

Zusammenfassende Gedanken

Welche Gedanken sind dir in den zurückliegenden fünf Einheiten für deinen Glauben und deinen Alltag besonders wichtig und wertvoll geworden?

1

2

3

4

5

Bevor du dich auf die nächste Etappe deiner Reise durch die Bibel begibst, könnte es helfen, noch einmal kurz deine persönlichen Einsichten zu den vorherigen Einheiten zu lesen – und so erneut zu entdecken, was Gott dir schon gezeigt hat.

Jesus und das Kreuz

Das Kreuz kennt jeder. Es gehört mit Sicherheit zu den am meisten verbreiteten Symbolen dieser Welt. Nicht nur in Kirchen und Gemeinden oder abgedruckt auf Gebets- oder Liederbüchern. Hergestellt in allen Farben und Formen, aus Glas, Holz oder Metall hängt es an unzähligen Hälsen und sogar als Glücksbringer an Autospiegeln. Warum ist das Kreuz so wichtig?

Der Hauptgrund liegt sicherlich darin, dass Jesus Christus am Kreuz hingerichtet wurde. Auf diese Weise trafen sich Zeit und Ewigkeit auf einzigartige Weise. Am Kreuz starb Jesus für die Schuld eines jeden Menschen. Damit überwand er den Graben zwischen uns und Gott und machte es auf ewige Zeiten möglich, dass jeder Mensch in einer geklärten Beziehung zu Gott leben kann.

Vermutlich hat die Popularität des Kreuzes dazu beigetragen, dass die Leute vergessen haben, worum es sich beim Kreuz eigentlich handelt: um ein brutales Folterinstrument. Zur Zeit von Jesus setzten es die Römer dazu ein, Menschen öffentlich hinzurichten. Die Gefangenen wurden zunächst einmal ausgepeitscht. Anschließend mussten sie den Querbalken vom Kreuz zur Hinrichtungsstätte tragen. Dort wurden beide Balken miteinander verbunden und der Gefangene wurde an Hand- und Fußgelenken an die Balken genagelt. Anschließend wurde das Kreuz aufgerichtet. Der Tod trat oft erst nach Stunden durch Atemnot oder Herzstillstand ein. Es war eine grausame, qualvolle und unendliche schmerzvolle Hinrichtungsmethode. Ein vergleichbares Symbol für eine (allerdings deutlich humanere) Hinrichtungsart wäre heute der elektrische Stuhl – wenngleich niemand auf die Idee käme, ihn als Miniatur um den Hals zu tragen.

Jesus wusste, was sein Auftrag in dieser Welt war und welcher Weg dorthin führte (Lukas 9,18-22). Das machte es jedoch nicht weniger leicht. Er rang mit Gott um diesen Weg (Markus 14,32-42). Aber er war bereit, diesen Weg bis zum Ende zu gehen, denn er wusste, dass es dem Willen des Vaters entsprach und dass ohne diesen Weg keine Versöhnung zwischen Mensch und Gott möglich wäre. Er war aus Liebe dazu bereit, diesen Preis zu zahlen.

Manchmal ist es befremdlich zu sehen, wozu sich das Kreuz als Symbol entwickelt hat. Für Jesus war es ein Zeichen für diejenigen Menschen, die sich in seine Nachfolge stellen wollten. Es selbst sagte (Lukas 14,27): „Wer nicht sein Kreuz trägt und mir auf meinem Weg folgt, kann nicht mein Jünger sein." Die Menschen in den ersten Gemeinden haben diese Botschaft verstanden. Und sie haben sie sich zu Herzen genommen in dem, was sie glaubten, taten und verkündigten (Philipper 2,5-11; Galater 2,20; Römer 6,5-11).

Die nächsten fünf Reisestationen führen dich also in das Zentrum von Gottes Versöhnungsplan mit den Menschen. Und langsam aber sicher gelangen wir zum Ende des roten Fadens, der sich vom Anfang der Bibel her bis zu ihrem letzten Buch durchzieht.

gelesen am:

Tag 66 Das Abendmahl

HK 04.09.2013

Ein denkwürdiges Abschiedsmahl

Beten: Jesus, du bist das Brot des Lebens (Johannes 6,25-40). Bitte stille meinen Hunger, wenn ich jetzt in der Bibel lese.

Lesen: **Lukas 22,1-46**

Entdecken: In seinem berühmten Bild „Das Abendmahl" stellt Salvador Dali den oberen Raum, in dem Jesus mit seinen Jüngern das Passamahl einnehmen wollte, als einen surrealen, fast unwirklich scheinenden hellen Raum dar. Völlig überhöht wird dieser Moment dargestellt, der in aller Einfachheit stattfand: Ein gemieteter kleiner Raum, ein einfaches Essen, Männer, die wild durcheinander reden und diskutieren, und einer, der ein dunkles Geheimnis in sich trägt.

Ein seltsamer Rahmen für einen letzten Abend. Und trotzdem sehnte sich Jesus danach, ihn mit seinen Jüngern so zu verbringen. Seine eigentliche Begründung findet er in einem bedeutsamen Wort (22,16): Erfüllung. Durch das Feiern des Passamahls wird der Neue Bund aufgerichtet, der von nun an Gültigkeit hat. Jedes Mahl soll darauf hinweisen, dass es einmal ein Mahl geben wird, dass in Vollendung mit Jesus selbst gefeiert werden wird.

Diese Botschaft wird mit jeder Feier des Abendmahls verkündigt. Und zugleich erinnert es an das Leiden und Sterben von Jesus. Das Brot steht für seinen Körper, der geopfert wird für die Schuld (22,19). Der Wein steht für das Blut, das durch den Tod von Jesus als Lamm Gottes vergossen wird (22,20) zur Vergebung von Schuld. Jesus setzt auf diesem Weg den Neuen Bund zwischen Gott und den Menschen ein. Den Bund, der unauflöslich ewige Gültigkeit hat und alle Menschen einschließt.

Scheinbar nebenbei wendet sich Jesus im Laufe des Abends zweien seiner Jünger noch einmal persönlich zu. Jesus wusste, dass Judas ihn verraten würde. Er sprach ihn direkt an und gab ihm damit die Gelegenheit, von seinem Vorhaben abzulassen – was er aber nicht tat (22,21-23; Matthäus 26,20-25). Auch wenn Petrus sich noch einmal in gewohnt aufbrausender Art hervortut (22,33), so bereitet ihn Jesus seinerseits auf die Lektion seines Lebens vor (22,34.54-62; Johannes 21,15-19). Bei diesem besonderen Essen, als Jesus bereits das ganze Gewicht der Schuld der Welt auf seinen Schultern spürte (22,39-46), kümmerte er sich noch um den Weg Einzelner. Diese Liebe war es, die ihn den Weg ans Kreuz gehen ließ. Für seine Jünger, für die Menschen damals und für dich und mich heute.

Anwenden: Welche Gedanken gehen dir durch den Kopf, wenn du das Abendmahl in deiner Gemeinde feierst? Was ist dir am Abendmahl besonders wertvoll?

Antworten: Herr Jesus, ich will nicht vergessen, was du für mich durchlitten hast. Danke, dass mir das Brot und der Wein dabei helfen, mich daran zu erinnern. Ich bin dir von Herzen dankbar, dass du diesen Weg gegangen bist und dadurch neues Leben für mich möglich wurde.

gelesen am:

Tag 67 Verhaftung und Verurteilung

Schwere Entscheidung

Beten: Vater, öffne meinen Verstand und mache mein Herz bereit, damit ich dir „in Wahrheit und im Geist“ dienen kann.

Lesen: **Johannes 18**

Entdecken: Es gibt viele Ansätze, die sich mit der Frage beschäftigen, warum Judas Jesus verraten hat. Manche denken, er hat es nicht aus Hass oder Enttäuschung getan, sondern aus Ungeduld. Viele Menschen seiner Zeit dachten, dass Jesus einen Aufstand gegen die römische Besatzungsmacht starten würde. Vielleicht war Judas einer von ihnen? Und er wurde ungeduldig über der Frage, wann Jesus mit seiner Revolution beginnen würde, deshalb versuchte er ihn dazu zu zwingen, den ersten Schritt zu tun (18,1-3). Aber was auch immer sein Motiv war: Die Dinge gerieten außer Kontrolle.

Die folgende Gerichtsverhandlung hatte wenig zu tun mit einem fairen Prozess. Den religiösen Führern ging es nur darum, ihr vorher gefasstes Urteil durchzusetzen (18,30-31). So geht es Menschen, wenn sie ihrem Hass freien Lauf lassen. Er durchsetzt ihr ganzes Leben und lässt ein Umdenken nicht mehr zu. Wer ungelöste Konflikte oder unverarbeiteten Ärger in sich trägt, steht immer in der Gefahr, seine Beziehungen zu anderen oder zu Gott zu gefährden.

Auch Pilatus ging es im Prozess nicht um Gerechtigkeit oder Wahrheit (18,38). Er wollte nur Ärger vermeiden (18,29-35). Viele setzen an die Stelle von Wahrheit einen aufgeweichten Toleranzbegriff, um Konflikten aus dem Weg zu gehen. „Was für dich gilt, gilt nicht für mich!“ Jesus durchbricht solche Denkweisen mit der Forderung nach eindeutigen Stellungnahmen: „Wem es um Wahrheit geht, der hört auf mich“ (18,37). Wenn wir nicht in Gottes Wort verwurzelt sind, wird es uns schwerfallen, an der Wahrheit festzuhalten. Deshalb ist das Bibellesen so ungeheuer wichtig.

Bevor er es wusste, wurde Pilatus mit der wichtigsten Entscheidung der Menschheitsgeschichte konfrontiert: Was soll mit Jesus geschehen? Wie soll ich ihm begegnen? Früher oder später muss sich jeder Mensch dieser Frage stellen. Für wen hältst du Jesus: Für einen Gutmenschen? Für jemanden, der unberechtigte Ansprüche an dich stellt? Oder ist er für dich „der Weg, die Wahrheit und das Leben“ (Johannes 14,6)? Pilatus ist in seine Entscheidung hineingestolpert. Er hatte keine Zeit, sich darauf vorzubereiten. Gönn dir etwas Zeit, darüber nachzudenken. Es lohnt sich.

Anwenden: Glaubst du, dass es so etwas wie eine absolute Wahrheit gibt? Wie kannst du mit Menschen über diese Frage ins Gespräch kommen, die anderer Meinung sind als du – in die eine wie in die andere Richtung? Wo beginnt für dich Toleranz und wo gibt es Wahrheiten, die für dich feststehen?

Antworten: Jesus, du bist Herr über diese Welt. Du weißt, was Wahrheit ist, denn du bist die Wahrheit. Hilf mir dabei, auf deine Stimme zu hören und für das einzutreten, was in deinem Sinne ist. Hilf mir, gelassen zu sein, wo du ein weites Herz hast.

Tag 68 Kreuzigung

Voll bezahlt

Beten: Herr, ich beginne diese Gebetszeit, indem ich dir bekenne: Ich bin schuldig geworden vor dir und Menschen. Du weißt, was mich bewegt und wo ich von deinen Wegen abweiche. Danke, dass du für mich am Kreuz gestorben bist, sodass ich frei von Schuld werden kann. Bitte vergib mir.

Lesen: **Johannes 19**

Entdecken: Für uns heute liest sich der Bericht von Johannes wie die Titelstory auf der ersten Seite einer Tageszeitung. Und dabei hat Johannes in seiner Beschreibung nicht übertrieben. Er lässt die Fakten für sich sprechen. Es ist nicht leicht, sich vorzustellen, was dieser Weg ans Kreuz für eine Qual bedeutet hat: Das Auspeitschen, die Dornenkrone auf den Kopf gedrückt, Schläge ins Gesicht, Nägel durch Hand- und Fußgelenke, mit einem Speer in die Seite gestochen. Einfach grausam.

Auffällig ist, mit welcher Vehemenz die damalige religiöse Führungselite sich für den Tod von Jesus einsetzt. Hass und Abscheu müssen unendlich tief gewesen sein. Es gelingt ihnen, die Massen hinter sich zu bekommen (19,6-16) – ohne dass jemand innehält und fragt: „Was wäre eigentlich, wenn er die Wahrheit sagt und wirklich der Sohn Gottes ist?"

Die eigentliche Bedeutung des Kreuzes geht weit über den Moment der Hinrichtung hinaus. Als Jesus stirbt, sagt er (19,30): „Jetzt ist alles vollendet." Damit meint Jesus nicht (nur) sein irdisches Leben. Die Bedeutung dieser Worte geht weit darüber hinaus. Es meint, dass zur Vollendung kommt, was Gott sich gedacht hat, dass erfüllt ist, wozu Jesus in diese Welt kam. Und im Wortfeld des griechischen Begriffs liegt noch eine weitere Bedeutung, die mit der Aussage von Jesus verbunden werden kann:
„Voll bezahlt!" Das, was die Sünde einfordert, hat Jesus ans Kreuz gebracht – und er hat es dort bezahlt. Schuld, Sünde und Tod dürfen nicht mehr eingefordert werden. Er hat alles beglichen. Der Graben zwischen uns und Gott ist überwunden. Was so aussieht, als wäre es eine Niederlage, ist der Sieg. Jesus rettet sich nicht, um uns zu retten (Markus 15,31).

Und wie so oft bei Jesus ist in den Rahmen seines großen göttlichen Handelns das Schicksal einer einzelnen Person eingebettet. Nikodemus gehörte zu den führenden Pharisäern. Er hatte Jesus bei Nacht und Nebel aufgesucht, um ihn näher kennenzulernen (Johannes 3,1-21).
Am Fuß des Kreuzes versteht er, was ihm vorher verschlossen geblieben ist. Er bricht mit seinen Brüdern und erweist Jesus bei der Grablegung noch einmal die Ehre. Durch das Kreuz bekommt alles einen Sinn. Joh. 19,39

Anwenden: Welche Bedeutung hat das Kreuz für dich? Geht es dir wie Nikodemus? Hattest du Lebensfragen, die sich durch die Auseinandersetzung mit dem Tod von Jesus am Kreuz gelöst haben? Gibt es Dinge, die du noch klären möchtest? Sprich mit jemandem darüber, dem du vertraust.

Antworten: Jesus Christus, es ist nicht leicht zu verstehen, dass du am Kreuz von Golgota die Schuld der Welt und damit auch meine Schuld getragen hast. Bitte hilf mir dabei, dir zu vertrauen. Bitte lass nicht zu, dass meine offenen Fragen mich davon abhalten. Danke für deine Liebe zu mir.

gelesen am:

Tag 69 Auferstehung

Dreh- und Angelpunkt

Beten: „Ich möchte nichts anderes mehr kennen als Christus: Ich möchte die Kraft seiner Auferstehung erfahren, ich möchte sein Leiden mit ihm teilen" (Philipper 3,10). Herr, bitte hilf mir zu verstehen, was du mir sagen möchtest, wenn ich jetzt in deinem Wort lese.

Lesen: Johannes 20–21

Entdecken: Die Auferstehung von Jesus Christus ist der Dreh- und Angelpunkt des christlichen Glaubens. Wer darauf verzichtet, dem geht alles verloren. Viele haben es versucht. Für sie reicht der Tod am Kreuz, der Moment, an dem Jesus die Schuld der Welt trägt. Aber nur durch die Auferstehung hat Jesus gezeigt, dass er dazu wirklich in der Lage ist. Der Apostel Paulus bringt es auf den Punkt: „Wenn Christus nicht auferweckt worden ist, dann hat weder unsere Verkündigung einen Sinn noch euer Glaube" (1 Korinther 15,14). Auch die Leute damals mussten lernen, das zu verstehen.

So auch Maria aus Magdalena: Sie war die Erste am Grab (20,1). Ihre Liebe zu Jesus war so groß, dass es ihr völlig egal war, was andere über sie dachten (20,11-17). Trifft das auch auf dich zu? Auch Jesus und Johannes kennzeichnete eine besondere Vertrautheit (13,23). Als Jesus ihn dazu aufforderte, ihm nachzufolgen, ging er mit – und das, obwohl bis zuletzt auch in Johannes der Zweifel rumorte (20,9). Geht es dir manchmal auch so? Vielleicht gehst du seit vielen Jahren in den Gottesdienst. Und trotzdem vermisst du etwas. Johannes folgte Jesus viele Jahre. Und doch musste er ins leere Grab schauen, um seinen Glauben zu finden (20,8).

Thomas hingegen befand sich – zugespitzt formuliert – auf dem schmalen Grad zwischen intellektueller Auseinandersetzung und egozentrischem Hedonismus: „Erst will ich selbst sehen … sonst glaube ich nicht." Manchmal hält uns unser Stolz davon ab, Gott besser kennenzulernen. Wir sind der Maßstab, an dem sich alles ausrichtet. Zu seinem Glück ändert er seine Haltung (20,28). Gibt es etwas, das dich davon abhält, Jesus zu vertrauen? Zu guter Letzt bleibt Petrus. Er war am Ende so verunsichert, dass er noch nicht einmal mehr wusste, auf welcher Seite er stand (Lukas 22,54-62). Aber bei ihrer Begegnung am Strand wendet Jesus sich ihm noch einmal ganz persönlich zu und beruft ihn in eine besondere Aufgabe.

Es geht nicht anders: Die Auferstehung von Jesus Christus ist das Fundament des christlichen Glaubens. Für die Leute damals und für uns heute.

Anwenden: Was ist für dich das überzeugendste Argument dafür, dass die Auferstehung tatsächlich stattgefunden hat?

Antworten: Gott, ich staune über das Wunder des leeren Grabes. Danke, dass du Schuld und Tod überwunden hast. Danke, dass du das für mich getan hast.

Tag 70 Rückkehr in den Himmel

Wir sehen uns wieder!

Beten: Herr, deine Gedanken sind nicht zu vergleichen mit unseren Gedanken. Sie sind viel höher und weiter als alles, was wir uns vorstellen können. Trotzdem gibst du uns immer wieder Einsicht in deine Pläne. Hilf mir, sie zu verstehen.

Lesen: Apostelgeschichte 1,1-11

Entdecken: Jesus hat sich nach seiner Auferstehung seinen Jüngerinnen und Jüngern mehrmals gezeigt (Johannes 20,30-31; 21,14). Durch das, was er tat, unterstrich er noch einmal, dass alles so eingetroffen ist, wie er es angekündigt hatte. Trotzdem taten sie sich schwer zu verstehen, was wirklich passiert war. Bis zuletzt hatten sie nicht begriffen, was es mit dem Reich Gottes auf sich hat (1,6).

Oft fällt es schwer, sich von eigenen Plänen und Vorstellungen zu verabschieden. Und doch ist das immer wieder nötig, denn viele unserer Vorhaben decken sich nicht mit denen Gottes. Aber wenn wir nicht aufhören, uns selbst zu verwirklichen, kann Gott uns nicht mit dem beschenken, was er für uns vorgesehen hat. Dasselbe galt für die Jünger. Jesus gab ihnen zwei wichtige Voraussetzungen mit auf den Weg, unter denen er seine Pläne für sie zum Ziel bringen konnte:

Vertraut der Kraft Gottes: Jesus hat einen konkreten Auftrag an seine Jüngerinnen und Jünger (Matthäus 28,18-20). Diesem Auftrag können sie jedoch niemals aus eigener Kraft nachkommen. Deshalb sagt er ihnen zu, dass sie Unterstützung erhalten werden (1,8): „Ihr werdet mit dem Heiligen Geist erfüllt werden." Der Heilige Geist ist Beistand, Hilfe, Gottes Kraft im Menschen. Er ist nicht Jesus selbst. Manche sind unsicher, wer der Heilige Geist ist und wie er in ihrem Leben Wirkung zeigen kann. Manche scheinen ihm mehr Bedeutung zu geben als Jesus Christus selbst. Für Jesus ist wesentlich, dass die Jünger – und dasselbe gilt für uns – ohne die Kraft des Heiligen Geistes nicht auskommen.

Seid meine Zeugen: Der Grund für das Kommen des Geistes war, dass die Jünger als Zeugen von Jesus auftreten sollten (1,8). Für diese Aufgabe brauchten sie seine Unterstützung. Er fordert sie dazu auf, auf den richtigen Moment zu warten – um dann bereit zu sein (1,4). Es ist nicht einfach, Gottes Zeitpläne zu verstehen. Oft sehen sie anders aus als unsere. Deshalb kommt es darauf an, dass wir durch das Gebet mit Gott in Verbindung bleiben – um dann bereit zu sein, wenn der Heilige Geist durch uns wirken möchte.

Bis zuletzt zweifelten die Jünger an dem, was sie gehört und gesehen hatten. Doch dann kehrt Jesus zu seinem Vater in den Himmel zurück. Dieser Moment muss für sie etwas ganz Besonderes gewesen sein. Denn als sie anschließend nach Jerusalem zurückkehren, sind sie voller Freude (Lukas 24,52). Auch wir können uns auf den Moment freuen, wenn Jesus wiederkommt (1,11)!

Anwenden: Wie verstehst du den Auftrag von Jesus an seine Jünger, aus der Kraft des Heiligen Geistes Zeuge für ihn zu sein? Wie lässt sich dieser Auftrag heute leben? Welche Gedanken löst die Vorstellung aus, Jesus einmal persönlich begegnen zu dürfen?

Antworten: Jesus, dein Name steht über allen anderen. Ich falle vor dir auf die Knie und bekenne: Du bist Jesus Christus, der Herr (Philipper 2,9-11).

Zusammenfassende Gedanken

Welche Gedanken sind dir in den zurückliegenden fünf Einheiten für deinen Glauben und deinen Alltag besonders wichtig und wertvoll geworden?

1

2

3

4

5

Bevor du dich auf die nächste Etappe deiner Reise durch die Bibel begibst, könnte es helfen, noch einmal kurz deine persönlichen Einsichten zu den vorherigen Einheiten zu lesen – und so erneut zu entdecken, was Gott dir schon gezeigt hat.

Einführende Gedanken

Die christliche Gemeinde

Es gibt fast keinen Fleck auf dieser Erde, wo es nicht ein christliches Gemeindehaus oder eine Kirche gibt. Die Frage ist jedoch – vor allem in der westlich geprägten Welt –, ob man dort tatsächlich auch Leute antrifft. Warum gibt es die christliche Gemeinde und was ist ihre Aufgabe?

Die folgenden fünf Bibeltexte bringen uns an den Entstehungspunkt der ersten christlichen Gemeinde. Das hilft uns zu verstehen, warum es sie gibt. Die Jüngerinnen und Jünger standen unter dem Eindruck von Tod, Auferstehung und der Rückkehr von Jesus zu seinem himmlischen Vater. Sie hatten keine Ahnung, was als nächstes geschehen würde. Sie wussten nur, dass sie warten sollten (Apostelgeschichte 1,4).

Und dieses Warten wurde mit dem Heiligen Geist belohnt. Er erfüllte sie mit all seiner Kraft und machte neue Menschen aus ihnen. Daran erinnern wir uns, wenn wir heute das Pfingstfest feiern. Dieser Moment ist die Geburtsstunde der christlichen Gemeinde. In dieser Situation wurden die Jünger zu Verkündigern der Guten Nachricht, die in kurzer Zeit die Herzen Tausender erreichte und zu einer explosionsartigen Verbreitung des Evangeliums führte.

Was ist die christliche Gemeinde? Der Begriff steht für mehre Dinge gleichzeitig: Für die weltweite Gemeinschaft, die regionale Kirche oder Gemeinde vor Ort und für das Gottesdienstgebäude. Manche tun so, als wäre die christliche Gemeinde eine Art sozialer Gesellschaftsverein mit internationalem Netzwerk. Tatsächlich ist sie einfach nur die Gemeinschaft von Jesus Christus und den Leuten, die an ihn glauben.

Der Auftrag der christlichen Gemeinde hat sich nicht verändert: die Gute Nachricht zu verkünden und mit offenen Armen alle zu empfangen, die hungrig nach dieser Botschaft sind. Dass sich die Botschaft tatsächlich an „alle" richtet, war anfangs gar nicht klar. Zunächst dachten die Apostel, dass sich Gott durch das Evangelium erneut und ausschließlich seinem Volk, den Juden, zuwendet. Erst nach und nach verstanden sie, dass die Botschaft allen gilt.

Dieser Durchbruch führte zu einem unglaublichen Wachstum der christlichen Gemeinde, sodass wir sie heute in allen Teilen der Welt finden. Dieses Wachstum konnten auch die immer wieder aufgetretenen Christenverfolgungen nicht verhindern – und sie können es bis heute nicht.

Wenn man das sieht, fragt man sich zu Recht, warum bei uns so viele Gemeinden und Kirchen leer sind. Vielleicht deshalb, weil sie ihren ursprünglichen Auftrag aus dem Blick verloren haben? Deshalb kann es sich lohnen, in den kommenden fünf Texten noch einmal genauer nachzulesen, worin dieser Auftrag besteht.

gelesen am:

Tag 71 Sendung des Heiligen Geistes

Ein überraschendes Geschenk

Beten: Jesus Christus, danke dafür, dass du uns den Heiligen Geist versprochen und gesandt hast. Ich möchte bereit sein, das anzunehmen, was du mir durch ihn zeigen möchtest.

Lesen: Apostelgeschichte 2

Entdecken: Wie muss es den Jüngern wohl gegangen sein: Drei Jahre lang gehörten sie zum Zentrum der Geschichte. Sie folgten Jesus und hörten die wichtigste Botschaft der Weltgeschichte. Sie hörten ihn predigen und sahen, wie er Wunder vollbrachte. Aber dann mussten sie mit ansehen, wie er hingerichtet wurde. Sie erlebten seine Auferstehung und die Rückkehr zu seinem Vater in den Himmel. Und jetzt? Was soll als nächstes passieren? Wie geht es weiter? Es muss doch weitergehen!

Der erweiterte Jüngerkreis (jetzt inkl. der Familie von Jesus; Johannes 7,5) konnte diese Fragen nicht beantworten. Deshalb gingen sie zur gewohnten Routine über (2,1; 1,14). Wenn herausfordernde Dinge passieren, kann es eine große Hilfe sein, Zeit mit Gott und mit Menschen zu verbringen, die den Glauben an Jesus Christus teilen. Und so schwer es ist: Manchmal geht es in solchen Situationen nur darum, gemeinsam darauf zu warten, dass Gott eine neue Tür öffnet.

In diesem Fall führte das Warten der Jünger zu einem unglaublichen geistlichen Durchbruch: Der Heilige Geist kam zu ihnen (2,2-4). Vater, Sohn und Heiliger Geist. Sie sind drei und doch eins. Doch bislang blieb der Geist einzelnen Menschen vorbehalten. König David war einer von ihnen (1 Samuel 16,13). Jetzt wird er in das Leben aller ausgegossen, die an Jesus Christus glauben und sich auf seinen Namen taufen lassen (2,38-39). Und wenn der Heilige Geist in deinem Leben einzieht, dann ist nichts wie vorher.

Petrus ist ein gutes Beispiel dafür. Der Heilige Geist machte einen ganz neuen Menschen aus ihm. Vorher war er ein wankelmütiger Mensch mit Hang zur grenzenlosen Selbstüberschätzung. Aber durch den Heiligen Geist wurde aus ihm ein verantwortungsvoller geistlicher Leiter, der natürlich nicht fehlerlos war, den Gott aber auf besondere Weise gebrauchte, um seine Gemeinde zu bauen (Matthäus 16,18; 2,40-41).

Anwenden: Hast du erlebt, wie der Heilige Geist in dir wirkt? Gibt es etwas, was er in deinem Leben verändert hat?

Antworten: Herr, füll mich neu mit deinem Heiligen Geist. Lass mich erkennen, wo du mich verändern möchtest. Hilf mir, Schritte zu gehen, um anderen von diesem großen Geschenk deiner Liebe zu erzählen.

Ein völlig verändertes Team

Beten: Himmlischer Vater, du kennst mich und weißt, wie ich bin. Aber vielleicht gibt es Dinge, die du gerne ändern möchtest. Ich möchte diesen Weg mit dir gehen. Bitte hilf mir, dir zu vertrauen.

Lesen: Apostelgeschichte 3–4

Entdecken: Im Fußball kommt es manchmal vor, dass zwei sehr ungleiche Mannschaften gegeneinander antreten müssen. Schon in der ersten Halbzeit gerät die schwächere in Rückstand und hat eigentlich keine Chance mehr, das Spiel zu gewinnen. Manchmal gelingt es ihr aber dennoch, sich zu befreien und das Unmögliche möglich zu machen: Wie ausgewechselt kommen sie nach der Halbzeitpause wieder auf den Platz, drehen das Spiel um und gewinnen. Dieses Bild lässt sich auf die Situation der Jünger übertragen.

Fast verloren schien alles, als sie von Golgota weggingen. Aber dann erlebten sie eine erfrischende Pause, bevor sie wieder auf den Platz mussten. Dort erschienen sie jedoch nicht als die Leute, die sie bisher waren. Erfrischt durch den Heiligen Geist und in dem Wissen, Jesus an ihrer Seite zu haben, gehen sie ermutigt zu den Menschen und verkündigen das Evangelium.

Allen voran Petrus. Er predigt vor tausenden von Leuten, heilt Kranke und scheut auch den Weg in den Tempel nicht. Dabei weiß er sich in seiner Aufgabe von Gott getragen, von Jesus Christus befähigt und durch die Kraft des Heiligen Geistes gestützt. Wer in dieser Grundhaltung seiner Aufgabe nachkommt, kann erleben, dass Gott große Dinge tut und sich die Gute Nachricht in ihrer ganzen Schönheit entfaltet.

Aber nicht alle waren glücklich über diese veränderte „Mannschaft" (4,1-7). Tatsache ist: Wenn Gott am Werk ist, muss mit Widerstand gerechnet werden. Dieser Widerstand kann jedoch genau das Gegenteil von dem bewirken, was er eigentlich ausrichten soll (4,23-31). Das einzige, was die christliche Gemeinde aufhalten kann, ist sie selbst. Wenn Christen aufhören, sich auf Jesus auszurichten, nach Gottes Willen zu leben und stattdessen lieber auf die eigene anstatt die Kraft des Heiligen Geistes zu bauen, kann das das Ende einer Gemeinde bedeuten. Deshalb ist es so wichtig, in enger Verbindung zu Jesus Christus zu leben.

Manche glauben, dass der Erfolg der ersten Gemeinde in Jerusalem darin begründet liegt, dass sie auf so beeindruckende Weise Gemeinschaft gelebt haben. Sie waren bereit, Geld und Besitz zu teilen (4,32-37). Es scheint jedoch so zu sein, dass dieses Teilen nur das Ergebnis eines viel größeren Geschenks war: Einigkeit (4,32).
Wir können uns kaum vorstellen, was Gott durch seine Gemeinde heute bewirken könnte, wenn sie „ein Herz und eine Seele" wäre.

Anwenden: Denke an deine eigene Gemeinde: Wie erlebst du das Gemeindeleben? Kennzeichnet euch Gemeinschaft oder erlebst du eher Trennendes? Was kannst du dazu beitragen, dass Einigkeit wächst?

Antworten: „Herr, gib uns die Kraft, deine Botschaft mutig und offen zu verkünden! Hilf uns dabei! Strecke deine Hand aus und heile Kranke! Und lass Staunen erregende Wunder geschehen durch den Namen von Jesus.

gelesen am:

Tag 73 Die Gemeinde wird verfolgt

Wie Samen im Wind

Beten: Jesus, zu Beginn meiner Zeit mit dir möchte ich dir bekennen, wo ich vor dir und Menschen schuldig geworden bin. Bitte vergib mir meine Schuld und hilf mir, denen zu vergeben, die an mir schuldig geworden sind.

Lesen: Apostelgeschichte 6,8–8,8

Entdecken: Stephanus gehörte zu den zentralen Leitungspersönlichkeiten in der Jerusalemer Gemeinde (6,5.8). Trotzdem hat er sicher nicht mit der Gelegenheit gerechnet, dem jüdischen Rat Gottes Weg mit seinem Volk aufzeigen zu dürfen. Leider stieß seine Predigt auf taube Ohren. Die religiöse Führungselite weigerte sich, das Gesagte an sich heranzulassen. Zugegeben, es war rhetorisch nicht geschickt, seine Predigt in eine anklagende Zuspitzung münden zu lassen, die in diesem Rahmen sein Todesurteil bedeuten konnte. Aber er sah sich von Gott gedrängt, ohne Rücksicht auf die eigene Person die Wahrheit beim Namen zu nennen.

Seine Zuhörer waren verärgert und verbittert. Sie trugen einen Groll in sich, der sie blind für die Wahrheit machte. Manchmal missbrauchen Menschen Ärger und Enttäuschung, um sich damit gegen Gott abzuschotten. Wenn du dich über einen bestimmten Punkt ständig ärgern musst, kann es nötig sein, diesen mit Gott zu besprechen. Vielleicht verbirgt sich dahinter eine Wahrheit, die du nicht hören möchtest?

Es gab aber noch einen anderen Grund, warum sie sich mit der Predigt des Stephanus schwertaten: Sie liebten ihre Gesetze und Gebote mehr als Gott (6,13-14). Gemeindliche oder kirchliche Traditionen zu achten und zu erhalten, ist nicht falsch. Gefährlich wird es nur dann, wenn sie dir zu wichtig werden. Jesus kam nicht in diese Welt, um eine neue Religion zu starten – er kam, um uns eine Beziehung zu Gott zu ermöglichen.

Stephanus wurde zum ersten Märtyrer. Seine Steinigung legte auf dramatische Weise den ganzen Hass offen (7,54-58). Wieder einmal bringt Gott aus dem Bösen der Menschen Gutes hervor (1 Mose/Genesis 50,20): Die Verfolgung führt zu ungeahntem Wachstum der Gemeinde. Wie Blütensamen im Wind breitet sich das Evangelium aus, denn die vertriebenen Gemeindeglieder können es nicht lassen, die Gute Nachricht im ganzen Land zu verbreiten (8,4). Und darüber hinaus betritt in diesem Zusammenhang ein Mann die Bühne, der eine zentrale Rolle im Reich Gottes spielen wird: Saulus. Er stellt sich eindeutig auf die Seite der Gegner des christlichen Glaubens. Es ist sein ausformuliertes Ziel, die Gemeinde zu vernichten (8,1-3). Damals ahnt er noch nicht, dass Gott einen ganz anderen Plan mit ihm hat und dass der Heilige Geist auch aus ihm einen ganz neuen Menschen machen will: Paulus, den großen Missionar der frühen christlichen Gemeinde. Durch ihn wird deutlich: Wir sollten niemals an der Macht Gottes zweifeln. Bei Gott ist nichts unmöglich.

Anwenden: Hast du schon einmal Nachteile wegen deines Glaubens erlebt? Warum? Wie bist du damit umgegangen? Wie gehst du mit den Freiheiten um, die du im Glauben hast?

Antworten: Herr, ich bin mir oft unsicher, wie ich vor anderen für dich einstehen kann. Ich möchte Beziehungen nicht zerstören, aber auch nicht zu zaghaft sein und meinen Glauben im Verborgenen halten. Bitte gib mir Weisheit und Kraft, das Richtige zu tun.

Tag 74 Die Botschaft weitergeben

Ein stiller Held

Beten: Herr, vielen Dank dafür, dass ich dein Wort in meinen Händen halten kann. Bitte segne die Zeit, die mir jetzt gegeben ist, um darin zu lesen. Hilf mir zu verstehen, was ich lese, und es auch anzuwenden.

Lesen: Apostelgeschichte 8,26-40

Entdecken: Philippus gehört nicht zu den „ganz Großen" des Neuen Testaments. Verglichen mit Petrus und Paulus spielt er eher eine untergeordnete Rolle. Vielleicht geht es dir manchmal ähnlich: Du siehst Menschen um dich herum, durch die Gott eine Menge bewegt, und du fragst dich, wozu Gott dich gebrauchen kann. Auf unserer Reise durch die Bibel ist oft deutlich geworden, dass Gott Menschen nicht nach menschlichen Maßstäben beruft. Er wählt vielmehr diejenigen aus, die bereit sind, auf ihn zu hören, und die offen dafür sind, dass der Heilige Geist in ihnen und durch sie wirkt.

Wir wissen nicht, womit Philippus gerade beschäftigt war, als der Engel des Herrn kam. Aber er war sofort bereit zu gehen und auf den Heiligen Geist zu hören, um die Gute Nachricht zu verkünden. Wir dürfen nie vergessen, dass Gottes Wirken in dieser Welt anders ist, als wir es uns vorstellen. Er bereitet Menschen lange bevor wir es ahnen auf die entscheidenden Momente vor. Für uns kommt es darauf an, offen zu sein, wenn Gott uns ruft, damit wir uns vom ihm gebrauchen lassen, wenn es so weit ist.

Philippus wendet er sich dem Eunuchen aus Afrika zu. Dabei beginnt er zunächst mit einer Frage (8,30). Wir meinen oft, wir müssten Antworten parat haben, wenn wir mit jemandem über den Glauben ins Gespräch kommen. Dabei ist es viel wichtiger, das Gegenüber zunächst einmal kennenzulernen und zu verstehen, womit der oder die Andere ringt. Im nächsten Schritt erklärt Philippus dem Eunuchen, was die Bibel über Jesus sagt (8,35). Im gemeinsamen Bibellesen steckt eine unglaubliche Kraft. Denn Gott hat versprochen, durch sein Wort zu wirken (Jesaja 55,8-11).

Der vermutlich entscheidende Punkt ist jedoch, dass Philippus bereit war zu gehen, als Gott ihn rief – ohne zu wissen, wohin ihn das bringen wird. Philippus Weg führte ihn geradewegs in die Wüste (8,26). Mich hätten Selbstzweifel gepackt und ich hätte Gott einige Fragen gestellt. Philippus war bereit zu tun, was Gott von ihm wollte, denn er vertraute ihm. Wer bereit sein will, die Gute Nachricht zu verkünden, muss bereit sein, sich von Gott an den dafür passenden Platz führen zu lassen. Arbeitet Gott vielleicht gerade in dir, damit du seine Stimme hörst und dich aufmachst?

Anwenden: Freust du dich über Gelegenheiten, in denen du über deinen Glauben sprechen kannst, zum Beispiel auf der Arbeit, an der Uni oder wenn du Zeit mit deinen Freunden verbringst? Oder ist dir das eher eine Last? Kann dir die Vorgehensweise von Philippus eine Hilfe sein?

Antworten: Himmlischer Vater, ich weiß, dass du um mich herum am Werk bist. Du kennst die Menschen, die in meinem Umfeld leben und dich nicht kennen. Bitte öffne mir die Augen für das, was du tust. Zeige mir Menschen, die du erreichen möchtest. Und bereite mich auf das Gespräch vor, damit ich die richtigen Worte wähle, wenn es darauf ankommt.

gelesen am:

Tag 75 Die Gute Nachricht für alle

Eintritt frei

Beten: Vater im Himmel, bitte hilf mir, auf Jesus zu sehen, wenn ich heute in deinem Wort lese.

Lesen: Apostelgeschichte 10,1–11,18

Entdecken: Auf dem Weg durch die Bibel sind wir an einem entscheidenden Wendepunkt angelangt. Gottes Plan, die Beziehung zwischen ihm und den Menschen auf eine neue Grundlage zu stellen, nahm seinen Anfang, als er Abra(ha)m berief (1 Mose/Genesis 12,1-9). Dieser Plan war eng verflochten mit dem Weg und der Geschichte des Volkes Israel. Nun weitet sich der Horizont, denn die Gute Nachricht erreicht auch die Nicht-Juden (11,18). Aus unserer Perspektive kann man sich fragen, warum diesem scheinbar selbstverständlichen Schritt in der Apostelgeschichte eine solche Aufmerksamkeit zugestanden wurde. Daran wird einfach sichtbar, wie bedeutsam dieser Schritt tatsächlich war. Das Volk Gottes beschränkt sich nun nicht mehr auf die leiblichen Nachkommen von Abraham. Es sind nun viel mehr seine „Glaubensnachkommen" (1 Mose/Genesis 15,6), die von jetzt an zum Volk Gottes gezählt werden. Für die Juden damals war das ein unglaublicher Schritt.

Zugleich zeigt der Text, wie Gott unser alltägliches Leben durchbrechen kann (10,3.17.19). Viele Menschen halten Gott für einen Uhrmacher. Wie eine dieser alten Uhren hat er die Welt konstruiert, sie „aufgezogen", in Gang gebracht und dann sich selbst und ihren Mechanismen überlassen. Aber die Bibel zeigt uns, dass Gott sehr wohl in die Welt eingreift, die er geschaffen hat – sehr konkret sogar. An Schlüsselstellen wie dieser greift er ein, um die beteiligten Personen zusammenzubringen. Er schickt seinen Engel und gibt Petrus eine Vision, denn er hat einen Plan mit diesen Leuten, und sie waren bereit, sich auf diesen Plan einzulassen.

Das Ziel des Ganzen: Kornelius, seine Familie und seine Freunde sollen verstehen, wie sehr Gott sie liebt und dass sein Sohn Jesus Christus für sie genauso gestorben ist wie für das jüdische Volk (10,34). Das Reich Gottes ist niemandem verschlossen. Der Eintritt ist frei. Das bedeutet nicht, dass jeder automatisch hineinkommt.
Es ist für jeden offen, der an Jesus Christus glaubt (10,43) und den Heiligen Geist empfangen hat (10,47). Aber es fallen keine weiteren Kosten an. Jesus hat für alle die Schuld bezahlt, sodass jeder zum Vater kommen kann. Er steht mit offenen Armen da und wartet. Unser Vorrecht ist es, diese Gute Nachricht anderen Menschen weitersagen zu dürfen.

Anwenden: Gibt es Leute in deinem Umfeld, die diese Gute Nachricht nicht erreicht? Könntest du ihnen vielleicht eine Brücke sein? Gott wartet und freut sich auf sie – vielleicht wissen sie das gar nicht?

Antworten: Himmlischer Vater, bitte vergib mir, wenn ich aus deiner guten Botschaft ein Geheimnis mache. Manchmal fällt es mir schwer, darüber zu reden. Bitte verändere das in mir und hilf mir, auf die Menschen in meinem Umfeld zuzugehen. Besonders bete ich jetzt für ... Bitte schenke, dass sich eine Gesprächsmöglichkeit ergibt.

Zusammenfassende Gedanken

Welche Gedanken sind dir in den zurückliegenden fünf Einheiten für deinen Glauben und deinen Alltag besonders wichtig und wertvoll geworden?

1

2

3

4

5

Bevor du dich auf die nächste Etappe deiner Reise durch die Bibel begibst, könnte es helfen, noch einmal kurz deine persönlichen Einsichten zu den vorherigen Einheiten zu lesen – und so erneut zu entdecken, was Gott dir schon gezeigt hat.

Die Missionsreisen von Paulus

Die Apostelgeschichte berichtet von den Ereignissen, die stattfanden, nachdem Jesus Christus zu seinem himmlischen Vater zurückgekehrt war. Dicht reihen sich die verschiedenen Ereignisse aneinander. Fast explosionsartig hat sich die Gute Nachricht verbreitet. Anhand der wenigen Texte, die aus der Apostelgeschichte in den Bibelleseplan von E100 Einzug gehalten haben, wird deutlich, wie spannend und lebendig dieses Buch die erste Zeit der Christen beschreibt.

Eine ihrer zentralen Figuren ist der Apostel Paulus. Er bezeichnet sich selbst als den „geringsten unter den Aposteln" (1 Korinther 15,9). Sein hebräischer Name war Saulus. Er gehörte zu den Nachwuchstalenten der religiösen Führungselite. Mit großer Hingabe hatte er sich der Wahrung der Tradition verschrieben. Gleichzeitig besaß er die römische Staatsbürgerschaft, denn er kam aus Tarsus. Diese beiden Voraussetzungen bescherten ihm Privilegien und Freiheiten, die er für sich zu nutzen wusste. Aber Saulus erlebte, wie Gott unwiderstehlich in sein Leben eingriff. Die Vorrechte, die er gegen die christliche Gemeinde einsetzen wollte, konnte er dann zur Ehre von Jesus Christus einbringen. So wurde Saulus (sein römischer Name lautet übrigens Paulus) zum größten Missionar in der Geschichte der Christenheit.

Die fünf Stationen in diesem Kapitel folgen Paulus auf seinen Missionsreisen. Viele Bibelausgaben enthalten Karten, mithilfe derer sich die Reisen nachvollziehen lassen (es lohnt sich, sich die Reisewege und -stationen einmal näher anzuschauen). Die meisten Strecken hat Paulus zu Fuß zurückgelegt, manches Mal ist er mit dem Schiff gereist. Auf seinen Reisen ist er nicht selten in schwierige Situationen geraten. Teilweise hatten sie lebensbedrohlichen Charakter (2 Korinther 11,23-28):

„Ich habe härter für Christus gearbeitet. Ich bin öfter im Gefängnis gewesen, öfter geschlagen worden. Häufig war ich in Todesgefahr. Fünfmal habe ich von den Juden die neununddreißig Schläge bekommen. Dreimal wurde ich von den Römern mit Stöcken geprügelt, einmal wurde ich gesteinigt. Ich habe drei Schiffbrüche erlebt; das eine Mal trieb ich eine Nacht und einen Tag auf dem Meer. Auf meinen vielen Reisen haben mich Hochwasser und Räuber bedroht. Juden und Nichtjuden haben mir nachgestellt. Es gab Gefahren in Städten und in Einöden, Gefahren auf hoher See und Gefahren bei falschen Brüdern. Ich hatte Mühe und Not und oftmals schlaflose Nächte. Ich war hungrig und durstig, oft hatte ich tagelang nichts zu essen. Ich fror und hatte nichts Warmes anzuziehen. Ich könnte noch vieles aufzählen; aber ich will nur noch eins nennen: die Sorge um alle Gemeinden, die mir täglich zu schaffen macht."

Warum hat Paulus all das auf sich genommen? Aus zwei Gründen: Erstens war er Jesus persönlich begegnet. Das hat sein Leben verändert, denn er hat erkannt: Wenn Jesus lebt, dann ist ein Leben für ihn das einzig sinnvolle. Und zweitens hatte er verstanden, dass er ein Werkzeug in Gottes Hand war, um vielen Menschen die Gute Nachricht zu verkünden und überall in der damals bekannten Welt Gemeinden zu gründen.

gelesen am:

Tag 76 Die Bekehrung von Saulus

HR 13.11.2013

Nur darum geht es

Beten: Herr, dein Wort kann ins Innerste von Seele und Geist vordringen. Es deckt die geheimen Wünsche und Gedanken auf. Bitte schenke, dass das bei mir passiert, wenn ich jetzt in deinem Wort lese (Hebräer 4,12).

Lesen: Apostelgeschichte 9,1-31

Entdecken: Eigentlich ist Saulus auf dem Weg, um Christen aufzuspüren, sie gefangenzunehmen und nach Jerusalem zu bringen (9,1). Angetrieben von Wut und Zorn kommt es auf der Straße nach Damaskus zum Wendepunkt seines Lebens. Nur wenige Tage später geht er in die Synagoge von Damaskus und beweist anhand der Schriften aus dem Alten Testament, warum Jesus der Christus ist (9,22). Wie kann das sein? Wie kann jemand eine radikale Wende in seinem Leben erfahren? Vom Verfolger zum Verfolgten.

1. Der eigentliche Grund liegt bei Gott. Er hat Saulus auserwählt (9,15). Punkt. Nicht anders als bei Abraham, Mose, Saul, David ... Wen Gott beruft, der kann nicht widerstehen. Er kann vielleicht Gründe nennen, warum er sich nicht geeignet fühlt, oder versuchen davonzulaufen. Aber er kann sich ihm letztendlich nicht entziehen. Manchmal sucht sich Gott Leute aus, bei denen wir es nicht für möglich halten, dass sie einmal zu ihm gehören würden (9,13). Gottes Gedanken sind anders als unsere. Und vielleicht hält er auch für uns Dinge bereit, mit denen wir nie rechnen würden?

Bsp? von heute

2. Ein zweiter Hauptgrund liegt darin, dass Paulus Jesus begegnet ist (9,3-6). So traurig es ist: Manche Menschen setzen sich ihr Leben lang für den Glauben ein, sie denken, sie tun genau das Richtige und doch sind sie Gott und seinem Sohn Jesus Christus nie begegnet. Paulus musste sich erst auf den staubigen Weg nach Damaskus machen, damit er versteht, worum es im Leben eigentlich geht: Jesus lebt! Das ändert alles. Erst nachdem er das verstanden hatte, konnte er sein Leben neu beginnen (9,18). Pläne, Vorstellungen, Wünsche, Hoffnungen, Ziele – alles änderte sich. Das ist bis heute so. Zeit seines Lebens setzte Paulus seine ganze Kraft dafür ein, dass Menschen diese froh machende Botschaft kennenlernten.

3. Ein dritter Aspekt ist, dass Paulus durch seine Umkehr die Mitchristen sehr herausgefordert, ihnen aber auch geholfen hat. Hananias konnte kaum glauben, was Gott ihm sagte, aber auch er vertraute Gott, legte Paulus die Hände auf und nahm ihn als seinen Bruder im Glauben an (9,17). Unterstützt wurde er auch von Barnabas, denn es dauerte seine Zeit, bis die Christen ihre Unsicherheit Paulus gegenüber ablegten (9,27). Auch heute noch kann es vorkommen, dass Leute, die schon lange Christen sind, jungen Christen mit Skepsis begegnen. Wenn Gott sich zu jemandem stellt, sollten wir es dann nicht auch vorbehaltlos tun?

Anwenden: Bist du Jesus in deinem Leben schon einmal begegnet? Wie hat das dein Leben verändert: Schnell und plötzlich oder langsam und kontinuierlich? Über welche Veränderung bist du Jesus am meisten dankbar?

Antworten: Herr Jesus, ich freue mich von Herzen darüber, dass du in einer persönlichen Beziehung zu mir leben möchtest. Danke für den Plan, den du für mich und mein Leben hast. Bitte schenke mir Einsicht in deine Gedanken, damit ich mich danach ausrichten kann.

gelesen am:

Tag 77 Die erste Missionsreise

Über Jesus reden

Beten: Vielen Dank, himmlischer Vater, dass ich jetzt Zeit habe, um dir und deinem Wort zu begegnen. Du kennst die Gedanken, die mich gerade beschäftigen. Hilf mir, sie jetzt vor dich zu bringen, um sie dir anzuvertrauen. Du weißt, mich bekümmert ... Danke, dass ich meine Sorgen bei dir abgeben kann und du für mich sorgst.

Lesen: Apostelgeschichte 13–14

Entdecken: Ich gehörte viele Jahre zu einem Team, das in Gefängnissen christliche und evangelistische Veranstaltungen und Treffen durchgeführt hat. Dazu gehörten auch Bibelgesprächskreise, an denen Gefängnisinsassen und Besucher teilgenommen haben. Unsere Besuche machten das Aufsichtspersonal nervös. „Es reicht, wenn ihr für die Veranstaltungen macht, die schon Christen sind.", sagten sie. „Lasst doch die Leute glauben, was sie wollen, Ihr müsst sie nicht noch bekehren."

In unserer Gesellschaft ist es ein Zeichen von Intoleranz, wenn man Leute dazu auffordert, an etwas anderes zu glauben als an das, was sie bisher für richtig hielten. Paulus und Barnabas haben auf ihren Reisen nichts anderes getan, als Leute zur Umkehr aufzurufen (Matthäus 28,18-20). Man kann sich dagegen wehren, sich sträuben oder versuchen, es zu verdrängen: Aber Mission ist Kernaufgabe der christlichen Gemeinde.

Bei Mission geht es nicht darum, jemandem etwas aufzudrücken. Das wäre völlig falsch. Paulus hat das auch nicht getan. Er überträgt vielmehr die Gute Nachricht in die Situation der Menschen vor Ort und spricht auch die grundlegenden Wahrheiten frei aus. Er verkündigt auf taktvolle und angemessene Weise und knüpft an dem an, was die Leute wissen (13,32.38-39).

Zugleich stößt er auf Widerstand. Die religiösen Vertreter vor Ort befürchten, Marktanteile zu verlieren (13,45). Geht es ihnen um den Glauben oder die eigene Person? Auch sehen viele im christlichen Glauben die Gefahr, dass Menschen eingeengt werden könnten. Aber die Wahrheit macht nicht unfrei – zu leugnen, dass es sie gibt, hingegen schon.

Darüber hinaus gibt es noch zwei weitere wichtige Aspekte: Paulus tritt mutig und zuversichtlich auf (14,19-20). Auch wenn wir aufgrund unseres Glaubens vermutlich nie vor eine aufgebrachte Menge treten müssen, heißt das nicht, dass wir für unseren Glauben jedes Risiko scheuen dürfen. Und Paulus erweist er sich als zuverlässig. Er und Barnabas waren von der Gemeinde in Antiochia für ihren Dienst ausgesandt worden. Es war ihnen wichtig, den Geschwistern regelmäßig zu berichten (13,1-3; 14,26-28).

Anwenden: Es gibt weltweit viele Geschwister, die aufgrund ihres Glaubens Verfolgung und Unterdrückung erleben. Sie sind auf unsere Unterstützung im Gebet dringend angewiesen. Zugleich können wir Gott für die Freiheiten danken, die wir in unserem Land haben.

Antworten: Herr, ich möchte dich für meine Geschwister im Glauben bitten, die verfolgt werden. Hilf du ihnen, am Glauben festzuhalten. Zugleich bitte dich für die Menschen in meinem Umfeld: Bitte lass sie erkennen, dass du sie liebst. Hilf mir, mit ihnen über dich zu sprechen.

Warum Gemeinde?

Beten: Himmlischer Vater, du bist ein großer Gott. Wir können dich mit unserem Verstand nicht fassen. Und trotzdem hast du uns deine Gedanken über Generationen hinweg immer wieder offenbart. Bitte hilf mir, sie zu verstehen, wenn ich jetzt in deinem Wort lese.

Lesen: Apostelgeschichte 15

Entdecken: Als Bill Hybels, ein amerikanischer Pastor, seine erste Jugendleiterstelle annahm, wurde er kurz darauf gebeten, sie wieder aufzugeben: Durch seine Arbeit hatten viele „falsche" Jugendliche Anschluss an die Gemeinde gefunden, die nicht zum Umfeld der Gemeinde passten. Frustriert gründete er die „Willow Creek" Gemeinde, die sich speziell an Leute richten sollte, die außerhalb der Gemeinde standen. Heute ist diese Gemeinde eine der größten in ganz Amerika.

Der heutige Text wirft eine spannende Frage auf – es ist dieselbe Frage, die Bill Hybels einmal einem Jugendpastor gestellt hat: Für wen ist Gemeinde da? Im ersten Jahrhundert dachten viele, die Gemeinde ist für Juden oder zumindest für solche Menschen, die nach den jüdischen Vorschriften leben (15,1). Aber es dauerte nicht lange, bis die Christen der ersten Gemeinden verstanden, dass es nicht eine Frage der Herkunft war, wer zur Gemeinde dazugehören durfte.
Es war eine Frage der Gnade (15,11).

Spannend ist, dass die Gemeinden offensichtlich von der ersten Stunde an in der Gefahr standen, ihre Einheit zu verlieren. Und als sie erkannten, wie grundlegend verschieden ihre Positionen waren, suchten sie eine offene Klärung. Sie kamen zusammen (15,2-4), hörten aufeinander (15,5-12), blieben offen für das Wirken des Heiligen Geistes (15,8), um dann schließlich die Entscheidung der Leitung zu suchen und zu akzeptieren (15,19). Auf diese Weise mit einem innergemeindlichen Konflikt umzugehen, ist für unsere heutigen Gemeinden beispielhaft.

Das Kapitel endet mit einem traurigen, aber realistischen Nachspiel. Nachdem Paulus und Barnabas über Jahre gemeinsam ihr Leben für das Evangelium riskiert und einen Bruch in der frühen und jungen christlichen Gemeinde vermieden haben, können sie aufgrund eines persönlichen Konflikts nicht mehr zusammenarbeiten und beschließen, in Zukunft getrennte Wege zu gehen (15,37-39; 13,13). Wenn Christen unterschiedlicher Meinung sind oder sich streiten, brauchen sie Gottes Weisheit, um die Spannungen zu lösen und Trennung zu vermeiden. Manchmal ist selbst das nicht möglich und doch kann Gott auch dann noch Gutes aus Schlechtem hervorgehen lassen. In diesem Fall erhöhte sich dadurch die Anzahl an missionarisch aktiven Teams um 100 Prozent (15,39-41).

Anwenden: Welcher Typ Mensch wird von deiner Gemeinde angezogen? Warum? Gibt es zu diesem Thema unterschiedliche Meinungen in eurer Gemeinde? Wie werden Konflikte ausgetragen? Kann der heutige Text an diesem Punkt eine Hilfe sein?

Antworten: Himmlischer Vater, ich danke dir für meine Gemeinde. Durch dich sind wir als Geschwister miteinander verbunden. Nicht alles läuft immer glatt, aber gleichzeitig bindest du dich an deine Gemeinde. Bitte schenke Einheit, wo Uneinigkeit herrscht. Bitte segne die, die in Verantwortung stehen, und hilf ihnen bei ihren Herausforderungen.

Die Missionsreisen von Paulus

gelesen am:

Tag 79 Weitere Missionsreisen

Gottes Willen erkennen

Beten: Danke, Vater im Himmel, für das Beispiel, das Paulus uns gibt. Er blieb nah an dir dran, liebte dein Wort und setzte sich mit all seiner Kraft für die Gute Nachricht ein. Bitte hilf mir, von ihm zu lernen.

Lesen: Apostelgeschichte 16–20

Entdecken: „Wird Gott mich bestrafen, wenn ich eine Entscheidung treffe, die seinem Willen nicht entspricht? Was passiert, wenn ich einen Fehler mache?" Vielleicht hast du dir diese Fragen auch schon einmal gestellt. Mir sind sie sehr vertraut. Keine Frage: Bevor Paulus seine nächste Reise antrat, wollte er Klarheit von Gott bekommen, in welche Richtung sie gehen sollte. Wie können wir wissen, was Gott von uns erwartet?

Der Startpunkt hieß: warten (13,2-3). Wieder einmal. Das kommt uns komisch vor, denn wir sind es gewohnt, draufloszurennen und dann Gott darum zu bitten, unseren Weg zu segnen. Aber das kann uns in Schwierigkeiten bringen. Es ist besser, zuerst zu beten, zu fasten, nach Gottes Willen zu fragen und darauf zu warten, dass der Heilige Geist uns die Richtung aufzeigt. Dieser Weg ist gut. Doch auch er bewahrt uns nicht vor Umwegen. Paulus ist sich sicher, dass ihn Gottes Weg nach Kleinasien führen wird. Offensichtlich hat er Gott falsch verstanden. Denn als er dorthin aufbricht, stellen sich ihm unerwartete Hindernisse in den Weg. Also sollte es nach Bithynien weitergehen. Doch auch hier macht er dieselbe Erfahrung (16,6.9-10). Erst dann öffnet Gott ihm die Tür in Richtung Mazedonien. Wenn wir im Vertrauen auf Gott unterwegs sind, dann können wir uns auf die Reise begeben, ohne das Ziel genau zu kennen. Gott kann uns durch Umwege genau dorthin bringen, wo er uns haben möchte.

Das bedeutet nicht, dass der Weg immer leicht ist. Paulus und seinen Gefährten sind einige unangenehme und bisweilen gefährliche Dinge widerfahren. „Herr, ich dachte, es wäre dein Plan, dass ich nach Mazedonien reise?" Was uns wie eine Fehlentscheidung vorkommt, sieht Gott vielleicht ganz anders. Das Entscheidende ist, dass wir auch in solchen Situationen an Gott festhalten und dass uns unsere Schwächen nicht davon abhalten, die vorgegebenen Ziele zu erreichen (2 Korinther 12,9-10). Paulus ist das gelungen. Er behielt seinen Auftrag fest im Blick (20,24).

Je nach Zielgruppe arbeitete Paulus mit unterschiedlichen Strategien. Auch wenn es sich so anhört, als ob diese Feststellung aus dem kleinen „Ein-mal-Eins" der Unternehmensberatung entnommen wäre, so können wir diese Prinzipien bei ihm entdecken. Bei den Leuten, die eine Beziehung zur Schrift hatten, argumentierte er auf Basis der „Heiligen Schriften" (17,2). Bei den Leuten, die keinen Bezug zu den Schriften hatten, versuchte er, durch kulturelle Bezüge Brücken zur Guten Nachricht zu schlagen (18,1-17). Gerade für unsere Postmoderne ist dies ein hilfreicher Ansatz.

Anwenden: Wie versuchst du, Gottes Willen zu erkennen? Hat Gott dich schon einmal einen Umweg gehen lassen, um dich ans Ziel zu bringen? Was kannst du anderen raten, die sich in einer solchen Situation befinden?

Antworten: Himmlischer Vater, wenn ich in meinem Leben zurückschaue, kann ich sehen, dass du immer an meiner Seite warst. Hab herzlichen Dank dafür. Wenn du mich in eine neue Richtung leiten möchtest, hilf mir, das zu erkennen und auf dich zu hören. Bitte gib mir den Mut, im Vertrauen auf dich Schritte zu gehen.

gelesen am:

Tag 80 Die Reise nach Rom

SOS

Beten: Herr, jetzt kommt die wichtigste Zeit des Tages. Und doch fühle ich mich nicht bereit dazu. Bitte hilf mir dabei, auf dich zu hören. Richte mein Herz und meinen Verstand auf dich aus.

Lesen: Apostelgeschichte 25–28

Entdecken: Was für eine fantastische Geschichte! Da steckt noch einmal alles drin: Konflikte, Leidenschaft, Intrigen, ein dramatischer Schiffbruch – und ein Ende, das als Vorlage für eine ganze Filmserie herhalten könnte. Die Bibel ist wirklich ein spannendes Buch und die Apostelgeschichte eine ihrer aufregendsten Geschichten.

Fast könnte man verzweifeln: Hätte Paulus sich nicht darauf berufen, sich vor dem Kaiser verteidigen zu dürfen, wäre er längst frei. Und doch zeigt sich auch in dieser Situation wieder, dass Gottes Gedanken größer und höher sind als unsere. Er hat die römischen Besatzer mit ihren Truppen dazu auserkoren, Paulus in die Weltmetropole Rom zu eskortieren. Dort soll er den führenden Leuten der Stadt – finanziert durch die Römer – das Evangelium predigen.
Manchmal ist es so, dass Gott durch schwierige Situationen seinen Plan zur Erfüllung bringen möchte. Und dieser Plan kann viel Gutes enthalten, auch wenn wir es nicht für möglich halten.

Mitten in diesem Chaos scheint es zwei Dinge zu geben, die Paulus geholfen haben, durchzuhalten: Er hielt seinen Auftrag fest im Blick (9,15). Bei der Begegnung mit König Agrippa hätte er leicht einknicken können (26,20.28-29). Aber ihm war es egal, ob die Leute ihn für verrückt hielten. Es war ihm wichtiger, die Gute Nachricht zu verkündigen.
Er vertraute dem Wirken des Heiligen Geistes. Paulus hatte es erlebt, dass Gott durch seinen Geist in den Lauf der Dinge eingriff (27,33.34.44; 28,1-10). Es kann sein, dass du in Situationen gerätst, in denen du keine andere Wahl hast, als auf die Kraft des Heiligen Geistes zu setzen. Paulus war bereit, dies immer wieder zu tun, und hat dabei erfahren, wie Gott ihn trägt.

Die Apostelgeschichte scheint mit einem offenen Ende zu schließen. Was aus Paulus wurde, wird nicht berichtet. Als Lukas die Apostelgeschichte schrieb, verband er damit das Ziel, seinem Freund Theophilus zu berichten, wie Gott nach der Himmelfahrt von Jesus die Geschichte seiner Gemeinde schrieb. Und dieser Bericht findet in den letzten Versen einen großartigen Abschluss: Gott hat durch Paulus in der Weltstadt Rom seine Gemeinde und damit sein Reich wachsen lassen. Viele sind zum Glauben an Jesus Christus gekommen. Einen schöneren Abschluss kann es für ein solches Buch nicht geben.

Anwenden: Gibt es etwas, worum du mit Gott ringst? Eine herausfordernde Situation im Beruf, eine ungeklärte Beziehung, Druck von außen oder Spannungen in deinem Umfeld? Was würde es für dich bedeuten, in dieser Situation darauf zu vertrauen, dass Gott klärend eingreift?

Antworten: Jesus Christus, vielen Dank für den Weg, den du mit Paulus gegangen bist. Es war für Paulus sicher nicht leicht – danke, dass du ihm die Kraft gegeben hast, an dir festzuhalten. Bitte hilf mir, es in ähnlicher Weise zu tun.

Zusammenfassende Gedanken

Welche Gedanken sind dir in den zurückliegenden fünf Einheiten für deinen Glauben und deinen Alltag besonders wichtig und wertvoll geworden?

1

2

3

4

5

Bevor du dich auf die nächste Etappe deiner Reise durch die Bibel begibst, könnte es helfen, noch einmal kurz deine persönlichen Einsichten zu den vorherigen Einheiten zu lesen – und so erneut zu entdecken, was Gott dir schon gezeigt hat.

Paulus und die Gemeinden

Die Apostelgeschichte berichtet unter anderem davon, wie der Apostel Paulus durch das ganze römische Reich gereist ist, um an unzähligen Orten die Gute Nachricht zu verkünden, Gemeinden zu gründen oder zu besuchen. Er hat dabei unvorstellbare Strapazen auf sich genommen – dadurch aber auch gesehen, wie Gott am Werk ist und sein Reich baut.

Die Gemeinden, zu denen Paulus ein besonderes Verhältnis hatte – und das waren viele –, entwickelten sich jedoch nicht immer zu ihrem Besten. Oft konnte Paulus nur für kurze Zeit an einem Ort bleiben. Dann musste er mehr oder weniger freiwillig weiterziehen (Apostelgeschichte 16,1-10). Die wenige Zeit reichte oft nicht aus, um die Menschen tief in der Guten Nachricht zu verwurzeln. Das machte es den Gemeinden in der Folge schwer, sich aufkommenden Fragen zu stellen und fundierte Antworten zu finden.

Es kamen neue Leute in die Gemeinden. Manche kamen zum ersten Mal mit der christlichen Botschaft in Berührung, andere kamen aus anderen Gemeinden. Mit neuen Leuten kamen neue Ideen in die junge, zerbrechliche Gemeinschaft und es zeigte sich, dass nicht alle Ideen von Gott stammen. In manchen Gemeinden übernahmen Leute die Verantwortung, die es besser nicht getan hätten. Sie trugen ihre eigenen Vorstellungen mit ein und führten andere auf die falsche Bahn: Irrlehren machten sich breit und verunsicherten die junge Christenheit. Wie konnte Paulus an diesen Gemeinden dranbleiben und sie in den sich ergebenden Fragen und Problemen beraten? Immer wieder saß er im Gefängnis, ihm waren sprichwörtlich die Hände gebunden. Es muss sehr frustrierend für ihn gewesen sein, mit anzusehen, wie gute Leute durch falsche Einflüsse kaputt gemacht wurden.

Was ihm blieb, war, Briefe zu schreiben. Nicht alle sind erhalten geblieben, aber die, die uns heute noch vorliegen, sind ungebrochen aktuell – denn an vielen Stellen sind die Probleme der Menschen und Gemeinden dieselben geblieben, so erschreckend es ist. Die Geschichte überholt sich nicht, sie wiederholt sich. Immer wieder geraten Leute aufgrund von unterschiedlichen Auffassungen aneinander. Immer wieder suchen Leute nach Antworten auf ihre Lebensfragen, gilt es zu verstehen, was die gute Nachricht im Leben und Alltag bedeutet. Gott gebraucht die Briefe des Paulus bis heute, um durch sie seinen Gemeinden Hilfe und Orientierung zu geben. Wäre Paulus nicht in die Not geraten, Briefe schreiben zu müssen, würden wir heute eine dünnere Bibel in unseren Händen halten.

Die nächsten fünf Stationen auf unserer Reise durch die Bibel führen uns zu fünf unterschiedlichen Gemeinden in Rom, Ephesus, Galatien, Philippi und Kolossä. Jeder Brief enthält unterschiedliche Schwerpunkte und Hinweise, je nach Situation vor Ort. Zugleich enthalten sie tiefe Wahrheiten, die unveränderbar sind, beispielsweise die Gute Nachricht vom Tod und der Auferstehung von Jesus Christus.

Von daher können in jedem der Briefe wichtige Impulse für uns heute stecken – für uns persönlich oder für unsere Gemeinde. Vielleicht fallen dir beim Lesen Leute ein, für die die Texte eine Hilfe in ihrer Situation sein können. Mach es wie Paulus: Schreib ihnen einen Brief – oder eine E-Mail!

gelesen am:

Tag 81 Sünde überwinden

Amen, Bruder!

Beten: Vater ich danke dir, dass du deinen Sohn gesandt hast, um den Tod zu überwinden. Und danke für deinen Heiligen Geist, der in mir lebt. Ich sehne mich danach, dass diese beiden Tatsachen mich nachhaltig prägen und verändern.

Lesen: Römer 8

Entdecken: Dieses Kapitel des Römerbriefs erinnert mich an die Predigten von Dr. Martin Luther King. Sie hatten stets einen ruhigen Anfang, aber nach und nach wurden sie immer intensiver, direkter und mitreißender. Und es kann passieren, dass wir am Ende dieses Kapitels aufspringen und Paulus zurufen: „Amen! Genau so ist es!“ Wenn du die Wirkung dieses Textes auf besondere Weise erleben willst, dann lies ihn laut und stell dir vor, du stündest vor eine Gruppe von Menschen, denen du diesen Text predigst.

Paulus beginnt seine „Predigt“ mit den Grundlagen des Evangeliums: Jesus Christus hat den Tod überwunden und uns neues Leben geschenkt (8,1-4). Aber es reicht nicht aus, das vom Kopf her verstanden zu haben. Wir müssen zulassen, dass diese Botschaft unser Herz berührt. Und wenn das passiert, dann gibt es eigentlich keine Alternativen mehr. Paulus bringt es noch mal auf den Punkt: Entweder wir gehören zu Christus oder unser Leben gehört unserer selbstsüchtigen Natur (8,5-17). Vielleicht finden manche Fragen, die du in deinem Glaubensleben hast, in diesem Spannungsfeld ihren Ursprung?

Manchmal scheint es leichter, keine klare Entscheidung für die eine oder andere Seite zu treffen. Das Leben ist kompliziert. Es hat viele Facetten und ist nicht immer schwarz oder weiß. Aber der Heilige Geist kann uns dabei helfen, unsere Entscheidungen zu treffen – sogar dann, wenn wir nicht wissen, wie wir für einen klaren Weg beten können. Manchmal setze ich Römer 8,26 wörtlich um. Wenn mir die Kraft und die Worte fehlen, dann bete ich: „Gott, ich weiß nicht, wie ich beten soll. Ich bitte deinen Heiligen Geist, vor dir für ... einzutreten.“ Und dann versuche ich, die Situation zu benennen oder sage einfach nur den Namen der Person, um die es geht. Manchmal erlebe ich in einer solchen Situation, wie Gott mit seiner Kraft gegenwärtig ist. Er weiß, was zu tun ist – und er ist nicht darauf angewiesen, dass ich ihm gute Vorschläge mache.

Römer 8,28 ist definitiv eine der Bibelstellen, bei der es sich lohnt, sie auswendig zu lernen. Der Vers spricht übrigens nicht davon, dass alles im Leben gut, schön und erfolgreich verlaufen wird. Das hat auch Paulus so nicht erlebt (8,18.35). Aber Gott will alles, was im Leben passiert – auch die schlechten Dinge –, nutzen, um es zu etwas Gutem („Heil“) werden zu lassen. Als Christ zu leben, befreit nicht von Herausforderungen. Aber es gibt Sicherheit, zu wissen, dass Gott uns mit seiner Liebe umgibt und hält, auch wenn alles um einen herum unsicher zu sein scheint (8,37-39).

Anwenden: Was sind die Dinge, die am meisten Einfluss auf dich ausüben? Was könnte es für dich heißen, dem Geist Gottes eine höhere Bedeutung in deinem Leben zukommen zu lassen?

Antworten: Gott, es gibt so viele Dinge, die ich nicht verstehe und auf die ich keine Antworten habe. Aber ich weiß, dass dein Heiliger Geist mit den richtigen Worten dafür vor dir eintreten kann. Also bete ich jetzt für ...

Tag 82 Früchte des Geistes

Die beiden Listen

Beten: Lebendiger Gott, dein Wort ist ein unsagbares Geschenk. Wo sonst sollte ich so viel über dich und dein Wesen, über deine Gedanken und Möglichkeiten finden können? Bitte hilf mir, auf dich und dein Wort zu hören.

Lesen: Galater 5,16–6,10

Entdecken: Viele Menschen tun sich schwer damit, dass es so etwas wie eine absolute Wahrheit geben könnte: Der Idee, dass manches immer richtig und anderes immer falsch sein könnte. Für sie ist „Wahrheit" etwas, dass je nach Lebensumstand oder Situation mehr oder weniger gültig ist. „Was für dich wahr ist, muss für mich nicht stimmen."

Paulus denkt hier anders. Für ihn gibt es eine scharfe Linie zwischen „wahr" und „falsch", zwischen „gut" und „böse". Er benennt, was für ihn das Ergebnis von Schuld und von selbstsüchtigem Verhalten ist (5,19-21). Über manche der Punkte auf dieser Liste lässt sich schnell hinweggehen (magische Praktiken). Über andere kann jeder von uns stolpern – vor allem in einer Gesellschaft, die uns keine Grenzen auferlegt: Feindschaft, Streit, Eifersucht und Intrigen. Klingt fast wie das TV-Programm eines gewöhnlichen Wochentags. Erschreckend ist: Diese Liste wurde vor gut zweitausend Jahren erstellt.
Es scheint sich seitdem zumindest bei diesen Themen wenig geändert zu haben. Paulus betont: Wer in diesen Zwängen lebt, sollte besser die Folgen im Blick behalten (5,21).

Im Gegensatz dazu steht die zweite Liste, die er als „Frucht des Heiligen Geistes" bezeichnet (5,22-23). Die Punkte auf dieser Liste sollten wir in unserem Leben zur Blüte bringen. Das braucht Zeit, Hege und Pflege. Es passiert nicht von selbst und ist manchmal mühsam, denn es bricht mit den Erwartungen um uns herum. Und zugleich möchte uns Gott zu genau solchem Handeln befreien. Wenn wir uns entscheiden, so zu leben, tun wir nicht nur uns, sondern auch anderen Gutes. Zufriedenheit ist nicht das Ergebnis von Zwang. Es ist das Ergebnis von Freiheit. Vielleicht hilft es, sich in der einen oder anderen Situation zu fragen, ob eine Entscheidung eher Elemente aus der einen oder anderen Liste hervorrufen kann?

Zur Unterstützung schlägt Paulus zwei Hilfsmittel vor: Das eine ist die gegenseitige Unterstützung (6,1-5). Manchmal ist unser Blick durch unsere Sorgen getrübt. Wir machen Fehler. Das muss nicht tragisch sein, wenn wir bereit sind, uns korrigieren zu lassen. Und dazu benötigen wir manchmal Hilfe von außen. Das andere ist der Heilige Geist. Paulus empfiehlt: Mit ihm leben (5,16), sich von ihm führen lassen (5,18) und aus seiner Kraft das Leben gestalten (5,25). Täglich!

Anwenden: Gibt es etwas, was dich dabei unterstützen kann, eine „Frucht des Heiligen Geistes" hervorzurufen? Vielleicht lohnt es sich, es mal auszuprobieren: Wenn du an die Entscheidungen denkst, die dir heute begegnen werden: Zu den Ergebnissen welcher Liste könnten diese führen?

Antworten: Himmlischer Vater, du möchtest mir so viel schenken. Bitte vergib mir, wenn ich mir aus Angst oder Unsicherheit Dinge versage, die du für mich vorbereitet hast. Ich möchte dazu bereit sein, mich durch den Heiligen Geist verändern zu lassen.

gelesen am:

Tag 83 Gut ausgerüstet

Es geht um alles!

Beten: Vater im Himmel, ich kann nicht begreifen, wie sehr du mich liebst und welche Wege du mit mir gehst. Aber ich möchte lernen, dir zu vertrauen – egal was kommt. Bitte hilf mir, auf deine Stimme zu hören und dir zu folgen, wohin du auch mit mir gehst.

Lesen: Epheser 6,10-20

Entdecken: Warum feiern Leute eigentlich Halloween? Mir kommt es sehr widersprüchlich vor: Auf der einen Seite wird massiv versucht, religiöse Symbole aus dem Alltag der Menschen zu verdrängen. Auf der anderen Seite wird mit diesem Fest (aus Verkaufsgründen?) religiösen Symbolen eine breite Bühne geboten. Dass es Christen wie auch Nichtchristen, gibt, die nicht glücklich darüber sind, über Monate von Teufel, Hexen usw. angegrinst zu werden, scheint wenig Beachtung zu finden.

Bevor wir uns die sogenannten „Waffen Gottes" näher anschauen, eine kurze Vorbemerkung: Für Paulus war das Böse Realität. Er war sich im Klaren darüber, dass das Leben mehr als nur das Sichtbare umfasst. Wenn wir unseren Glauben leben, müssen wir geistliche Kämpfe austragen. Jesus selbst hat es am eigenen Leib erlebt, was es bedeutet, dem Teufel zu begegnen (Matthäus 4,1-11). Den Gegner zu unterschätzen, ist gefährlich (6,11-12). Manche Wirkungsfelder des Teufels liegen ganz offen, wie zum Beispiel okkulte Praktiken und Riten. Andere liegen im Verborgenen und sollen uns von innen zerfressen zum Beispiel Stolz, Neid oder Gier. Der Teufel möchte zerstören, was zu Gott gehört.

Die Angriffe des Bösen zielen auf unsere Schwächen ab. Paulus sagt: Ihr könnt euch schützen, indem ihr die „Rüstung Gottes" anlegt – Wahrheit, Gerechtigkeit, Verkünden der Guten Nachricht, Vertrauen, Gewissheit, das Wort Gottes und das Gebet (6,14-18). Ihm ist dieses Thema sehr wichtig, denn er sieht, wie die Menschen in Ephesus Angriffen ausgesetzt sind, denen sie kaum widerstehen können. Sie kämpfen einen geistlichen Kampf und stehen in der Gefahr, ihn zu verlieren.

Paulus macht ihnen Mut, die Initiative zu ergreifen, und warnt davor, in Passivität zu verfallen: „Lasst euch stärken ... legt an ... greift zu den Waffen ... leistet Widerstand ... seid bereit ... betet." Zugleich weiß er aus eigener Erfahrung, dass Angriffe immer da erfolgen, wo wir nicht damit rechnen. Petrus formuliert es noch radikaler (1 Petrus 5,8): „Seid wachsam und nüchtern! Euer Feind, der Teufel, schleicht um die Herde wie ein hungriger Löwe." Deshalb ist es so wichtig, füreinander zu beten und sich zu unterstützen (6,18-20). So kann man auch in diesen Zeiten an Gott festhalten und miteinander seiner Kraft vertrauen.

Anwenden: Kämpfst du gerade einen geistlichen Kampf? Worin besteht der? Gibt es jemanden in deinem Umfeld, der ihn mit dir „kämpfen", der für dich beten kann? Gibt es einen Teil der „Rüstung Gottes", der dir vielleicht helfen kann?

Antworten: Jesus Christus, du bist Herr und hast alle Macht. Nichts ist dir verborgen. Danke, dass ich dir in allen Lebenslagen vertrauen darf. Du hast alles in deiner Hand, in guten wie auch in schweren Zeiten. Hilf mir mit deiner Kraft bei den Herausforderungen, denen ich mich momentan stellen muss.

Frieden ist möglich

Beten: Vater, danke, dass du mich dazu einlädst, dir zu vertrauen, dir nachzufolgen und Teil deiner weltweiten Familie zu sein. Hilf mir, Schritte zu gehen, die das zum Ausdruck bringen und dich loben.

Lesen: **Philipper 4,2-9**

Entdecken: Als Paulus seinen Brief an die Gemeinde in Philippi schreibt, sitzt er im Gefängnis (1,12-14.17). Was geht in einem Menschen vor, dass er in einer solchen Situation so authentisch über Frieden, Freiheit und Freude schreiben kann? Offensichtlich kann man den Frieden Gottes in seinem Leben auch dann erfahren, wenn nicht alles glatt läuft. Wie ist das möglich? Wenn wir Paulus Glauben schenken, indem wir drei wichtige Entscheidungen treffen:

Sich freuen: Der Freude Raum zu geben, auch wenn einem nicht danach ist, ist die erste wichtige Entscheidung (4,4). Die Freude, die Paulus meint, ist nicht in unserer aktuellen Lebenssituation begründet – die kann mehr als bescheiden sein. Er spricht von der Freude, die in Jesus Christus ihren Ursprung hat. Ich erinnere mich an ein größeres Treffen von Christen. Wir waren zusammengekommen, um einige heiße Fragen zu diskutieren. Da es um schwierige Themen ging, forderte uns die Tagung alle sehr. Alle, bis auf einen. Er saß dort und strahlte. Als ich ihn fragte, was ihn so fröhlich machte, sagte er, dass er in der letzten Pause draußen gewesen sei. Er habe einen kurzen Spaziergang gemacht und Loblieder gesungen. Inmitten der ganzen Spannungen konnte er Gott loben.

Beten: Die zweite Entscheidung ist zu beten (4,6). Manchmal werden unsere Sorgen so groß, dass wir nachts nicht schlafen können. Dann liegen wir im Bett und malen uns aus, was alles passieren kann. Stattdessen könnten wir auch aufstehen und beten. In solchen Situationen erlebe ich es als große Hilfe, vor Gott auf die Knie zu gehen und ihm alles zu sagen. Dann – immer noch kniend – strecke ich meine Arme so weit wie möglich aus und lobe Gott. Ich habe schon oft erfahren, wie diese nächtlichen Gebetstreffen mit Gott mir einen Frieden geschenkt haben, der „alles menschliche Begreifen" übersteigt (4,7). Und oft konnte ich danach wieder gut einschlafen.

Positiv leben: Gott hat uns viel geschenkt. Durch seinen Sohn Jesus Christus hat er uns eine Hoffnung gegeben, die nie aufhört. Viele Menschen wären froh, wenn sie eine solche Hoffnung hätten. Paulus fordert uns dazu auf, so zu leben, dass andere sie für sich entdecken können. Manchmal müssen wir uns bewusst machen, dass unsere Probleme zwar wichtig, aber nicht entscheidend sind. Wenn wir unsere Prioritäten auf Gott ausrichten, kann uns seine Freude auch dann erfüllen, wenn wir in herausfordernden Zeiten stecken.

Anwenden: Vielleicht lohnt es sich, einfach mal eine Liste mit all den Dingen zu erstellen, die dir momentan Sorgen bereiten. Anschließend fertige eine zweite Liste für die Dinge an, für die du Gott danken und ihn loben kannst.

Antworten: Herr, ich lege die Liste meiner Sorgen vor dir aus. Du weißt, warum all die Dinge mich bedrängen und mir Kummer bereiten. Danke, dass das nichts daran ändert, dass du für mich und meine Schuld gestorben bist, dass ich ewiges Leben bei dir habe. Danke, dass du mich so sehr liebst und dass mich nichts von deiner Liebe trennen kann.

Tag 85 Zurück zu den Wurzeln

Abweichler

Beten: „Ich blicke hinauf zu den Bergen: Woher wird mir Hilfe kommen? Meine Hilfe kommt vom Herrn, der Himmel und Erde gemacht hat!" (Psalm 121,1-2).

Lesen: Kolosser 1,1-23

Entdecken: Manchen Menschen geht es so: Sie sind begeistert von Jesus Christus und bringen sich über die Maßen ein. Aber auf einmal – ohne ersichtlichen Grund – beginnen sie, sich zurückzuziehen. Sie tauchen kaum noch auf und irgendwann fragen sie sich, ob sie an ihrem Glauben noch festhalten wollen. Vielleicht kennst du ja jemanden, dem es so gegangen ist. Kurz zusammengefasst war genau das die Situation vieler Leute in der Gemeinde von Kolossä.

Paulus beginnt seinen Brief damit, indem er noch einmal unterstreicht, was ihn an der Gemeinde begeistert (1,3-6). Selten geht es im Leben eines Christen nur bergauf. In der Regel ist es ein ständiges Rauf und Runter – wie im Leben jedes Menschen. Nach einem guten Start kommt vielleicht ein Rückschlag. Paulus erinnert die Leute in der Gemeinde an ihren guten Anfang. Er unterstreicht, welch guten Einfluss sie auf andere gehabt haben. Und er betont noch einmal ihre innige Beziehung durch das Gebet füreinander (1,9-14).

Viele in der Gemeinde von Kolossä standen tatsächlich in der Gefahr, ihren Glauben zu verlieren. Denn sie hatten damit begonnen, sich eben nicht nur an die Gute Nachricht zu binden, sondern sich darüber hinaus Regeln aus dem jüdischen Gesetz aufzuerlegen. Andere dachten, sie hätten besondere Einsichten von Gott bekommen, die neben dem Evangelium verkündigt werden müssten. Paulus versucht sie an diesem Punkt an die Wurzeln des Glaubens zurückzubringen: Jesus Christus selbst. In wenigen Versen fasst er noch einmal mit wohlbedachten Worten zusammen, wer Jesus Christus ist (1,15-20). Dann sind sie dazu bereit, noch einmal die ganze Gute Nachricht verkündigt zu bekommen (1,21-23).

Paulus' Vorgehensweise bei den Christen aus Kolossä kann heute helfen, wenn wir oder andere in Glaubenskrisen geraten. Sie bewahrt uns vor vorschnellem Handeln. Wie oft sehen wir Dinge, von denen wir meinen, dass sie schieflaufen.
Wir kritisieren Gott und die Welt und vergessen dabei das Wesentliche: Dafür zu beten, dass wir und andere zurück zu den Wurzeln des Glaubens finden und auf Jesus Christus schauen. Und uns – noch einmal – gemeinsam auf die Reise zum Kern des Evangeliums zu begeben: In die Bibel zu schauen und darüber zu staunen, was Gott uns mit seinem Sohn Jesus Christus geschenkt hat.

Anwenden: Wie geht es dir in deinem Glauben? Hilft dir diese Reise durch die Bibel – vielleicht erneut – zu entdecken, wer Jesus Christus ist und was er für dich am Kreuz getan hat? Vielleicht gibt es jemanden in deinem Umfeld, der diese Botschaft genau jetzt braucht und dem du durch das gemeinsame Lesen des Kolosserbriefs dabei helfen kannst?

Antworten: Jesus Christus, es ist nicht leicht zu verstehen, dass du am Kreuz die Schuld der Welt und damit auch meine Schuld getragen hast. Bitte hilf mir dabei, dir zu vertrauen und lass nicht zu, dass meine offenen Fragen mich davon abhalten. Danke für deine Liebe.

Zusammenfassende Gedanken

Welche Gedanken sind dir in den zurückliegenden fünf Einheiten für deinen Glauben und deinen Alltag besonders wichtig und wertvoll geworden?

1

2

3

4

5

Bevor du dich auf die nächste Etappe deiner Reise durch die Bibel begibst, könnte es helfen, noch einmal kurz deine persönlichen Einsichten zu den vorherigen Einheiten zu lesen – und so erneut zu entdecken, was Gott dir schon gezeigt hat.

Paulus an die Gemeindeleitung

Der Autor J. Robert Clinton schreibt in seinem Buch Der Werdegang eines Leiters (Navpress, 1988): „Christliche Leiterschaft ist ein dynamischer Prozess, in dem die Leiterin oder der Leiter mit den von Gott gegebenen Möglichkeiten nach Gottes Vorstellungen Einfluss auf eine bestimmte Gruppe nimmt." Eine der Hauptaufgaben von Leitung ist die Entwicklung neuer Leiter. Meist zeigt sich erst an der Frage, ob die Person einen Aufgabenbereich in zuverlässige Hände übergeben kann, wenn sie ihre Aufgabe nicht mehr erfüllen kann. Dabei ist es vollkommen egal, ob es sich dabei um eine kleine Gruppe in der Gemeinde oder um ein großes Unternehmen handelt.

Nach vielen Jahren von Gemeindearbeit und Verkündigung ging die Zeit von Paulus' aktivem Einsatz langsam dem Ende entgegen (2 Timotheus 4,6-7). Es ist ihm wichtig, dass junge Leiter in den Gemeinden Verantwortung übernehmen. In einem einzelnen Vers fasst er in seinem Brief an seinen Schüler Timotheus zusammen, was er sich unter guter Leiterschaftsentwicklung vorstellt (2 Timotheus 2,2): „Was ich dir vor vielen Zeugen als die Lehre unseres Glaubens übergeben habe, das gib in derselben Weise an zuverlässige Menschen weiter, die imstande sind, es anderen zu vermitteln."
Für Paulus hängt die Zukunft der christlichen Gemeinde an der Frage, wie die richtigen Leute gefunden und entwickelt werden können.

In den nächsten fünf Textstellen werden wir entdecken, wie Paulus Verantwortliche in Gemeinden motivieren und unterstützen möchte, vor allem Timotheus. Er gibt uns ein Jobprofil für Führungspersonen an die Hand, warnt vor möglichen Fallen, benennt zentrale Aufgaben und betont die Wichtigkeit zweier Kernelemente christlicher Leiterschaft: die Verkündigung der Guten Nachricht und die Bedeutung von Gottes Wort.

Die Texte legen aber auch offen, welche Probleme es in den Gemeinden gab und welchen Herausforderungen von außen sie sich stellen mussten, etwa der beginnenden Christenverfolgung. Daneben hatten die jungen Gemeinden mit internen Problemen zu kämpfen, so versuchten beispielsweise immer wieder Leute, mit falschen Lehren an Einfluss zu gewinnen und die Gemeinden auf ihre Seite zu ziehen. Paulus begegnet diesen Problemfeldern, indem er den Gemeindeleitern einerseits Mut macht, sie andererseits aber auch korrigiert.

Womöglich nimmst du in deiner Gemeinde keine Leitungsaufgabe wahr. Aber vielleicht motiviert dich Gott durch sein Wort, mal über die Frage nachzudenken, an welcher Stelle du Verantwortung für andere Menschen hast oder übernehmen kannst. Nicht nur in leitenden Aufgaben üben wir Einfluss auf andere Menschen aus – von daher stecken in den Bibelstellen sicherlich auch für dich einige herausfordernde Gedanken.

Tag 86 Älteste und Diakone

Gute Gewohnheiten guter Leiter

Beten: Herr, mein Gott, ich möchte dir mit meinem Leben folgen und deine Wege finden. Bitte hilf mir dabei. Schärfe meinen Verstand, damit ich unterscheiden kann, was von dir kommt und was nicht.

Lesen: **1 Timotheus 3**

Entdecken: Wer Erfolg hat, kriegt Probleme. Unter diesem Eindruck schrieb Paulus seinen Brief an seinen Schüler Timotheus. Trotz der ganzen Widerstände, die Paulus in seiner Arbeit erfahren musste, entstanden in kurzer Zeit unzählige neue Gemeinden. Die Frage war nur: Wer sollte sie leiten?

Jeder, der sich schon einmal mit Führungsfragen beschäftigt hat, weiß, wie wichtig es ist, die richtige Person am richtigen Platz zu haben. Jesus wusste das, deshalb hat er seine Leute auf ihre Aufgaben vorbereitet (Lukas 6,12-16; 9,1-6; 10,1-17). Paulus stand immer wieder vor derselben Herausforderung. Wenn eine Gemeinde ohne ihn überleben sollte, musste er die Verantwortung an jemand anders übergeben.

Paulus formuliert ein Jobprofil, das sich weniger nach Mindest-, sondern eher nach Höchstanforderungen anhört (3,2-13) – aber es geht ja auch um eine große und schöne Aufgabe (3,1). Die geforderten Qualifikationen stammen aus drei Bereichen: Persönlichkeit, Familienleben und gemeindliches Umfeld. Offensichtlich hat Ausgewogenheit einen hohen Stellenwert für eine solche Aufgabe – sie ist wichtiger, als gut reden zu können.

Wenn man manche Leute reden hört, könnte man meinen, die Leitung wäre das wichtigste Element im Gemeindeleben. Macht die Leitung etwas falsch, geht die Gemeinde den Bach runter. Macht sie alles richtig, kann sich die Gemeinde entfalten. Wer so denkt, übersieht einen entscheidenden Punkt:
Die Gemeinde gehört nicht der Leitung, sie gehört Gott (3,15). Nicht die Kraft der Menschen bringt eine Gemeinde zur Entfaltung, sondern der Heilige Geist. Weder das Presbyterium noch der Ältestenkreis sind das Zentrum, sondern Jesus Christus. Geistliche Leiter dienen Gott, indem sie den Menschen dienen. Deshalb benötigen sie eine wesentliche Eigenschaft: Demut.

Trotzdem bleibt die Tatsache bestehen, dass für die Entwicklung einer Gemeinde gute Leitung erforderlich ist. Und zwar in jedem Bereich: im Kindergottesdienst, in der Seniorenarbeit, in den Bibelgesprächskreisen, den Frauengruppen usw. Von daher ist es zwingend erforderlich, dass sich alle, die sich am Gemeindeleben beteiligen mit der Frage nach Leitung beschäftigen. Entweder indem Verantwortung übernommen oder indem für die Verantwortlichen gebetet wird.

Anwenden: Lies noch einmal die Verse 3,2-13. Welche dieser Eigenschaften trifft auf dich zu? Kannst du es dir vorstellen, eine Leitungsaufgabe zu übernehmen? Warum (nicht)? Was kannst du tun, um deine Leitungsgaben weiterzuentwickeln?

Antworten: Himmlischer Vater, ich danke dir für meine Gemeinde. Bitte segne die, die in Verantwortung stehen, und hilf ihnen bei ihren Herausforderungen. Wenn du mir Gaben für eine Leitungsaufgabe gegeben hast, zeige mir bitte, wie ich diese entwickeln und in deiner Gemeinde einbringen kann.

gelesen am:

Tag 87 Geldgier

Alles eine Frage des Geldes

Beten: Vater im Himmel, dich ehre und lobe ich. Bitte lass mir bewusst werden, wie nah du mir bist, wenn ich jetzt in deinem Wort lese.

Lesen: **1 Timotheus 6,3-21**

Entdecken: Bei einem Besuch im Gefängnis hörte ich, wie einer der Insassen sein Lebensziel salopp zusammenfasste: „Alles, was ich wollte, waren unendlich viele Zehner und Zwanziger." Vermutlich würde es keiner laut sagen, aber im Grunde geht es den meisten Menschen so. Geld übt einen großen Einfluss auf uns aus, ob wir wollen oder nicht. Paulus war sich im Klaren darüber, deshalb hebt er in seinem Brief an Timotheus mindestens drei Punkte hervor, die für den Umgang mit Geld von Bedeutung sind.

Geldgier ist die Wurzel allen Übels (6,10). Geld zu haben ist nicht schlimm, aber es zu lieben. Liebe ist eine große Kraft. Sie vermag es, alle unsere Gedanken auf ein Ziel hin auszurichten. Wer einmal verliebt war, weiß, welcher Schmerz und welche Erfüllung mit Liebe verbunden sein können. Wenn wir diese wunderbare Kraft in uns nicht auf Gott und unsere Mitmenschen, sondern auf das Geld ausrichten, verfehlen wir unser Lebensziel und die Tür zum ewigen Leben (Lukas 10,27). Geld hat eine große Anziehungskraft. Wem es schwerfällt, es weiterzureichen, steht in der Gefahr, alles zu verlieren.

Gier führt zu Streit (6,3-5). Wenn Geld und Besitz zu wichtig werden, wird das Folgen auf unser ganzes Leben haben. Die junge wachsende christliche Gemeinde war dazu bereit, mit den üblichen Prinzipien von Gemeinschaft zu brechen. In Jerusalem zeichnete sich die Gemeinde dadurch aus, dass alle alles mit allen teilten – auch den Besitz (Apostelgeschichte 4,32). Offensichtlich haben manche versucht, die Offenheit im Umgang mit Geld für sich auszunutzen (6,5). Mit einer solchen Haltung gefährden sie sich und andere und geben Gier und Neid Raum zur Entfaltung.

Liebe zu Gott führt zu Freiheit (6,6). Der Multimilliardär John D. Rockefeller soll auf die Frage: „Wie viel Geld ist genug?", geantwortet haben: „Nur noch ein bisschen mehr." Eine gefährliche Aussage. Aber zugleich sah er es als seinen Auftrag von Gott an, so viel Geld wie möglich zu verdienen, um so viel Gutes wie möglich damit zu tun. Ein großes Spannungsfeld! Wer damit umzugehen vermag, besitzt eine besondere Gabe von Gott. Denn er vermag es, die Ziele und Prioritäten im Leben richtig zu setzen. Das ist nicht vielen gegeben.

Es wäre gefährlich, an dieser Stelle aufzuhören. Denn es könnte dazu führen, Geld und Besitz zu verteufeln. Gott gibt gerne – damit wir gerne weitergeben. Wie in allen Bereichen des Lebens vertraut er Menschen je nach Begabung unterschiedlich viel an. Und für alle gilt: Frei ist nur, wer Gottes Ziele an die erste Stelle des Lebens setzt (Matthäus 6,33).

Anwenden: Kennst du das Sprichwort: „Zeige mir deinen Kontoauszug und ich sage dir, wer du bist." Welche Geschichte würde dein Kontoauszug über dich erzählen?

Antworten: Herr, ich danke dir für die vielen Dinge, die du mir anvertraut hast. Du hast sie mir gegeben, damit ich mich darüber freuen und sie auch für dich einsetzen kann. Bitte hilf mir zu sehen, wo ich in der Gefahr stehe, etwas für mich behalten zu wollen.

Tag 88 Ganzer Einsatz für Jesus

Mehr als ein Freund

Beten: Herr, es gibt Momente, in denen ich voller Elan und Tatendrang bin. Dann gibt es Zeiten, in denen ich mich müde und kraftlos fühle – geistlich und körperlich. Du weißt, wie es jetzt in mir aussieht. Bitte erneuere mich durch dein Wort und bereite mich auf das vor, was mir heute begegnen wird.

Lesen: 2 Timotheus 2

Entdecken: Der Ruf nach Mentoren wird in unserer Gesellschaft immer lauter. Wissenschaftler haben herausgefunden, dass Mentoren einen positiven Einfluss auf die Entwicklung von jungen Erwachsenen haben, die Schwierigkeiten haben, sich in der Gesellschaft zu orientieren und Lebensperspektiven zu entwickeln.
In diesem Kapitel der Bibel agiert Paulus als geistiger Mentor von Timotheus. Paulus kannte Timotheus gut genug, um sich in seine Situation hineindenken und ihm ein Wegbegleiter sein zu können (1,5-6). Nun schreibt er diesen Brief, um Timotheus in seiner Aufgabe als Leiter einer jungen und wachsenden Gemeinde zu unterstützen. Sehnst du dich nach einem solchen Mentor? Vielleicht lohnt es sich, einmal in die Rolle von Timotheus zu schlüpfen und die ersten beiden Kapitel des Briefs so zu lesen, als wären sie an dich gerichtet.

Paulus gebraucht drei Vergleiche, um Timotheus zu helfen, seinen Auftrag in der Gemeinde zu verstehen (2,3-7). Was Soldat, Sportler und Bauer gemeinsam haben, ist, dass sie sich alle mit ihrer ganzen Kraft und ihrem ganzen Verstand auf ihre Aufgabe konzentrieren und alles dafür einsetzen, ihr Ziel zu erreichen. Sobald sie sich ablenken lassen, gefährden sie ihren Auftrag.

Was Paulus mit dem Hinweis aus Vers 2,22 meint, muss offen bleiben. Interessant ist jedoch, dass er noch einmal ausführlicher auf die Frage zu sprechen kommt, wie bei innergemeindlichen Konflikten miteinander umzugehen ist (2,14-21). Immer wieder kommt es vor, dass Gemeinden sich lieber um internen Streit kümmern als darum, wie die Gute Nachricht zu den Menschen gebracht werden kann. Viele Auseinandersetzungen sind fruchtlos (2,14) und binden Kräfte. Und dabei sehnen sich die Menschen nach dem Evangelium. Timotheus soll sich durch solche Nebenschauplätze nicht von seinem eigentlichen Auftrag ablenken lassen.

Dieser Brief hat nichts von seiner Aktualität verloren. Viele Menschen in den Gemeinden – auch Leitungspersonen – wünschen sich jemanden, der ihnen hilft, sich zu orientieren, und ihnen mit Rat und Tat zur Seite steht. Die Frage ist, von wem die Initiative kommen muss, damit solche Beziehungen entstehen können. Wer den ersten Schritt macht, hat die meisten Möglichkeiten.

Anwenden: Gibt es jemanden in deinem Umfeld, der vielleicht etwas älter und erfahrener im Leben und im Glauben ist? Könnte diese Person für dich ein geistlicher Mentor sein? Was hindert dich, diese Person zu fragen?

Antworten: Herr Jesus, ich lobe und preise dich. Danke für das Vorbild, das Paulus und Timotheus uns gegeben haben. Bitte zeige mir eine Person, die für mich ein solcher Mentor sein könnte. Wenn es jemanden gibt, für den ich eine solche Aufgabe übernehmen könnte, zeige ihn mir bitte.

Ein packender Schluss

Beten: Vater im Himmel, danke, dass jetzt Zeit ist, um in Ruhe in deinem Wort zu lesen. Du weißt, was mich im Moment alles beschäftigt. Bitte hilf mir dabei, diese Dinge jetzt außen vor stehenzulassen, damit ich mich ganz auf dich und dein Wort konzentrieren kann.

Lesen: 2 Timotheus 3,10–4,8

Entdecken: Alle Psychologen kennen dieses Phänomen: Der Patient steht an der Tür, legt die Hand auf die Klinke und sagt: „Da gibt es übrigens noch eine Sache, die ich Ihnen erzählen muss ..." In der Regel braucht es eine Zeit, bis sich die Menschen öffnen, und ganz zum Schluss, kommen sie auf das zu sprechen, was sie am meisten bewegt. Der Schluss des zweiten Timotheusbriefs hat so ein wenig diesen Charakter. Paulus ahnt, dass sein Leben sich dem Ende naht (4,6). Aber bevor er diese Welt verlässt, möchte er Timotheus noch ein paar wichtige Gedanken mit auf den Weg geben. Worum geht es ihm?

Als Erstes kommt er auf das Thema Leid zu sprechen. Paulus betont, dass Leiden zum Leben eines Christen dazugehört. Damit meint er nicht rein körperliches Leiden. Vielmehr denkt er an Leid aus Verfolgung und Unterdrückung. Das bedeutet nicht, dass wir das Leid suchen müssen. Aber wir sollten wir nicht überrascht sein, wenn wir aufgrund unseres Glaubens Ablehnung begegnen.

Das zweite Thema, das Paulus in den Blick nimmt, ist der Umgang mit der Heiligen Schrift (3,15-16). Wenn Jesus Christus der Eckstein ist, auf dem Gott seine Gemeinde baut (1 Petrus 2,4-10), dann ist die Bibel das Lot, mit dem sie an Gottes Vorgaben ausgerichtet wird. Für Paulus gleicht kein anderes Buch der Heiligen Schrift, denn sie enthält Gottes Gedanken für uns Menschen. Timotheus' Leben soll aus mindestens drei Gründen im Wort Gottes verwurzelt sein: Sie gibt ihm Einsicht in Gottes Plan zur Errettung der Menschen, sie bereitet ihn auf seine Aufgabe vor und schließlich ermutigt sie ihn. Dies zeigt, wie lebendig das Bibellesen sein kann.

Das letzte Thema, das Paulus anspricht, ist Mission. Paulus ermahnt Timotheus regelrecht, den Kern seines Auftrags nicht zu vernachlässigen (4,1-2). In Paulus hatte Timotheus ein authentisches Vorbild. Paulus fasst sein eigenes Leben und seine Ziele noch einmal kurz zusammen (3,10-11). Und zugleich legt er Timotheus besonders ans Herz, welchen Stellenwert das Weitersagen der Guten Nachricht in seinem Leben haben soll – unabhängig davon, was das für ihn bedeuten kann.

Paulus weiß, welches Ziel ihn erwartet (4,7-8). Es ist erstaunlich, mit welcher Klarheit er auf sein Leben und Wirken zurückblickt. Das wirft bei uns, wie bei Timotheus vermutlich auch, die Frage auf, mit welcher Haltung wir unser Leben gestalten.

Anwenden: Hast du wie Paulus ein klares Lebensziel? Gibt es etwas, was du auf diesem Weg unbedingt erreichen möchtest? Welche Schritte kannst du für dich und deinen Weg schon sehen oder formulieren?

Antworten: Herr, ich weiß, dass du einen Plan für mein Leben hast. Ich bin mir nicht sicher, wie er konkret aussieht und was das mit sich bringen wird. Aber ich vertraue dir, dass du das Ziel im Blick hast. Ich möchte bereit sein, diesen Weg zu gehen. Bitte zeige mir den nächsten Schritt und hilf mir, ihn zu gehen.

Tag 90 Wenn Jesus kommt

Bist du bereit?

Beten: „Nur auf Gott vertraue ich und bin ruhig; von ihm allein erwarte ich Hilfe. Er ist der Fels und die Burg, wo ich in Sicherheit bin. Wie sollte ich da wanken?“ (Psalm 62,2-3).

Lesen: **1 Thessalonicher 4,13–5,11**

Entdecken: Die Christen in den ersten Gemeinden haben sich immer wieder dieselbe Frage gestellt: Wann kommt Jesus wieder? Alle lebten in dem Bewusstsein, dass Jesus wieder auf die Erde zurückkehren würde. Offen war und ist jedoch, wann und wie das geschehen wird. Manche – auch Paulus – gingen zunächst davon aus, dass es nur eine Frage von Tagen oder höchsten Wochen sei. Deshalb gaben manche ihren eigentlichen Beruf auf und verkauften alles, was sie hatten, um sich für die Gemeinde und die Verkündigung der guten Nachricht einzusetzen. Wieder andere nahmen an, dass Jesus bereits wiedergekommen sei und dass die Botschaft über seine Wiederkunft anders zu deuten wäre (Matthäus 24,36-44).

Immer wieder treten auch heute Leute in Erscheinung, die über die Wiederkunft Christi diskutieren wollen oder gar aufgrund eines mathematischen Schlüssels meinen, eine passende Antwort über den Zeitpunkt geben zu können. Bis heute sind alle mit ihren Ansätzen gescheitert. Und das hat auch seinen guten Grund, denn hätte Jesus gewollt, dass wir mehr Details wissen, hätte er sie uns gegeben.

Sich dem Thema der Rückkehr von Jesus zu stellen, ist an sich zulässig. Nicht ohne Grund hat Jesus sich dazu geäußert und einige Eckpunkte beschrieben (4,15; Matthäus 24). Gerade deshalb finden wir auch im Thessalonicherbrief eine ausführliche Stellungnahme von Paulus darüber. Trotzdem bleibt die Frage, unter welcher Perspektive wir diese Frage in Angriff nehmen wollen. Paulus tat es nicht, um den Zeitpunkt zu klären (5,1-3). Ihm ging es lediglich um die Tatsache an sich. Die Unberechenbarkeit ist in dem Bild vom Dieb in der Nacht zum Ausdruck gebracht. Von daher ist klar, dass es für alle überraschend geschehen wird. Daher sollten wir heute dem Thema kein zu großes Gewicht geben, es aber auch niemals auf die leichte Schulter nehmen.

Diese Balance zu halten, ist Aufgabe genug. Zu wissen, dass dieser Tag einmal kommen wird, gibt eine andere Perspektive auf unser Leben. Nicht zu wissen, wann das sein wird, ebenso. Freuen dürfen wir uns darüber, dass es ein unvergleichliches Erlebnis sein wird, Jesus dann einmal von Angesicht zu Angesicht gegenüber stehen zu können.

Anwenden: Spielt der Gedanke, dass Jesus einmal wiederkommen wird, für dich eine Rolle? Hast du schon einmal mit anderen darüber diskutiert? Hast du das als hilfreich erlebt? Vielleicht möchtest du dir die Zeit nehmen, Matthäus 24-25 noch einmal in Ruhe zu lesen?

Antworten: Herr Jesus, eines Tages wirst du wiederkommen. Dann können wir dich alle von Angesicht zu Angesicht sehen. Diese Vorstellung ist mir zu hoch und gleichzeitig liegt in ihr eine besondere Freude verborgen. Bitte hilf mir, in dem Bewusstsein deiner Wirklichkeit diesen Tag zu gestalten.

Zusammenfassende Gedanken

Welche Gedanken sind dir in den zurückliegenden fünf Einheiten für deinen Glauben und deinen Alltag besonders wichtig und wertvoll geworden?

1

2

3

4

5

Bevor du dich auf die nächste Etappe deiner Reise durch die Bibel begibst, könnte es helfen, noch einmal kurz deine persönlichen Einsichten zu den vorherigen Einheiten zu lesen – und so erneut zu entdecken, was Gott dir schon gezeigt hat.

Die Lehre der Apostel

Die folgenden fünf Texte stellen uns vier bedeutende Persönlichkeiten der jungen christlichen Gemeinde vor.

Auch wenn Paulus nicht zu den zwölf Jüngern gehörte, so gehört er doch zum Kreis der Apostel. Er lernte Jesus persönlich kennen, als er sich auf dem Weg nach Damaskus befand. Diese Begegnung veränderte sein ganzes Leben. Gehörte er vorher zu den Verfolgern des Christentums, wurde er nun zu einem seiner leidenschaftlichsten Vertreter und zum größten Missionar seiner Zeit. Darüber hinaus schrieb er viele Briefe, um mit den Gemeinden in Kontakt zu bleiben. Wenn du wissen möchtest, mit welcher Kraft die Gute Nachricht durch ihn und in seinem Leben zur Entfaltung kam, lies seine Briefe.

Petrus ist vermutlich der bekannteste der zwölf Jünger. Er war ein impulsiver Typ, der sagte, was er dachte. Er war derjenige, der Jesus zuerst als den Retter, den Messias, bezeichnete (Lukas 9,20). Ausgestattet mit dem Hang zur Selbstüberschätzung, brachte er sich immer wieder selbst in Schwierigkeiten (Lukas 22,54-62). Aber durch den Heiligen Geist wurde aus ihm ein verantwortungsvoller geistlicher Leiter, den Gott aber auf besondere Weise gebrauchte, um seine Gemeinde zu bauen (Matthäus 16,18; Apostelgeschichte 2,40-41). Als er an Pfingsten predigte, kamen Tausende zum Glauben an Jesus Christus (Apostelgeschichte 2,14-41). Wenn du einen authentischen Einblick in sein Wesen gewinnen möchtest, lies seine Briefe.

Im Neuen Testament werden drei Personen benannt, die im Umfeld von Jesus den Namen Jakobus tragen. Einer davon war sein Bruder. Er wird in Galater 2,9 als eine der Säulen der Urgemeinde bezeichnet und sprach das entscheidende Wort auf dem Apostelkonzil in Jerusalem. Er ist wohl auch der Verfasser des Jakobusbriefs. Die Kirchengeschichte berichtet und die Apostelgeschichte bestätigt, dass Jakobus eine leitende Figur in der jungen Kirche wurde. Er hatte bei Christen und Nichtchristen den Ruf, ein absolut gerechter Mann zu sein. Und das, obwohl er anfangs nicht zu den Leuten gehörte, die Jesus nachfolgten (Johannes 7,5). Wenn du wissen möchtest, wie man als Christ im Alltag lebt und mit konkreten Herausforderungen umgeht, lies den Jakobusbrief.

Von allen Jüngern hatte vermutlich Johannes das innigste Verhältnis zu Jesus (Johannes 13,23). Aber erst als er in das leere Grab schaute, verstand Johannes wirklich, wovon Jesus die ganze Zeit geredet hatte, und glaubte an ihn (Johannes 20,8). Er musste einen langen Weg zurücklegen, bis er verstand, dass der Tod von Jesus am Kreuz auch ihm galt und dass dies ein Akt der Liebe war. Wenn du wissen möchtest, wie ihn diese Erkenntnis verändert hat, lies seine Briefe.

Es gibt viel in der Bibel zu entdecken. Jede der hier vorgestellten Personen lebte in enger Beziehung zu Jesus. Sie haben uns deshalb eine Menge zu erzählen.

Tag 91 Der beste Weg

gelesen am:

Ein aktiver Wirkstoff

Beten: Herr, es gibt so viele Menschen, die nach wahrer Liebe suchen und sie nicht finden. Bitte hilf mir, deine Liebe zu verstehen, wenn ich jetzt in deinem Wort lese – und sie in dieser Welt sichtbar werden zu lassen.

Lesen: 1 Korinther 13

Entdecken: Am 4. Juni 1977 habe ich eine junge Frau mit Namen Carol Capra geheiratet. Durch sie hat Gott mich überreich beschenkt. Trotzdem streiten wir uns immer wieder mal und gehen uns bisweilen auf die Nerven. Und leider muss ich zugeben, dass der eine oder andere Streit sogar mehrere Tage andauerte. Ich habe die Erfahrung gemacht, dass es in diesem Fall das beste Mittel ist, mich zurückzuziehen und im Gebet dieses Kapitel aus der Bibel zu lesen. Ich bin immer wieder beeindruckt davon, wie schnell Gott durch diesen Text über seine Liebe mein verärgertes Herz weich werden lässt.

In den vorherigen Kapiteln hat sich Paulus mit der Frage auseinandergesetzt, welch wunderbare Gaben Gott in Menschen hineinlegt hat und wie sich diese entfalten können. Trotzdem kommt er zu dem Ergebnis, dass die Liebe noch wichtiger ist als alles, was er zuvor gesagt hat (12,31b). Das heißt nicht, dass die anderen Gaben des Heiligen Geistes weniger wert sind. Aber es bedeutet, dass, wenn die Gaben ohne die Liebe Gottes zur Entfaltung kommen, sie ihr eigentliches Ziel verfehlen. Liebe ist der aktive Wirkstoff im Leben eines Christen.

Im Zentrum des Textes (13,4-7) beantwortet Paulus die Frage, was Liebe eigentlich ist. In der gesamten Weltliteratur gibt es keine schönere Beschreibung für Liebe. Es lohnt sich wirklich, diese Verse auswendig zu lernen. Und doch gilt: So schön diese Verse sind, sie sind trotzdem nur die zweitbeste Beschreibung. Denn das, was gelebte Liebe bedeutet, was die Liebe Gottes zu uns Menschen bedeutet, hat Jesus Christus am Kreuz von Golgota gezeigt, als er für die Schuld aller Menschen starb. Eine größere Liebe kann es nicht geben (Johannes 15,13).

Es gibt viele Dinge, mit denen wir unsere Zeit verbringen. Wenn man über diesen Text nachdenkt, kann man sich fragen, ob die Prioritäten im Leben immer richtig verteilt sind. Der Text erinnert uns daran, dass die wichtigsten Dinge im Leben Glaube, Liebe und Hoffnung sind. Doch an höchster Stelle steht die Liebe. Und die beste Art, Liebe zu zeigen, ist, sie an andere weiterzugeben.

Anwenden: Auf welche Weise werden in deinem Leben Glaube, Hoffnung und Liebe sichtbar? Gottes Liebe zu dir lässt sich nicht mit Worten beschreiben. Er spricht sie dir zu. Wie kannst du auf diese Liebe antworten?

Antworten: Jesus Christus, ich danke dir, dass du aus Liebe zu mir und allen Menschen um mich herum ans Kreuz gegangen bist. Mit deiner Hilfe möchte ich anderen von dieser Liebe erzählen. Bitte gib mir Gelegenheit dazu und hilf mir, die richtigen Worte zu finden.

Alles wird neu

Beten: Herr, du bist groß und mächtig. Du hältst die ganze Welt in deiner Hand. Und doch kennst du mich, liebst mich und weißt, wie es mir geht. Danke dafür. Bitte rede jetzt zu mir durch dein Wort.

Lesen: 2 Korinther 4,1-6,2

Entdecken: Clark Kent ist ein durchschnittlicher Reporter. Er arbeitet in einer großen Zeitung, führt aber ein unscheinbares Leben. Aber wenn das Böse versucht, die Überhand zu gewinnen, dann reißt er sein Hemd auf und verwandelt sich in ... Supermann! Ab dann hat das Böse keine Chance mehr.

Wenn ich den Text von Paulus lese, muss ich immer wieder an diese Szene denken: Wenn jemand zu Christus gehört, ist er eine neue Schöpfung (5,17). Wenn wir die Gute Nachricht hören, wenn wir verstehen, was sie für uns bedeutet, dann ist wirklich alles neu und nichts kann uns noch etwas anhaben.

Man sollte meinen, dass diese Botschaft von jedem gerne gehört wird. Aber das ist leider nicht der Fall. In diesem Kapitel beschreibt Paulus, mit welchen Widerständen er es zu tun bekommt, während er seiner Aufgabe nachkommt und diese – doch eigentlich gute – Nachricht verkündet (4,2.8-12). Offensichtlich ist es so, dass nicht jeder sie hören will und einen Neuanfang wünscht. Oder die Leute wollen einfach nicht diesen Neuanfang.

Zwei Punkte sind in Paulus' Brief noch von besonderem Interesse: Zum einen betont er, dass er diesem Dienst im Auftrag Gottes nachkommt (4,1). An späterer Stelle beschreibt er seine Aufgabe als Verbreitungsauftrag der Versöhnungsbotschaft (5,18). Seit Adam und Eva, seit dem Sündenfall ist die Beziehung zu Gott zerstört. Seitdem sehnt sich die Schöpfung danach, mit Gott versöhnt zu sein. Paulus sagt uns, dass durch Jesus Christus die Welt mit Gott versöhnt ist. Nur zu diesem Zweck ließ er sich ans Kreuz nageln und kam aus dem Grab. Das ist die große Geschichte, die sich wie ein roter Faden durch die Bibel zieht und die in Jesus Christus ihren Abschluss und ihren Anfang zugleich gefunden hat.

Nur deshalb beschreibt Paulus die Gute Nachricht als einen Schatz (4,7) – das ist der zweite Gedanke. Erstaunlicherweise entschied Gott, diesen Schatz in zerbrechlichen Gefäßen aufzubewahren, also in ganz normalen Leuten wie dich, Paulus und mich. Dadurch haben wir alle eine neue Sicht auf diese Welt – und einen ganz besonderen Auftrag. Gott möchte, dass wir Botschafter der Guten Nachricht sind (5,20). Einer Nachricht, die zwar nicht von allen gehört werden möchte, für die sich aber jeder Einsatz lohnt.

Anwenden: Paulus betont, dass in uns, weil wir zu Christus gehören, etwas ganz Neues begonnen hat. Kannst du das für dich in Worte fassen? Was macht das Neusein aus?

Antworten: Herr, danke, dass du mir diese Zeit mit deinem Wort geschenkt hast. Es tut gut, Einsicht in deine Gedanken zu bekommen. Bitte hilf mir dabei, Schritte im Glauben und im Vertrauen auf dich zu gehen.

gelesen am:

Tag 93 Lebendige Hoffnung

Sicher bin ich sicher

Beten: Jesus Christus, ich bin dir von Herzen dankbar für das, was du mir schenkst: Liebe, Vergebung, ein neues Leben. Danke, dass das immer gilt und Bestand hat. Auch wenn die Welt um mich herum ins Wanken gerät, gilt: Du bist treu.

Lesen: **1 Petrus 1,1–2,12**

Entdecken: Ein Agnostiker ist jemand, der sagt, dass es nicht möglich ist, eine Aussage darüber zu treffen, ob es einen Gott gibt oder nicht. Das hört sich zunächst einmal nach einer intellektuell ehrlichen Aussage an. Tatsächlich wird dadurch jedoch ein schreckliches Dilemma formuliert: Das, woran der Agnostiker glaubt, ist, dass er nicht glauben kann. Es braucht eine Menge Glauben, um das zu glauben.

Petrus war nicht intellektuell. Aber er war sich sehr, sehr sicher über das, was er glaubte. Woran er das festmachte? Er hatte den Auferstandenen Jesus Christus gesehen (Johannes 21). Wenn man darüber nachdenkt, dann ist das die einzig plausible Erklärung dafür, dass aus einer undisziplinierten Gruppe von ehemaligen Fischern und Handwerkern plötzlich eine Elitegruppe für das Evangelium werden konnte, die bereit war, ohne Rücksicht auf persönliche Konsequenzen in aller Öffentlichkeit aufzutreten und die Gute Nachricht zu verkünden. Wenn sie nur ein wenig an der Auferstehung gezweifelt hätte, wären sie nicht mit dieser Selbstsicherheit aufgetreten und wären auch nicht bereit gewesen, das damit verbundene Risiko auf sich zu nehmen. Aber sie waren sich sicher und deshalb konnten sie nicht anders.

Was zeichnete den Glauben von Petrus aus? Zunächst war er sich sicher, dass er neu geboren worden war (1,3). Von dem befreit zu werden, was einen in der Vergangenheit belastet hat, ist wie eine Neugeburt (1,23; Johannes 3,1-23). Das ist neues Leben. Der zweite Punkt ist eine lebendige Hoffnung (1,3). Weil Jesus lebt, haben wir eine lebendige Hoffnung. Das ist etwas anderes, als ein Märchen, das nur dadurch lebendig bleibt, dass man es weitererzählt. Jesus selbst lebt, deshalb lebt die Hoffnung, die er uns gibt. Und eines Tages werden wir ihm von Angesicht zu Angesicht gegenüberstehen.

Deshalb sind wir auch „Fremde" in dieser Welt (2,11). Wir passen nicht mehr hierhin. Das Leben, zu dem Jesus uns befähigt und zu dem Petrus uns auffordert, ist anders, als die Welt es gewohnt ist (1,13-16.22). Wir haben Grund zur Freude – auch dann, wenn alles um uns herum schiefgeht. Denn unsere Freude begründet sich nicht im momentanen Lebensglück, sondern in der ewigen Hoffnung. Nichts kann daran etwas ändern (1,4)!

Anwenden: Gibt es etwas, was dich in deinem Glauben zweifeln lässt? Was hilft dir andererseits, an deinem Glauben festzuhalten? Vielleicht lohnt es sich, mit jemandem darüber ins Gespräch zu kommen? Gibt es einen Menschen in deinem Umfeld, beispielsweise einen Mentor, mit dem du darüber reden kannst?

Antworten: Herr, du hast uns reich beschenkt. Die Hoffnung, die du gibst, ist ewig und kann für uns Grund zur Freude sein. Bitte vergib mir, wenn ich dieses Geschenk nicht zu würdigen weiß. Bitte hilf mir, es anzunehmen! Danke, dass du Geduld mit mir hast.

Tag 94 Glauben und Tun

Mach's einfach

Beten: Herr, ich will dich loben und ehren, denn du bist ein großer und guter Gott. Danke für deine Liebe zu mir und für das, was du mir durch deine Leben spendende Kraft zukommen lässt.

Lesen: Jakobus 1–2

Entdecken: Wenn Petrus ein Kämpfer und Paulus ein Denker war, dann war Jakobus ein Macher. Und die Fragen, mit denen er sich beschäftigte, waren, wie man als Christ seinen Alltag gestalten kann.

In der zweiten Hälfte des ersten Jahrhunderts waren die Christen immer wieder Verfolgungen ausgesetzt. Jakobus rät seinen Geschwistern im Glauben, in diesen Situationen nicht zu verzweifeln. Vielmehr gibt er ihnen den Hinweis, sich in diesen Zeiten immer wieder zu fragen, wie ihre Beziehung zu Gott dadurch an Tiefe gewinnen kann (1,2-4). Jakobus selbst hat viel erlitten. Aber er hat auch erlebt, wie Gott ihn in dieser Zeit begleitet, gestärkt und ermutigt hat. Das hat ihm geholfen, diese Zeiten im Nachhinein positiv zu sehen. Und das lässt ihn zu dem Ergebnis kommen, dass aus solch schwierigen Zeiten auch etwas Gutes erwachsen kann.

Darüber hinaus gibt Jakobus noch einige wichtige Hinweise für den Alltag – beispielsweise dass Schweigen manchmal wertvoller und vor allem sinnvoller sein kann, als zu reden. Manches von dem, was er schreibt, erinnert sehr stark an die Sprichwörter aus dem Alten Testament. Er schlägt vor, lieber schnell beim Hören und langsam beim Sprechen zu sein – und noch mehr Geschwindigkeit zu reduzieren, wenn Ärger in uns aufkommt (1,19.26; 3,1-12). Was würde eigentlich passieren, wenn wir an einem Tag mal deutlich weniger reden als hören? Darüber hinaus gibt er einen ganz praktischen Hinweis für den Umgang mit Gottes Wort: Es ist gut, darüber nachzusinnen. Aber es ist noch besser, es in die Tat umzusetzen (1,22-25).

Der vermutlich bekannteste Vers lautet „Glaube ohne Werke ist tot" (2,26; Luther). Man kann diesen Vers leicht missverstehen. Jakobus sagt nicht, dass Glaube unwichtig ist oder dass Gott einzig und allein Wert auf Taten legt. Und er behauptet schon gar nicht, dass man sich durch gute Taten den Himmel verdienen kann. Was Jakobus meint, ist: Glaube ist wichtig und unersetzlich. Aber zugleich gilt, dass die Taten an die Oberfläche bringen und sichtbar machen, was einen Menschen im Innersten bewegt. Wenn dein Glaube dich durchdrungen hat und dein Leben, dein Wesen ausmacht, dann kann das nicht verborgen bleiben – es muss raus und muss sichtbar werden in dem, was du tust.

Anwenden: Woran merkst du in deinem Alltag, dass du Jesus Christus nachfolgst? Gibt es etwas, das dir besonders wichtig ist? Gibt es Gelegenheiten, in denen du einfach nicht mehr anders kannst, als deinen Glauben nach außen sichtbar zu machen? Vielleicht weil die Freude über die Liebe von Jesus Christus zu dir dich „drängt"?

Antworten: Himmlischer Vater, durch deinen Sohn Jesus Christus hast du mir so viel geschenkt. Wenn du mir dabei hilfst, kann ich anderen davon erzählen, was du mir bedeutest.

Tag 95 Liebt einander

Authentisches Christsein

Beten: Himmlischer Vater, vielen Dank für deine Liebe zu mir. Danke, Jesus Christus, dass du am Kreuz für mich gestorben bist. Danke für deinen Heiligen Geist, der in mir lebt.

Lesen: 1 Johannes 3,11–4,21

Entdecken: „Weißt du, wann du Christ geworden bist?" Viele denken zu oft über diese Frage nach, andere haben sich noch nie mit ihr beschäftigt. Letztlich entscheidend ist zu wissen, ob man Christ ist oder nicht. Und diese Frage kann nur jeder für sich beantworten. Johannes gibt uns drei entscheidende Einsichten:

Der Glaube an Christus (3,23): Das ist die absolute Basis für den christlichen Glauben. Dabei steht „glauben" für mindestens zwei Aspekte: Christus vertrauen – er hat gesagt, dass er der Sohn Gottes ist, der vom Tod auferstanden ist; Christus nachfolgen – er möchte, dass wir so leben, wie er es uns vorgelebt hat. Wenn wir bereit sind, diese Schritte zu gehen, dann kann uns nichts mehr von der Liebe Gottes trennen (Römer 8,31-38).

Annahme des Heiligen Geistes (4,13): Es gibt viel Unsicherheit darüber, welche Rolle dem Heiligen Geist zugestanden werden kann. Manche fürchten, dass mehr über ihn geredet wird, als dass man ihn handeln lässt – andere betonen seine Wirkkraft und vergessen darüber, die Gute Nachricht zu verkündigen. Im Neuen Testament wird betont, dass der Heilige Geist nicht eine Extragabe für besonders Auserwählte ist. Er ist da, Teil der Dreieinigkeit Gottes, und unterstützt jeden Menschen, der an Jesus Christus glauben möchte (Apostelgeschichte 2,14-21).

Die Liebe zu anderen (3,11.23; 4,21): Johannes spricht an diesem Punkt eine sehr deutliche Sprache (3,15; 4,7-8). Darin steht er Jesus in nichts nach (4,11; 3,23b). Und wenn du wissen möchtest, was wahre Liebe bedeutet, dann hilft dir vielleicht der Gedanke an Jesus Christus und daran, was er für dich am Kreuz getan hat. Er gab sein Leben für dich – und er hat es gerne getan (Johannes 3,16).

Johannes wusste, wie authentischer Glaube sichtbar wird. Er hat es an Jesus Christus selbst gesehen. Wir tun uns damit manchmal schwer – aber vielleicht sind uns die Gedanken von Johannes eine Hilfe.

Anwenden: Denk an einen Menschen, der sein Christsein für dich glaubhaft vorlebt. Was zeichnet ihn aus? Was begeistert ihn? Wie bringt er das zum Ausdruck? Was möchtest du von ihm lernen?

Antworten: Himmlischer Vater, danke für Paulus, Petrus, Johannes und Jakobus. Sie sind authentische Zeugen und helfen mir dabei, zu verstehen, wie du dir den Glauben an dich vorstellst und was er in meinem Leben bewirken kann. Bitte zünde in mir dein Feuer der Liebe an und lass es für andere sichtbar brennen.

Zusammenfassende Gedanken

Welche Gedanken sind dir in den zurückliegenden fünf Einheiten für deinen Glauben und deinen Alltag besonders wichtig und wertvoll geworden?

1

2

3

4

5

Bevor du dich auf die nächste Etappe deiner Reise durch die Bibel begibst, könnte es helfen, noch einmal kurz deine persönlichen Einsichten zu den vorherigen Einheiten zu lesen – und so erneut zu entdecken, was Gott dir schon gezeigt hat.

Die Offenbarung

Die Offenbarung ist ein herausforderndes, bisweilen fast geheimnisvolles Buch – und vielleicht gehört es gerade deshalb auch zu den prophetischen Schriften, die am meisten gelesen und bearbeitet werden. Manche bezeichnen sie als Offenbarung des Johannes. Doch das kann leicht zu Missverständnissen führen, denn genau genommen ist es die Offenbarung von Jesus (1,1). Johannes war einfach nur derjenige, der sie entgegengenommen und für uns festgehalten hat.

Direkt zu Anfang macht Johannes klar, dass dieses Buch Einsicht gibt in Gottes Pläne für die Zukunft (1,1-3). Empfangen hat Johannes diese Offenbarung Gottes in sieben Visionen, während er sich auf der Insel Patmos befand.

Die erste Vision bezieht sich auf die Situation von sieben christlichen Gemeinden gegen Ende des ersten Jahrhunderts. Gut fünfzig Jahre zuvor ist Jesus zu seinem Vater in den Himmel aufgefahren. Die christlichen Gemeinden standen in der Gefahr, ihre Wurzeln zu verlassen: Das Evangelium aus dem Zentrum zu rücken und andere Lehren hinzuzufügen; der Verfolgung nachzugeben und den Glauben abzulegen. Viele der Punkte, die benannt werden, treffen unverändert auf Gemeinden in unserer Zeit zu (2,1–3,22).

Die anschließenden Visionen über das Ende der Welt sind schwer zu verstehen. Schon viele haben sich daran versucht, sie im Detail zu deuten – und sind gescheitert. Von daher scheint es sinnvoller, über die Grundlinien dieser Visionen nachzudenken, um sich ihren Aussagen zu nähern, statt sich in Details zu verlieren. Es kommt einem ein bisschen so vor, wie wenn man am Morgen versucht, sich an einen Traum zu erinnern, der zwar einen Zusammenhang, aber zugleich auch viele verwirrende Kleinigkeiten beinhaltete.

Das letzte Thema des Buchs ist der große Kampf zwischen Gut und Böse, der einmal am Ende der Zeit stattfinden wird. Die Visionen geben Einblick in die Vernichtung des Teufels und in die himmlische Welt. Noch einmal möchte unsere menschliche Neugier uns dazu verleiten, uns in der Frage zu verlieren, wann und wie das einmal sein wird. Aber so weit uns unsere Vorstellungskraft auf Grundlage der Offenbarung auch bringen kann. Es steht jetzt schon fest, dass es viel schöner sein wird, als wir es uns vorstellen können. Warum? Weil wir einen entscheidenden Punkt erst dann kennen werden, wenn er eintrifft: Wie es sein wird, Jesus einmal persönlich zu begegnen.

Noch ein letzter Punkt, bevor du in das Schlusskapitel deiner Reise durch die Bibel einsteigst. Bitte hör nach diesen fünf Einheiten nicht auf, in der Bibel zu lesen. Lass es zu einem Anfang in deiner lebenslangen Beziehung zu Gottes Wort werden. Wenn du in einer Beziehung zu Gott leben möchtest – und um nichts anderes ging es in den vergangenen fünfundneunzig Bibeltexten –, dann kannst du diese Beziehung am besten mit dem täglichen Bibellesen und dem Gebet gestalten. Aber schon jetzt möchte ich mich dafür bedanken, dass wir uns gemeinsam auf die Reise durch die Bibel gemacht haben. Ein unglaublich spannendes Schlusskapitel liegt jetzt noch vor uns.

Tag 96 Eine Stimme und eine Vision

Das wird wunderbar

Beten: Himmlischer Vater, ich möchte dir in Wahrheit und im Geist dienen (Johannes 4,24). Bitte hilf mir dabei und schenke mir Einsicht in deine Gedanken, wenn ich jetzt in deinem Wort lese. Die Offenbarung ist ein besonderes Buch.
Es ist nicht leicht zu verstehen. Bitte hilf mir, die wesentlichen Punkte zu sehen und mich nicht im Unwesentlichen zu verlieren.

Lesen: Offenbarung 1

Entdecken: Zunächst die Fakten: Der Apostel Johannes ist etwa neunzig Jahre alt. Vor gut fünfzig Jahren ist Jesus zu seinem Vater in den Himmel zurückgekehrt. Johannes wurde auf die Insel Patmos verbannt, weil er die Gute Nachricht verkündet hatte (1,9). Und Gott hatte diesen Moment dafür ausersehen, ihm in besonderer Weise Einsicht in seine Gedanken zu gewähren.

Manchmal wird Gott in genau den Situationen aktiv, in denen wir am wenigsten damit rechnen. Wir halten einen Weg für eine Sackgasse – für Gott ist es nur eine weitere Station, an der er auf uns wartet, um mit uns den nächsten Schritt zu gehen. Gut ist, wenn wir ungewollte Auszeiten nutzen, um nach Gott zu fragen und ihn zu suchen. Das kann uns helfen, seine Sicht der Dinge zu erkennen.

Das Erste, was Johannes erkennt, ist, dass es Jesus selbst ist, der zu ihm spricht (1,13-18). Eine lange Zeit liegt zwischen diesem Moment und ihrer letzten Begegnung. Jesus gibt sich zu erkennen. Er ist derselbe und doch ist alles ganz anders. In seinen Händen hält er den Schlüssel des Todes und der Totenwelt (1,18). Das erste Mal kam Jesus in diese Welt, um sie zu retten. Beim nächsten Mal wird er kommen, um sie zu richten.

Jesus offenbart sich noch einmal neu. Auf diese Weise hat er sich seinen Jüngern nicht gezeigt (1,14-16). Gleichzeitig macht er noch einmal deutlich, dass er immer da war, vom Anfang der Zeit bis zu ihrem Ende. Er ist der ewige, der bleibende, der unveränderliche Herrscher, Alpha und Omega (1,8).

Johannes kann diesem himmlischen Christus nicht widerstehen. Gehorsam schreibt er auf, was er von ihm empfängt. Und er macht in dem, was er aufschreibt, deutlich: Die Macht von Jesus ist ungebrochen. Was er sagt, wird eintreffen – bleibt die Frage, wie wir uns dazu stellen wollen.

Anwenden: Wie gehst du mit (scheinbaren) Umwegen in deinem Leben um? Treiben sie dich fragend oder anklagend in die Nähe Gottes? Suchst du Distanz? Welches Bild hast du von Jesus: Ist er für dich der begleitende Freund und/oder Herr über Zeit und Raum? Wie begegnest du ihm und wie bringst du zum Ausdruck, was er für dich ist?

Antworten: Jesus Christus, du bist allmächtig, ewig, unveränderlich. Danke, dass ich dir vertrauen darf.

gelesen am:

Tag 97 Briefe an Gemeinden

Gute Nachrichten, schlechte Nachrichten

Beten: Herr, du stehst an meiner Tür und klopfst an. Ich möchte sie öffnen und dich einlassen. Ich möchte auf deine Stimme hören und bitte dich: Hilf mir, durch deinen Geist zu verstehen, was du mir sagen möchtest.

Lesen: Offenbarung 2–3

Entdecken: Ein Gedanke steht über allen anderen: Jesus liebt die Gemeinde und kümmert sich um sie. Es passiert viel Schönes und Gutes, manches ist eher mittelmäßig, anderes läuft gar nicht gut. Sieben Mal beginnt Jesus mit „Ich weiß/kenne ...“ (2,2.9.13.19; 3,1.8.15). Bei allem gilt: Es ist seine Gemeinde. Deshalb lässt er sie nicht im Stich.

Worum geht es in den sieben Briefen an die sieben Gemeinden? Die Botschaften unterscheiden sich an einigen Punkten wesentlich. Das grundlegende Motiv ist aber bei allen gleich: Es geht darum, durch Gegenüberstellung von Personen oder Gruppen aufzuzeigen, an welchen Stellen Dinge gut oder schieflaufen. Wenn du Zeit hast, lohnt es sich, einmal auf einem Blatt Papier die Namen jeder Gemeinde aufzuschreiben und darunter die einzelnen Stichworte festzuhalten, die benannt werden. Dadurch bekommt man einen sehr guten Überblick über die Probleme dieser – und auch vieler heutiger – Gemeinden. Und man bekommt ein Bild davon, was Jesus von uns in diesen Situationen erwartet.

Es gibt nur zwei Gemeinden, die Jesus lobt: Smyrna und Philadelphia. Weshalb? Weil sie arm und schwach sind (2,9; 3,8). Hier zeigt sich ein bekannter Grundgedanke: Menschen, die sich darüber bewusst sind, dass sie wenig ausrichten können, sind eher bereit, sich nach Gott auszustrecken und von ihm alles zu erwarten. Das ist das „Erfolgsgeheimnis“ dieser Gemeinden. Im Gegensatz dazu steht die Gemeinde in Sardes. Ihr Problem ist ihr guter Ruf. Alle denken, dass sie eine lebendige Gemeinde ist, aber tatsächlich ist sie tot (3,1). Er definiert Erfolg anders als wir. Seine Botschaft an eine aktive, aber innerlich tote Gemeinde: Erinnert euch an die gute Anfangszeit und richtet euch nach meinem Wort (3,3).

Auf gewisse Weise können einem die Briefe an die Gemeinden sehr rau und scharf vorkommen. Welche Gemeinde vermag es schon, den Ansprüchen von Jesus zu genügen? Es ist wichtig, sich noch einmal den Ausgangspunkt zu vergegenwärtigen: Jesus liebt seine Gemeinde. Er wendet sich ihr zu, weil er mit ihnen ringt und ihnen eine gute Zukunft schenken möchte (3,21). Er möchte Gemeinschaft mit den Menschen haben und Beziehung leben (3,20). Ein Angebot, das Jesus bis heute jedem Menschen macht! Er steht vor unserer Tür und klopft an. Wenn du die Tür aufmachst, lege vorher nicht die Kette vor, sondern lass ihn eintreten. Es lohnt sich!

Anwenden: Welche Gedanken haben die sieben Sendschreiben in dir ausgelöst? Hast du an manchen Punkten deine Gemeinde wiederentdeckt? Nimm dir Zeit, für die Verantwortlichen in deiner Gemeinde zu beten. Sie haben ein hohes Amt angenommen und brauchen darin Gottes Weisheit.

Antworten: Jesus Christus, danke, dass du in Gemeinschaft mit mir leben möchtest. Danke, dass du in meinem Leben einkehrst und dich für mich interessierst. Hilf mir zu sehen, wie deine Sicht auf mein Leben – und auch auf mnsere Gemeinde – ist.

Tag 98 Der Thron im Himmel

Himmel

Beten: Vater, die Bibel ist dein Wort. In ihr hast du dich uns gezeigt. Sie beschreibt und lobt deine Größe und Güte. Ich gebe zu, dass ich nicht alles verstehe, deshalb brauche jetzt deine Hilfe, wenn ich in ihr lese. Bitte schenke mir Einsicht in deine Gedanken.

Lesen: Offenbarung 4–7

Entdecken: Was für eine Vision! Johannes blickt in den Himmel und sieht Gott in seiner ganzen Macht und Herrlichkeit. Worte können niemals ausdrücken, wie wunderbar das gewesen sein muss. Und selbst wenn wir mit der geballten Kraft Hollywoods und allen zur Verfügung stehenden Spezialeffekten versuchen würden, diese Beschreibungen darzustellen, wäre es immer noch ein fader Abklatsch dessen, was Johannes gesehen hat: Er blickt in die Welt Gottes.

Wie stellst du dir den Himmel vor? Stereotype Beschreibungen schildern den Himmel eher als einen Ort, zu dem man über eine überdimensionale Rolltreppe gelangt, wo Leute mit Flügeln und Harfen herumlaufen und an dem es vor lauter Wolken fast neblig ist. Die einzige Aufgabe besteht darin, seine Verwandten zu überwachen und hier und da mit den bereits Verstorbenen zu reden. Wer will da schon hin?

Der Himmel, den Johannes beschreibt, ist völlig anders. Nicht alle Bilder sind verständlich, aber es hat etwas mit Würde und Herrlichkeit zu tun, mit Gericht (Kapitel 6) und Gerechtigkeit, mit Ehrfurcht und der Begegnung Gottes. Die teilweise befremdlichen Beschreibungen können uns verunsichern. Zugleich stellt sich dadurch noch einmal die Vertrauensfrage: Vertrauen wir darauf, dass wir dort Jesus begegnen werden? Vertrauen wir darauf, dass seine Liebe nicht nur in unserer Welt, sondern auch in seinem Reich, in der Ewigkeit gilt? Uns erwartet eine wunderbare Zeit in Gemeinschaft mit Jesus Christus, dem Lamm Gottes (7,15-17).

Noch ein letzter Gedanken: Wie auch immer es im Himmel einmal sein wird, er ist ein Ort, an dem Grenzen fallen. Er ist nicht beschränkt auf eine bestimmte Gruppe (7,9). Menschen aus allen Nationen, Völkern, Zeiten werden gemeinsam Gott loben. Was sonst könnte man tun, wenn man dem lebendigen Jesus Christus gegenübersteht? Und es zeigt uns noch einmal, dass die weltweite Gemeinde Gottes viel größer ist, als wir es uns oft vorstellen, wenn wir sonntags in unsere Gemeinde oder Kirche vor Ort gehen. Vielleicht ist das ein Gedanke, den es sich festzuhalten lohnt?

Anwenden: Manchmal sind Gedankenspiele spannend: Stell dir vor, du würdest gefragt: „Warum möchtest du in den Himmel?“ Was würdest du antworten?

Antworten: Himmlischer Vater, ich lobe dich und danke dir, dass ich zu deiner Gemeinde dazugehören darf. Vielen Dank für deine weltweite Gemeinde. Nicht in allen Ländern können Menschen frei zum Gottesdienst gehen und dich loben. Ich möchte dich für sie um Bewahrung und Stärkung bitten. Danke, dass alle Menschen in deiner Hand sind.

gelesen am:

Tag 99 Halleluja!

Ausblick

Beten: Herr Jesus, du hast dein Leben gegeben, um am Kreuz für meine Schuld zu sterben. Ich weiß nicht, warum du mich so sehr liebst. Aber ich danke dir von Herzen dafür.

Lesen: Offenbarung 19–20

Entdecken: Vor einigen Jahren machten wir mit unserer Familie einen Ausflug zu den Niagarafällen. Als wir an dem Aussichtspunkt standen, waren wir alle beeindruckt von den Wassermassen, die an der Kante der Wasserfälle plötzlich Geschwindigkeit aufnahmen, um dann mit großem Getöse in die Tiefe zu stürzen. An dieses Erlebnis musste ich denken, als ich diesen Text las. Die Beschreibungen erzeugen in mir den Eindruck, als stünde ich am Aussichtspunkt vom Ende der Welt und würde mit ansehen, wie Gott mit seiner unendlichen Kraft über den Satan und alles Böse hinwegfegt und sie über die Klippe in den tiefen Abgrund stürzt.

Viele der Beschreibungen sind schwer verständlich. Aber klar ist, dass das Böse einmal ein Ende finden wird (19,11–20,10). Manchmal hat man nicht den Eindruck, als könnte das jemals der Fall sein. Vor allem dann nicht, wenn man erlebt, wie viel Not und Elend es im persönlichen Umfeld, aber auch weit darüber hinaus gibt. In all diesen Situationen scheint das Böse am längeren Hebel zu sitzen. Die Bibel vermittelt uns eine andere Botschaft: Jesus hat den Tod und damit das Böse besiegt. Und einmal kommt eine Zeit, da findet alles Elend ein Ende.

Ein zweiter Punkt, an dem wir in diesem Text nicht vorbeikommen, ist das Gericht, das einmal abgehalten wird (20,11-15). Viele verbinden mit diesem Gericht die Vorstellung, dass wie bei einer Waage die guten Taten gegen die schlechten aufgewogen werden. Dann warten entweder der Himmel oder die Hölle. In der Bibel wird uns etwas ganz anderes gesagt: Wer an Jesus Christus glaubt, dessen Name wird in das Buch des Lebens geschrieben (Römer 3,23; 5,8; 10,9). Und nur die, deren Namen sich in diesem Buch finden lassen, werden in der Ewigkeit bei ihm sein.

Die Ewigkeit wird uns als eine Zeit beschrieben, in der alle Gott anbeten, ihn loben und feiern werden (19,1-10). Diese Zeit wird mit einem großen Hochzeitsmahl verglichen, mit Jesus als dem Bräutigam und der Gemeinde als seiner Braut. Kaum vorstellbar und doch unglaublich schön: Am Ende der Zeit werden alle, die zu Jesus gehören, gemeinsam mit ihm vor Gott stehen und voller Freude sein. Halleluja!

Anwenden: Gott bindet sich und seinen Weg mit den Menschen an seinen Sohn Jesus Christus; dadurch ist Versöhnung zwischen ihm und uns möglich. Das ist die Gute Nachricht, eine Nachricht, die nicht alle Menschen in unserem Umfeld kennen. Und zugleich ist es die wichtigste Nachricht, die es gibt. Vielleicht kannst du für einen Menschen in deinem Umfeld – erneut – beten, dass er diese Botschaft versteht?

Antworten: Jesus Christus, du bist der Weg und die Wahrheit und das Leben. Es gibt keinen anderen Weg, der zum Vater führt, als durch dich (Johannes 14,6). Vielen Dank, dass ich das verstehen durfte. Ich bete für die Menschen, die in meinem Umfeld leben und nicht wissen, wie sehr du sie liebst und wie gut es ist, an deiner Seite zu leben: Bitte schenke, dass sie es verstehen.

Tag 100 Das neue Jerusalem

... mit Toren aus Perlen

Beten: „Dein Wort, HERR, bleibt für alle Zeit bestehen, bei dir im Himmel ist sein fester Platz." (Psalm 119,89) Vielen Dank Herr für alles, was du mir auf meiner Reise durch dein Wort gesagt und gezeigt hast.

Lesen: Offenbarung 21-22

Entdecken: Als unsere Kinder klein waren, haben wir ihnen regelmäßig aus einer illustrierten Ausgabe von „Die Pilgerreise zur seligen Ewigkeit" (Original-Titel „The Pilgrim's Progress") vorgelesen. Es ist das Buch des britischen Baptistenpredigers und Schriftstellers John Bunyan. Es wurde erstmals im Februar 1678 veröffentlicht und in 200 Sprachen übersetzt. Bis heute wird es in verschiedenen Ausgaben veröffentlicht und zählt zu den bedeutendsten Werken der englischen christlichen Literatur.

In dem Buch wird die Geschichte eines Mannes mit Namen Christ erzählt, der sich auf seiner Lebensreise befindet. Sein Weg führt ihn von der „Stadt der Zerstörung" durch allerlei Schwierigkeiten hindurch bis zum Fuße des Kreuzes – und schließlich in die Ewigkeit. Unsere Kinder haben dieses Buch geliebt. Wir haben es so oft vorgelesen, dass es irgendwann auseinanderfiel. Und noch heute bewegt mich die Geschichte, wenn Christ am Ende seiner Reise in der Stadt aus Gold ankommt. Innerlich jauchze ich vor Freude – und so ähnlich geht es mir, wenn ich diese beiden Kapitel der Offenbarung lese.

Es ist faszinierend, wie wunderbar die ewige Stadt beschrieben wird: Tore aus Perlen, Straßen aus Gold, Wasser des Lebens. Und doch ist die Ewigkeit noch wunderbarer, als es diese Beschreibungen erahnen lassen.

Als erstes gilt: Gott macht dann alles neu (21,5)! Das Fatale an Schuld und Sünde war und ist, dass dadurch Tod und Vergänglichkeit Einzug in diese Welt erhalten haben (Römer 8,19-22). Aber wenn eines Tages Jesus Christus wiederkommt, werden ein neuer Himmel und eine neue Erde geschaffen – und dort wird auch das neue Jerusalem seinen Platz finden (21,1-2). Diese eindrucksvollen Bilder beschreiben, wie Gott die Welt noch einmal von Grund auf neu gestalten wird. Wer als Christ lebt, darf sich darauf freuen, dass er einmal an dieser unvergänglichen neuen Welt Anteil haben wird.

Das Zweite – und noch Wunderbarere – ist: An diesem Ort wird Gott dann bei den Menschen wohnen (21,3). Hier schließt sich der Kreis. Es war von Anfang an Gottes Wunsch, mit dem Menschen als sein Ebenbild in Gemeinschaft zu leben (1 Mose/Genesis 1,27). Als es zum Bruch kam, setzte Gott alles daran, Beziehung wieder möglich zu machen. Aus diesem Grund hat er seinen Sohn Jesus Christus auf die Erde gesandt (Johannes 1,14) und damit für alle einen Weg zu ihm eröffnet. Das ist die Geschichte Gottes mit dem Menschen, die sich wie ein roter Faden durch die ganze Bibel zieht.

Anwenden: Woran denkst du, wenn du das Wort „Ewigkeit" hörst? Hat es einen Einfluss darauf, wie du lebst und denkst, wie du Gott anbetest und begegnest?

Antworten: Danke, Gott, mein Vater, dass es einmal keinen Tod, keinen Schmerz, kein Unglück und keine Tränen mehr geben wird. Und danke, dass ich eines Tages mit dir im neuen Jerusalem leben werde. „Amen, komm, Herr Jesus" (Offenbarung 22,20b).

Zusammenfassende Gedanken

Welche Gedanken sind dir in den zurückliegenden fünf Einheiten für deinen Glauben und deinen Alltag besonders wichtig und wertvoll geworden?

Bevor du dich auf die nächste Etappe deiner Reise durch die Bibel begibst, könnte es helfen, noch einmal kurz deine persönlichen Einsichten zu den vorherigen Einheiten zu lesen – und so erneut zu entdecken, was Gott dir schon gezeigt hat.

Wie kann es weiter gehen?

Zunächst einmal möchte ich dir von Herzen gratulieren: Du bist am Ziel deiner Entdeckungsreise durch die Bibel angekommen! Du hast einhundert entscheidend wichtige Bibeltexte kennengelernt und damit den „roten Faden" von Gottes Plan mit dieser Welt – und auch mit dir! Vielleicht magst du dir die Zeit nehmen, noch einmal die verschiedenen Stationen Revue passieren zu lassen? Welche Entdeckungen hast du gemacht? Was ist dir wichtig geworden? Wie ist dir Gott in seinem Wort begegnet?

Vielleicht hast du den Eindruck, nun an einem wichtigen Punkt angekommen zu sein. Ich möchte Dir Mut machen, das mit Gott zu besprechen. Jesus hat sich viel Zeit für Gebet genommen. Nicht weil Gott es von ihm so erwartet hat, sondern weil er wusste, wie wichtig es für ihn und seine Beziehung zu Gott gewesen ist. Jetzt kann der Moment sein, um so manchen Gedanken oder die eine oder andere Entdeckung – noch einmal – mit Gott zu besprechen. Erzähl ihm von dem, was dich bewegt, begeistert oder vielleicht auch verwundert hat.

Wo bist du am Ende dieser Reise angekommen? Bist du am Ziel? Oder hast du den Eindruck, lediglich eine wichtige Etappe erreicht zu haben? Wenn du magst, hast du die Möglichkeit, noch weiter in die Bibel vorzudringen. Es lohnt sich. Bei diesem Unternehmen kann dir die Bibellese-Zeitschrift *Orientierung* Weggefährte sein.

Die vierteljährlich erscheinende Bibellese-Zeitschrift *Orientierung* bietet einen Leseplan, der systematisch und abwechslungsreich in ein paar Jahren durch die Bibel führt.

Die vierteljährlich erscheinende Bibellese-Zeitschrift *atempause* lädt Frauen zu einer Atempause mit der Bibel mitten im Alltag ein.

Das jährlich erscheinende Bibellese-Buch *mittendrin* enthält lebensnahe Impulse für jeden Tag und richtet sich nach dem ökumenischen Bibelleseplan für Einsteiger.

Wer ist der Bibellesebund?

Bibellesebund Deutschland
Postfach 11 29
51703 Marienheide
Fon 0 22 64 / 40 43 4-0
Fax 022 64 / 40 43 4-39
info@bibellesebund.de
www.bibellesebund.de

Bibellesebund Schweiz
Industriestr. 1
Postfach
8404 Winterthuf
Fon 052 245 14 45
Fax 052 245 14 46
info@bibellesebund.ch
www.bibellesebund.ch

Bibellesebund Österreich
Schrempfgasse 10
4822 Bad Goisern
Fon 0 61 35 / 41 39 0
Fax 0 61 35 / 41 39 0-4
info@bibellesebund.at
www.bibellesebund.at

Der Bibellesebund entstand in Deutschland 1947 als Zweig des internationalen Bibellesebundes (Scripture Union), der heute in über 130 Ländern tätig ist.

Die hauptamtlichen und ehrenamtlichen Mitarbeiterinnen und Mitarbeiter kommen aus unterschiedlichen Kirchen und Freikirchen.

Der Bibellesebund arbeitet überkonfessionell auf der Grundlage der Evangelischen Allianz und ist Mitglied unter anderem bei der Deutschen Bibelgesellschaft, dem Diakonischen Werk und dem Ring Missionarischer Jugendbewegungen.

Sein Ziel ist es, sowohl durch praktische Einsätze als auch durch seine Veröffentlichungen Menschen aller Altersgruppen dafür zu begeistern, Gott in der Bibel und im Gebet täglich zu begegnen.

Äußeres Kennzeichen des Bibellesebundes weltweit ist eine stilisierte Öllampe. Sie weist hin auf das Motto dieser Bewegung:

„Dein Wort ist meines Fußes Leuchte und ein Licht auf meinem Wege" Psalm 119,105

Weitere Informationen über den Bibellesebund finden sich im Internet unter www.bibellesebund.net.

Und wer mag erhält kostenlos unser Bibellesebund-Journal *Kontakt*. Das informiert über unsere Arbeit und lädt ein, an Gott und der Bibel dranzubleiben.

Inhaltsverzeichnis

Mein Gebetstagebuch

Tag	Mein Gebet	Gottes Antwort

Mein Gebetstagebuch

Tag	Mein Gebet	Gottes Antwort

Mein Gebetstagebuch

Tag	Mein Gebet	Gottes Antwort

Mein Gebetstagebuch

Tag	Mein Gebet	Gottes Antwort

Mein Gebetstagebuch

Tag	Mein Gebet	Gottes Antwort

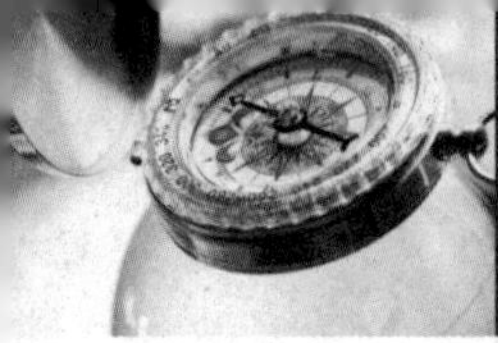

Mein Gebetstagebuch

Tag	Mein Gebet	Gottes Antwort